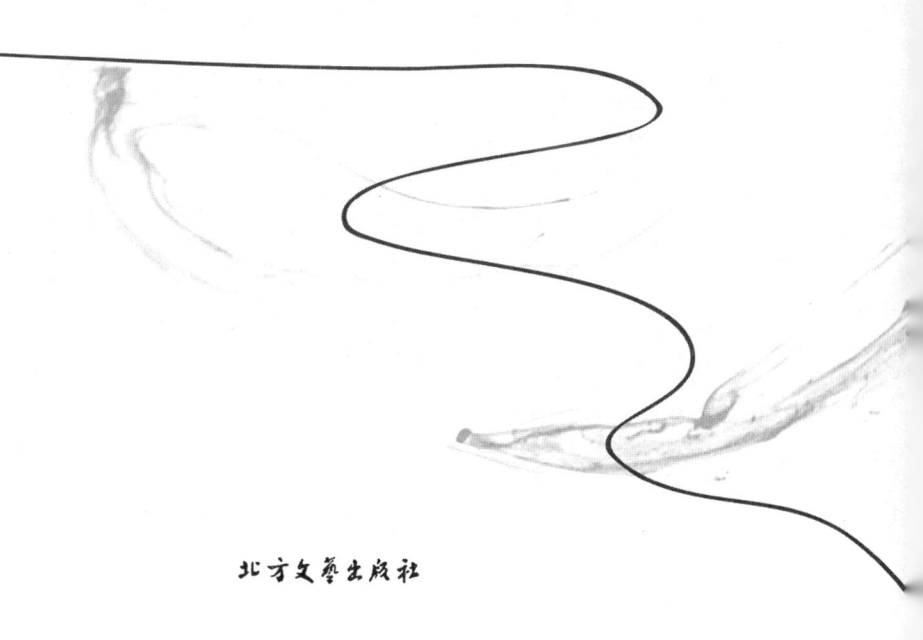

中国人的雅致生活

王建男 编著

北方文艺出版社

图书在版编目（CIP）数据

　　中国人的雅致生活 / 王建男编著. -- 2 版. -- 哈尔滨：北方文艺出版社，2017.3（2021.3 重印）
　　ISBN 978-7-5317-3798-8

　　Ⅰ. ①中… Ⅱ. ①王… Ⅲ. ①中华文化 - 通俗读物 Ⅳ. ①K203-49

　　中国版本图书馆 CIP 数据核字（2017）第 240532 号

中国人的雅致生活
Zhongguoren de Yazhi Shenghuo

作　者 / 王建男

出品人 / 宋玉成

责任编辑 / 李玉鹏　张喆

出版发行 / 北方文艺出版社	地　址 / 哈尔滨市南岗区宣庆小区 1 号楼	网　址 / www.bfwy.com
邮　编 / 150008	经　销 / 新华书店	
印　刷 / 保定市铭泰达印刷有限公司		
开　本 / 720×1020　1/16	字　数 / 312 千	印　张 / 27
版　次 / 2017 年 3 月第 2 版	印　次 / 2021 年 3 月第 2 次印刷	
书　号 / ISBN 978-7-5317-3798-8	定　价 / 78.00 元	

目录

第一章　饮酒赋诗　　　3

第二章　赏月观花　　　13

第三章　品茗忘忧　　　27

第四章　博戏明智　　　36

第五章　文房清韵　　　46

闲情雅趣

第一章　盥洗三件事　　　61

第二章　古代妆容　　　71

第三章　焚香如厕　　　82

第四章　时空认知　　　97

第五章　日常礼仪　　　107

生活起居

目录

117　　　　　　　显贵居所　第一章

132　　　　　　　平民院落　第二章

144　　　　　　　厅堂布置　第三章

156　　　　　　　寝室一窥　第四章

168　　　　　　　闺阁情趣　第五章

房舍家居

187　　　　　　　　织绣　第一章

195　　　　　　　　服饰　第二章

209　　　　　　　　冠冕　第三章

216　　　　　　　　饰物　第四章

225　　　　　　　　履袜　第五章

衣饰之美

目录

第一章　饮食之道　　　235

第二章　特色厨具　　　250

第三章　筷子礼俗　　　257

第四章　酒肆茶寮　　　264

第五章　玉馔珍馐　　　278

以食为天

第一章　婚事礼俗　　　297

第二章　姻缘自寻　　　306

第三章　定情信物　　　315

第四章　婚姻背后　　　325

第五章　如是爱情　　　332

婚恋事典

目录

343　　　　　　戏曲说唱　第一章

355　　　　　　休闲玩宠　第二章

371　　　　　　娱乐博弈　第三章

390　　　　　　节庆游乐　第四章

408　　　　　　民间竞艺　第五章

竞技玩乐

闲情雅趣

第一章 饮酒赋诗

1. 诗酒结缘——酒酣耳热说文章

饮酒赋诗是古代文人墨客的最爱。不知从何时起，诗与酒结下了不解之缘：酒在诗中奔流，诗中溢着酒香，源远流长，千古不绝。早在先秦时期，最著名的《诗经》中就涉及到酒，写人们饮酒和饮酒时的心情的竟达到48篇，这已经是相当壮观的比重了。"维南有箕，不可以簸扬。维北有斗，不可以挹酒浆。维南有箕，载翕其舌。维北有斗，西柄之揭。"（《小雅·大东》）先民们在简陋的环境下也充满了浪漫的想象：北斗星是由七颗明亮的星组成的，其状如长柄勺，在想象中正好可以用来做舀酒的酒斗。从诗歌的始祖开始，文人雅士就已经学会了对诗和酒赋予浪漫的情怀。屈原说"援北斗兮酌桂浆"（《九歌·东君》），李白说"北斗酌美酒，劝龙各一觞"（《短歌行》），顾况说"太行何艰哉，北斗不可斟"（《游子吟》），南宋词人张孝祥也说"短发萧骚襟袖冷，稳泛沧溟空阔。尽挹西江，细斟北斗，万象为宾客。扣舷独啸，不知今夕何夕"（《念奴娇·过洞庭》），这些都是从诗与酒中获得的浪漫启悟。诗的源头，就这样与酒结缘，从此，酒文化就一直深深影响着中国几千年的文人那颗追求清雅浪漫的心。

汉魏六朝七百余年，诗与酒的结缘日趋紧密。这一时期开创了诗酒风流、饮酒赋诗的先河，诗酒融合影响后世，使人们感受到酒赋予诗歌的文化内涵，有了乘酒作诗、借酒浇愁的习俗。

从汉代开始，我国的传统酿酒业有了较快的发展，酒的普及使诗酒文化的底蕴日趋深厚。汉魏时期是我国历史上社会动荡不安的时期，连年的战争和朝代的更迭使人们借酒浇愁、感慨良多。其中，曹操的《短歌行》最为有名，"何以解忧，唯有杜康"，体现了那个时代的诗酒风骨。而晋代的陶渊明是实现诗酒真正结缘的第一人，归隐田园的他虽有"饮酒避世"、"借酒浇愁"的思绪，但更多的却是通过饮酒来实现物我两忘、回归自然、超然脱俗的境界。陶渊明的一生曾做过几次小官，最后一次是做彭泽(今江西彭泽)令。上任后，他就叫县吏替他种下糯米等可以酿酒的作物。到了晚年，他生活贫困，常靠朋友周济或借贷。可是，当他的好友始安郡太守颜延之来看他，留下两万钱后，他又将钱全部送到酒家，陆续取酒喝。"既醉而退，曾不吝情去留。"（《五柳先生传》）在一杯浊酒、一缕菊香中，他吟出了鄙视尔虞我诈的官场，向往悠然闲适的田园生活的隐逸情怀。这种高雅脱俗的情操，构筑了隐逸文人纯净的精神家园，为后世称颂不绝。

短歌行

曹操

对酒当歌，人生几何？譬如朝露，去日苦多。
慨当以慷，忧思难忘。何以解忧？唯有杜康！
青青子衿，悠悠我心，但为君故，沉吟至今。

呦呦鹿鸣，食野之苹。我有嘉宾，鼓瑟吹笙。
明明如月，何时可掇？忧从中来，不可断绝。
越陌度阡，枉用相存。契阔谈䜩，心念旧恩。
月明星稀，乌鹊南飞。绕树三匝，何枝可依？
山不厌高，海不厌深。周公吐哺，天下归心。

在酒中抒发情怀、无拘无束是大部分文人所向往的。"竹林七贤"之一的刘伶，常常在家中裸身喝酒，朋友讥笑他，他反而说："我以天地为栋宇，屋室为裤衣，诸君何为入我裤中！"其狂放之态，真令人哭笑不得。他与酒不能须臾相离，经常乘鹿车，携酒浆，叫家人荷锄相随，并说，要是我死了便将我就地掩埋即可！

唐宋时期的诗人词人把饮酒聚会、吟诗作赋两项活动融为一体，文人们常常借酒激发诗歌创作热情。唐代诗酒最相连，真正做到了诗酒交融，形成了无酒就无诗，有诗必有酒的独特文化。赞美酒的诗歌更是不计其数。最有名的当属李白，他不仅是"诗仙"，还是名副其实的"酒仙"，"李白斗酒诗百篇，长安市上酒家眠，天子呼来不上船，自称臣是酒中仙"（杜甫《饮中八仙歌》），便是其诗酒生活的真实写照。李白一生常饮酒放歌以言其志，诗酒交融，或是以酒咏志，或是以诗咏志，把诗酒文化推向了历史的巅峰。其中一首《将进酒》更成为酒与诗的千古绝唱！

将进酒

李 白

君不见黄河之水天上来，奔流到海不复回。

君不见高堂明镜悲白发，朝如青丝暮成雪。

人生得意须尽欢，莫使金樽空对月。

天生我材必有用，千金散尽还复来。

烹羊宰牛且为乐，会须一饮三百杯。

岑夫子，丹丘生，将进酒，杯莫停。

与君歌一曲，请君为我侧耳听。

钟鼓馔玉不足贵，但愿长醉不复醒。

古来圣贤皆寂寞，惟有饮者留其名。

陈王昔时宴平乐，斗酒十千恣欢谑。

主人何为言少钱，径须沽取对君酌。

五花马，千金裘，

呼儿将出换美酒，与尔同销万古愁。

诗酒关系到了宋代则转变成为一种追求心灵安适和审美愉悦的清雅之态。宋朝词人不再像唐代诗人借酒和诗来激发昂扬之气，而是"一曲新词酒一杯"、"对酒追欢莫负春"的那种细细品味饮酒乐趣和美味的"浅斟低唱"。唐代诗酒粗豪雄伟、宋代词酒含蓄秀雅，酒与宋词的渊源形成了新的风格。在古代，不但诗人词客好酒，其他文人墨客也不例外。他们先找一近水亭阁，红桌石凳，三五团坐，侍女斟酒，书童摇扇，天上镜月高挂，地下黄菊盛开，酒过三巡，菜过五味，吟诗，作画，书法，此情此景不知迷醉了多少文人雅士。

2. 酒令助兴——分曹射覆蜡灯红

　　酒令也称行令饮酒，是酒席上饮酒时助兴劝饮的一种游戏。通行情况是推一人为令官，余者听令，按一定的规则，或划拳，或猜枚，或巧编文句，或进行其他游艺活动，负者、违令者、不能完成者，罚饮。若遇同喜可庆之事时，则共贺之，谓之劝饮，含奖勉之意。相对地讲，酒令是一种公平的劝酒手段，可避免恃强凌弱，多人联手算计人的场面，人们凭的是智慧和运气。酒令是酒礼施行的重要部分，也是文人士子饮酒助兴，激发才情不可或缺的手段。

　　酒令的产生可上溯到东周时代。有一句成语叫"画蛇添足"，其典故来自《战国策·齐策二》，其实是一则最古老的酒令故事：古代楚国有个贵族，祭过祖宗以后，把一壶祭酒赏给前来帮忙的门客。门客们互相商量说："这壶酒大家都来喝则不够，一个人喝则有余。不如咱们各自在地上比赛画蛇，谁先画好，谁就喝这壶酒。"有一个人最先把蛇画好了。他端起酒壶正要喝，却得意洋洋地左手拿着酒壶，右手继续画蛇，说："我能够再给它添上几只脚呢！"可是没等他把脚画完，另一个人已把蛇画成了。那人把壶抢过去，说："蛇本来是没有脚的，你怎么能给它添脚呢！"说罢，便把壶中的酒喝光了。那个给蛇添脚的人最终失掉了到嘴的那壶酒。

　　汉代由于国家得到统一，人民过着安定的生活，饮酒行令之风开始盛行。在东汉时期还出现了贾逵编纂的《酒令》专著。但酒令的真正兴盛是在唐代，由于"贞观之治"，人民安居乐业，经济空前繁荣，后代流行的各种类型的酒令，几乎都是在唐代形成的。酒令的种类众多，且各有特点，最有代表性的有这么几种：

1）流觞传花类

"曲水流觞"是上巳节中派生出来的一种习俗。那时，人们在举行修禊仪式后，坐在水渠两旁，在上游放置酒杯，任其顺流而下，杯停在谁的面前，谁即取饮，彼此相乐，故称为"曲水流觞"。觞系古代盛酒器具，即酒杯。通常为木制，小而体轻，底部有托，可浮于水中。也有陶制的，两边有耳，又称"羽觞"，因其比木杯重，玩时则放在荷叶上，使其浮水而行。这种游戏，自古有之，古"逸诗"云："羽觞随波泛。"汉代也有"引流引觞，递成曲水"之说。后来逐渐成为上巳节的一个重要组成部分。

最著名的"曲水流觞"当推东晋大书法家王羲之举办的文人集会。永和九年（353年）三月初三上巳日，晋代有名的大书法家、会稽内史王羲之偕亲朋谢安、孙绰等42人，在兰亭修禊后，举行饮酒赋诗的"曲水流觞"，被引为千古佳话。当时，王羲之等在举行修禊祭祀仪式后，在兰亭清溪两旁席地而坐，将盛了酒的觞放在溪中，由上游浮水徐徐而下，经过弯弯曲曲的溪流，觞在谁的面前打转或停下，谁就得即兴赋诗并饮酒。据史载，在这次游戏中，有11人各成诗两篇，15人各成诗一篇，16人作不出诗，各罚酒3觚。王羲之将大家的诗集起来，用鼠须笔在蚕茧纸上挥毫作序，乘兴而书，写下了举世闻名的《兰亭集序》，被后人誉为"天下第一行书"，也被称为"禊帖"。王羲之也因此被人尊为"书圣"。

"曲水流觞"后来简化为文人们的一项固定活动。文人们在自己家与友人聚会时，事先在院子里挖一条小河，然后让仆人在河的上游将酒杯漂浮在河面上，当酒杯漂到哪位的面前时，那位就要作一首诗，如果作不出的话就要喝酒。

有趣的是，后来也有人用花来代替杯，用顺序传递来象征流动的曲水。传花过程中，以鼓击点，鼓声止，传花亦止。花停在谁的手上，犹如漂浮的酒杯停在谁的前面，谁就被罚饮酒。与"曲水流觞"相比，"击鼓传花"已是单纯的饮酒娱乐活动，它不受自然条件的限制，很适合在酒宴席上进行。唐诗中便有"城头击鼓传花枝，席上搏拳握松子"的记载，可见唐代就已盛行"击鼓传花"的酒令。"曲水流觞"这种饮酒咏诗的古老民俗对此后的集会活动影响颇深，后世不少酒令都是由它脱胎变化出来的，堪称我国酒令之嚆矢。

2）手势类

划拳又称豁拳、搳拳、拇战，是一种手势酒令，两人相对同时出手，各猜所伸出手指之合计数，猜对者为胜。因是互猜，故又称猜拳。划拳由于简便易行，故流传极广而又久盛不衰，是所有酒令中最有影响、最有群众基础的一种。如猜拳令中有这样一种：行令者二人各出一拳，且同时各呼一数，猜度二人所伸指数之和，猜对者为胜家，由负家饮酒。如皆猜对，则各饮酒一杯。如皆未猜对，则重新开拳。每次每人最多出五指，最多呼十数。猜拳令辞因时代、地域的不同，略有区别。拇指必出，是"好"意。令辞很多，如：

一点儿。哥俩好。

三星照。四季财。

五魁首。六六六。

七个巧。八匹马。

快喝酒。全来到。

这种酒令多见于寻常百姓之中,因为通俗简单,易于被人接受,故广为流传,也叫作通令。

3)筹类

筹,本为记数之用,后来又被引用到酒宴席上,做行酒令之用,称作觥筹或酒筹。筹在酒令中主要有两种用途:其一,仍作记数之用。唐代王建《书赠旧浑二曹长》:"替饮觥筹知户小,助成书屋见家贫。"酒量大者,谓之大户,酒量小者,即是小户。多少觥筹就得饮多少酒,如应饮的觥筹之数自己不能胜任,还要请别人代饮。很明显,这里的觥筹是作记数之用的。酒令如军令,为保证酒令的正常进行,当遇有违反酒令不遵守规则之人,可取出一种特制的酒筹,形如旗状或纛状,谓之罚筹,有如军中之令箭。当时是采用"竹制筹令",把竹签当筹,签上面写有酒令的要求,比如作诗、作对,抽到签的人要按照签上的要求去做。白居易的"花时同醉破春愁,醉折花枝作酒筹"(《同李十一醉忆元九》),说的就是这种酒令。

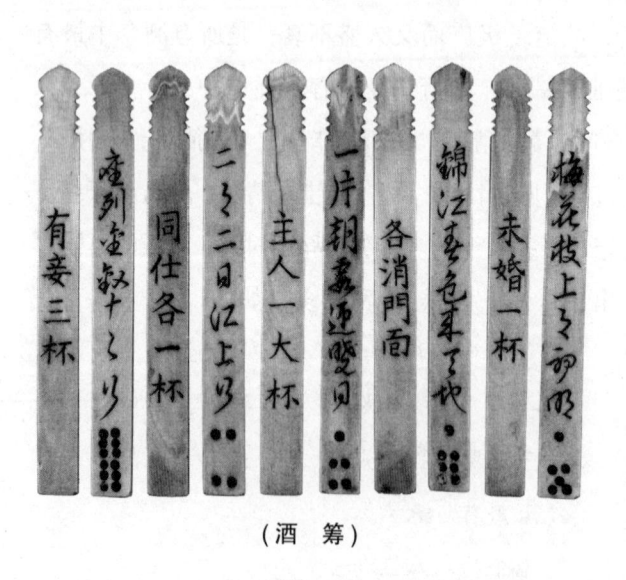

(酒 筹)

4）骨牌类

骨牌，一般是以竹为背，以兽骨为面，二者以燕尾榫互相铆合而成的长方体，也有的采用高贵的象牙为面，故又称牙牌。骨牌共计32张，其点分别涂以红、绿两种颜色。每张骨牌都有特定的名称，如：

天牌：上下皆六点。
地牌：上下皆幺点。
人牌：上下皆四点。
和牌：上为幺点，下为三点。

以骨牌行酒令，主要是根据骨牌的色点象形进行附会，行令者或说诗词曲典赋，或说成语俗谚，只要应上色点就行。有时为了翻花样，

（骨 牌）

又常将三张骨牌的色点配合着来，附会一个名目，称作"一副儿"。行令时首先由宣令者洗牌，每三张码成一副儿，挨次逐一翻出并宣出名目，行令者则相应与之对句，这犹如单张骨牌的组合，只是增加了一个必须押韵的要求而已。《红楼梦》第四十回《史太君两宴大观园金鸳鸯三宣牙牌令》里面就对骨牌的使用方法有着较为详细的描写：鸳鸯道："如今我说骨牌副儿，从老太太起，顺领说下去，至刘姥姥止。比如我说一副儿，将这三张牌拆开，先说头一张，次说第二张，再说第三张，说完了，合成这一副儿的名字。无论诗词歌赋，成语俗话，比上一句，都要叶韵。错了的罚一杯。"众人笑道：

"这个令好，就说出来。"鸳鸯道："有了一副了。左边是张'天'。"贾母道："头上有青天。"众人道："好。"鸳鸯道："当中是个'五与六'。"贾母道："六桥梅花香彻骨。"鸳鸯道："剩得一张'六与幺'。"贾母道："一轮红日出云霄。"鸳鸯道："凑成便是个'蓬头鬼'。"贾母道："这鬼抱住钟馗腿。"说完，大家笑说："极妙。"贾母饮了一杯。

  酒令的繁荣在于诗词文化的高度繁荣，士大夫、文人之间流行的对诗、对联等酒令使得行酒令成了一种风雅。饮酒的理想场所是花前月下、竹林兰亭、孤馆高阁等处，理想时间是雪夜、清秋、花时、春绿等，而最佳对象则是文人雅士、故交知己、玉人可儿之类，在此前提之下，出口成章、言出有典的酒令才更有意味。由此看来，文人间的雅令其实是一种以文入酒、睿智隽永的智力活动。

  在历史文化的长河中，我国的诗歌与酒结缘，国人常常以诗抒情，以酒抒怀，诗酒相伴，有道是有诗必有酒，无酒不成诗。中华诗酒从古至今千百年不断。酒里乾坤，能激起心灵的底蕴；壶中岁月，却让人心意悠然。

第二章 赏月观花

1. 赏月寄情——今月曾经照古人

赏月的习惯由来已久。它最初是以祭祀形式出现的，曾有"春祭太阳，秋祭月亮"的习俗。随着时间的推移，祭月逐渐发展为赏月、玩月。在历代文人的眼中，月亮恰似梦中的情人，他们不但寄情抒怀，而且还给月亮冠上了许多文雅别致的称谓，因此在不少诗词歌赋中，有关月亮的别名和美称就层出不穷了。如以"金"命名的有：金波、金蟾、金魄、金盘、金镜、金轮、金兔等；以"玉"命名的有：玉弓、玉桂、玉羊、玉兔、玉盘等，不胜枚举。僧惠洪《秋千》诗："下来闲处从容立，疑是蟾宫谪降仙"，李朴《中秋》诗："皓魄当空宝镜升，云间仙籁寂无声"，就将月亮美称为"蟾宫"、"皓魄"。

月亮洒向人间的清辉淡雅朦胧，不同时期、不同形状的月亮都能给人以遐想的空间。新月如眉、残月如钩、满月如镜。月有阴晴圆缺，但常看常新。圆月如盘，团团圆圆；残月如钩，残缺不全。月亮圆了又缺，缺了又圆，自然勾起人们的联想。春月柔和，夏月清凉，秋月高爽，冬月冷峻。四季的月，给人四季的感觉。宁静的月夜里，沐浴着清幽柔和的月光，人们很容易陷入沉思，展开遐想，产生缠绵而渺远的情思。古代交通不发达，哪怕是去邻村邻县都是几日甚至几十日的光景。离家在外的人，仰望明月，或是寄托恋人间的相思，或是蕴含对故乡、亲人、朋友的无限思念，思绪常常飞跃空间，想起在这同一轮明月照耀下的故乡、亲人、朋友。李白《静夜思》中的乡情，便是这样生发出来的："床前明月光，疑是地上霜。举头望明月，低头思故乡。"其他以月寄托相思之情，抒发思乡怀人之感的古诗词还有很多，如："露从今夜白，月是故乡明"（杜甫《月夜忆舍弟》）；"人有悲欢离合，月有阴晴圆缺，此事古难全。但愿人长久，千里共婵娟"（苏轼《水调歌头》）；"春风又绿江南岸，明月何时照我还"（王安石《泊船瓜洲》）等等。

在赏月的活动中，历代文人骚客也留下了不少为人称道的佳联。相传粤东才子宋湘，中秋之夜仰望明月，吟得一句上联："天上月圆，人间月半，月月月圆逢月半。"但他苦思冥想，也拟不出相媲美的下联，直到那年除夕晚上，想到明天是新年，触动灵感，才写出下联："今夜年尾，明日年头，年年年尾接年头。"结构严谨，浅显明快，堪称佳对。清时有李北水和张南月两同窗，于中秋月夜登楼赏月，但见月光如水，水亮如镜。李生仰望北斗，低顾江澜，自感名如天意，出联曰："北斗七星，水底连天十四点。"此上联既有"水底连天天连水"的景色，又巧妙地嵌入作者"北水"之名，实为一绝，李生自鸣得意。张生也赞好句，但苦于自己一时无以为对，正在为难，忽见栖于楼顶之孤雁飞起，月照其影同去，于是心有灵犀，对曰："南楼一雁，月中带影一双飞。"此联也嵌"南月"之名，亦有"月中带影影月中"之意，真是异曲同工之妙！

皎洁的圆月能够激发创作者的灵感。顾恺之是晋代著名画家，在绘画史上享有极高的声誉。义熙三年（407年），顾恺之被朝廷任命为散骑常侍，与谢瞻住邻居。中秋晚上，顾恺之在自家院子里赏月，顿时诗兴大发，便高声吟起诗来。谢瞻听到他的吟咏，便隔着短墙称赞了几句。听到谢瞻的称赞，顾恺之立刻兴奋起来，他忘了疲倦，一首接一首，一句接一句，没完没了地吟起来。谢瞻隔着墙陪着他折腾了一会儿，感到累了，就回屋睡觉去了。临走之时，随便找了一个下人，让他随机应变回答隔墙的顾恺之。人换了，调也变了，顾恺之竟浑然不知有变，就这样，一直吟咏到天亮才罢休。

"白兔捣药秋复春，嫦娥孤栖与谁邻？今人不见古时月，今月曾经照古人。"（李白《把酒问月》）孤悬的月亮见证了人间的沧海桑田，这一缕月光如水，成就了多少文人的雅趣闲情，留下了多少千古传诵的名篇。借那一缕月色，诉说绵绵的思念。人生无常，有数不清的日升月落。但新月如眉，残月如钩，满月的时刻总是那么的少。找不到知音的墨客们，也只能在这琼楼玉宇之间抒发淡淡的愁苦与哀伤。

2. 观花悦心——乱花渐欲迷人眼

观花是一项轻松惬意的事情。据《开元天宝遗事》记载，唐时京城长安，每逢春天，士女即联袂郊游踏青，路上遇到好花，就在花前铺席藉草，围坐一圈，并插杆结索，解下身上的红裙递相垂挂，当作野宴的帷幄。这种花前"铺席藉草，围坐一圈"式的赏花，至今仍在日本流行。可见古人郊游时，是多么不拘小节、自由放松。当花开的季节来临，古代的年轻人便会结伴出行赏花吟诗，在喜欢的花枝上挂上写满祝福的花签，祈求一年里花开得更加灿烂，自己的愿望能实现。后来，这种花签祈福逐渐演变成了一个风俗节日——

"花朝节"，意思是百花盛开的节日，南方一般将其定于农历二月初二或二月十二。在这个节日里，青年男女赏花谈情，文人墨客吟诗作画。武则天当皇帝时，花朝节是和元宵节、中秋节一样重要的民俗节日。正所谓："百花生日是良辰，未到花朝一半春。红紫万千披锦绣，尚劳点缀贺花神。"（清·蔡云《咏花朝》）

古代的人爱赏花。在众多美轮美奂的鲜花中，人们赋予各种花独有的品格和特点。赏花有三种赏法，古人叫"赏花三品"，即所谓"茗赏为上，淡赏为次，酒赏为下"。品尝香茗赏花是韵事，而饮酒赏花就有失风雅了。

赏花的标准一是颜色，二是香味，三是姿态，四是神韵。所谓各花入各眼，对于花的颜色，有的人喜欢浓烈，有的人喜欢淡雅。喜欢浓烈的人，要求花的颜色大红大绿，色调十分鲜明；喜欢淡雅的人，要求花色素净，色调柔和。

多姿多彩的花朵，餐风饮露，汲日月精华，除观赏之外，还是大自然馈赠给人类的珍馐佳肴。自古以来，食用鲜花的记载史不绝书。以花为美食，在我国有 2000 年以上的历史。屈原《离骚》中"朝饮木兰之坠露兮，夕餐秋菊之落英"的诗句，在说明诗人品性高洁之外，也间接反映出战国末期已见食用花卉的端倪。

鲜花可食之风更是盛行于唐代。据《隋唐佳话录》记载：武则天于花朝日（每年农历的二月十五日）游园赏花，令宫女采集百花，和米捣碎，蒸成百花糕分赐臣下。她本人十分喜欢松花，爱吃一种用松花制成的糕点。武则天之后，鲜花入馔之风日盛，并相继出现《山家清供》、《养余月全》等记述烹调鲜花的"花馔谱"。

唐以后，一些文人雅士把食花看作是一种情趣高雅的生活享受，留下许多"秀色可餐"的佳话。宋代苏东坡喜用松花制作食品。如

《酒小史》中载：苏东坡守定州时于曲阳得松花酒，他将松花、槐花、杏花入饭共蒸，密封数日后得酒。并挥毫歌咏，作了一篇《花粉歌》："一斤松花不可少，八两蒲黄切莫炒，槐花杏花各五钱，两斤白蜜一齐捣。吃也好，浴也好，红白容颜直到老"，道出了松花的美颜功能。

清朝慈禧为美颜养身，常以鲜花为食。每年六月之后，在荷花盛开的季节，待红日跃出地平线，荷花开放后，慈禧令宫女们采摘最完整、妖艳的荷花带回御膳房，将肥壮的花瓣浸在用鸡蛋、鸡汤调好的淀粉糊里，再炸至金黄酥脆作为点心。她还将玫瑰花捣烂，拌以红糖，经过特殊的配料加工，制成一种花酱，涂在面食点心上，食后齿颊留香。

花朵给人以美的享受，人们在欣赏它们的美态的同时，还赋予了每种花独特的品格。文人之于花的钟情，是一种秀色可餐的赏玩、精神气质的陶冶，充满着阴柔的浪漫、细腻的铺张。

1）赏兰

兰花是花、香、叶"三美俱全"的花卉，为我国十大名花之一。它与菊花、水仙、菖蒲，并称"花草四雅"。兰花的适应性很强，按其生活习性，大致可分为三大类，即地生兰、附生兰、腐生兰。兰花体态优雅，气宇轩昂，叶色常青，叶质柔中有刚，临风摇曳，婀娜多姿。花开幽香清远，沁人心脾，堪称雅中之雅。尤其兰花的香味，古人推崇备至，称其为"天下第一香"，有国香、天香、香祖之誉。

中国对兰的栽培可追溯到2000多年以前，《诗经》、《左传》、《礼记》和《史记》都有对兰花的记述。孔子赏兰于幽谷，停车抚琴讴歌："芝兰生于幽谷，不以无人而不芳"，孔子把兰比作君子，颂兰为"王者香"。我国关于兰花最早的记载是春秋战国时的越王勾践被吴王夫差打败之后，退到浙江会稽山卧薪尝胆，种植兰草，以迷惑敌人。

爱国诗人屈原在《离骚》中对兰也有多处记载，他喻兰若美人如君子，言兰可浴、可沐、可佩，意在自省、自修，向美求善之心不移，爱国之情纫佩于怀。

关于屈原与兰花，民间还有一个美丽的神话传说：楚怀王年间，屈原遭到奸臣陷害，被革职罢官，回到老家归州，也就是现今的湖北省秭归县，在仙女山下九畹溪边办起了一所学堂，亲自教授弟子，志在为楚国多培养栋梁。相传，《离骚》中"余既滋兰之九畹兮"的诗句，说的就是屈原办学之地。有一天，仙女山上的兰花娘娘寻兴出游，当她驾祥云路过九畹时，被屈原的讲学声吸引，于是降在窗下悉心静听。清瘦的屈原仙风道骨，只见他双手挥舞慷慨陈词，讲述的全是振兴楚国的道理，其矢志不渝的爱国精神感动了娘娘，于是她就在离开的时候施展了一下法术，将学堂窗下的三株兰花点化成仙。说来真是神奇，这兰花受得仙法之后入土生根，次日抽芽，三天展叶，四天开花，五天由株而蓬，六天由蓬而菀。每日讲学过后，屈原总要率领自己的学生沿溪植栽，日子一长，漫山遍野都是兰花，就连山中的樵夫也欣喜道："我们这神奇的山乡，真该改名叫芝兰乡了。"随后，兰花从三畹铺展到六畹，又由六畹逐步扩展到九畹，此后这条清溪也就被称作九畹溪了。九畹溪边的兰花一年盛似一年，芳香醉人，秀映楚天！

兰花之高贵，更在于它品质高洁。兰花原来生长于深山幽谷之中，故有"空谷佳人"、"花中君子"之雅称。曹植在《洛神赋》中赞兰花如美人："转眄流精，光润玉颜。含辞未吐，气若幽兰。华容婀娜，令我忘餐。"在我国古代，好的文章、书法被称为兰章；友情至深称为兰交、兰宜；优秀人物逝世离去，被称为兰摧玉折。可以说，兰花已成为人间美好事物的象征。

2）咏梅

相传梅有二十四品，集24种美德于一身，它冰肌玉骨、独步早春、凌寒留香的品性历来深为人们所钟爱。品赏梅花一般着眼于色、香、形、韵、时等方面。

色：梅花的花色有紫红、粉红、淡黄、淡墨、纯白等多种颜色。"红梅"，花形极美，花香浓郁；"绿萼"，花白色，萼片绿色，重瓣雪白，香味袭人；"紫梅"，重瓣紫色，淡香；"骨里红"，色深红重瓣，凋谢时色亦不淡，树质似红木；"玉蝶"，花白略带轻红，有单重瓣之分，轻柔素雅。如成片栽植上万株梅花，疏枝缀玉缤纷怒放，

（梅花图）

有的艳如朝霞，有的白似瑞雪，有的绿如碧玉，可形成梅海凝云、云蒸霞蔚的壮观景象。

香：梅花香味别具神韵、清逸幽雅，被历代文人墨客称为暗香。"着意寻香不肯香，香在无寻处"，让人难以捕捉却又时时沁人肺腑、催人欲醉。探梅时节，徜徉在花丛之中，微风阵阵掠过梅林，犹如浸身香海，通体蕴香。

形：古人认为"梅以形势为第一"，即形态和姿势。形态有俯、仰、侧、卧、依、盼等，姿势分直立、曲屈、歪斜。梅花树皮漆黑而多糙纹，其枝虬曲苍劲嶙峋、风韵洒落，有一种饱经沧桑、威武不屈的阳刚之美。梅花枝条清癯、明晰、色彩和谐，或曲如游龙，或披靡而下，多变而有规律，呈现出一种很强的力度和线的韵律感。

韵：宋代诗人范成大在《梅谱》中说："梅以韵胜，以格高，故以横斜疏瘦与老枝怪石着为贵。"所以在诗人、画家的笔下，梅花的形态总离不开横、斜、疏、瘦四个字。今天，人们观赏梅韵的标准，则是贵稀不贵密，贵老不贵嫩，贵瘦不贵肥，贵含不贵开，谓之"梅韵四贵"。

时：探梅赏梅须及时。过早，含苞未放；迟了，落英缤纷。古人认为"花是将开未开好"，即以梅花含苞欲放之时为佳，故名"探梅"。梅花以"惊蛰"为候，一般以惊蛰前后10天为春梅探赏的最佳时机。

除此之外，观赏梅花的环境也十分讲究。据《梅品》记载，如在淡云、晓日、薄寒、细雨、轻烟、夕阳、微雪、晚霞、清溪、小桥、竹边、松下、明窗、疏篱、林间吹笛、膝下横琴等情况下，对梅的欣赏就更富有诗情画意。

北魏良吏陆凯有个文学挚友范晔（即《后汉书》作者）在长安，

常以书信来往。他在春回大地,早梅初开之际,自荆州摘下一枝梅花,托邮驿专赠范晔,并附短诗:"折花逢驿使,寄与陇头人。江南无所有,聊赠一枝春。"自陆凯始,以梅花传递友情,便传为佳话。而关于梅花的佳话则数不胜数。

隋代赵师雄游罗浮山时,醉酒后梦见与一位装束朴素的女子一起饮酒。这位女子芳香袭人,又有一位绿衣童子在一旁笑歌欢舞。后来赵师雄醒来,坐起来一看,发现自己就睡在一棵大梅花树下,树上有翠鸟在欢唱。原来梦中的女子就是梅花树,绿衣童子就是翠鸟。这时,月亮已经落下,天上的星星也已横斜,赵师雄独自一人惆怅不已。此典史自唐代柳宗元《龙城录·赵师雄醉憩梅花下》,是有关梅花的著名典故。

北宋处士林逋(和靖),隐居杭州孤山,一生不娶不仕,而植梅放鹤,称"梅妻鹤子",被传为千古佳话。他种梅、赏梅、卖梅,过着悠然自得的生活,常在梅园里独自吟哦,写过许多有名的梅花诗,他的《山园小梅》中的名句"疏影横斜水清浅,暗香浮动月黄昏"是梅花的传神写照,脍炙人口,被誉为千古绝唱。

梅花,不畏严寒,独步早春。它赶在东风之前,向人们传递着春的消息,被誉为"东风第一枝"。梅花这种不屈不挠的精神和顽强意志,历来被人们当作崇高品格和高洁气质的象征。"万花敢向雪中出,一树独先天下春。"(元·杨维桢《道梅之气节》)南宋爱国诗人陆放翁在咏梅的词《卜算子》里写道:"无意苦争春,一任群芳妒,零落成泥碾作尘,只有香如故。"借咏梅表现了诗人怀才不遇的寂寞和不论怎样受挫折也永远保持高风劲节的情操。元代还有个爱梅、咏梅、艺梅、画梅成痴的王冕,隐居于九里山,植梅千株,自题所居为"梅花屋"。又工画墨梅,花密枝繁,行笔刚健,

有时用胭脂作没骨梅,别具风格。其《墨梅》诗名扬天下:

我家洗砚池头树,朵朵花开淡墨痕。

不用人夸颜色好,只留清气满乾坤。

梅花的香韵一向为人们所倾倒,它浓而不艳、冷而不淡,那疏影横斜的风韵和清雅宜人的幽香,是其他花卉不能相比的。然而,更为可贵的还是梅花的精神。梅的铮铮铁骨、浩然正气、傲雪凌霜、独步早春的精神,被人们誉为中华民族之魂。赞赏梅花的高洁、典雅、冷峭、坚贞,视为知己、君子,梅都是当之无愧的。

3)颂竹

苏东坡说:"食者竹笋、庇者竹瓦、载者竹筏、炊者竹薪、衣者竹皮、书者竹纸、履者竹鞋,真可谓不可一日无此君也。"竹子在我国古代就已经成为人们尤其是文人雅士须臾不可离的生活伴侣。

竹,挺直、秀丽、多姿,引人遐想,发人幽思。一丛丛一片片,或娇然如婀娜娉婷的素妆少女,或坦然如豪迈潇洒的健壮男子,或蔼然如轻指拂长的慈祥老者,而"雨后春笋",则更是充满无限的生命力。翠竹,无牡丹之富丽,也无青松之雄伟,更无桃李之妖艳。但是,它刚强正直,朴实无华,不卑不亢。它根生大地,渴饮甘泉,未出土时便有节。枝横云梦,叶柏苍天,及凌云处尚虚心,被文人视为伟大中华民族传统美德之化身。

竹的种类众多,大致分为青竹和紫竹两类。古人对竹是十分偏爱的,

(墨竹图)

闲时约上三五友人一起在竹下烹茶畅谈，或者独自徘徊于静谧的竹林中。历代多有人为之讴歌称赞，留下许多有关竹子的典故，其中最有名的莫过于"斑竹一枝千滴泪"这个动人的故事。娥皇与女英是舜帝的两个妃子，都被称为湘夫人。舜帝驾崩后，两个妃子悲伤得日夜啼哭，一直哭得两眼流出了血泪，她们的眼泪洒落在身边的竹子上，于是就在上面形成了斑斑点点的痕迹，后来人们就称这种带着紫晕的竹子为"湘妃竹"。历代还有许多与竹密不可分的文坛佚事。魏晋时期最有名的"竹林七贤"，个个都是真名士，放荡不羁，不惧世俗眼光。时常聚于竹坞之上，高谈阔论，弹奏歌饮，酒徒刘伶自谓："天生刘伶，以酒为名，一饮一斛，五斗解酲。"试想，如若没有竹林相倚就失却了几分高雅，不异于醉汉撒野，甚至与占山剪径的山大王没有什么两样了。

在古代文人雅士的眼里，竹作为梅兰竹菊"四君子"之一，虚心劲节，有谦谦君子之风，疏影潇洒，洁身自好，不同流俗。竹不但是古人笔下经常讴歌描摹的对象，也是古人自喻个人品格和精神追求的一种文化象征。"独坐幽篁里，弹琴复长啸。深林人不知，明月来相照。"（唐·王维《竹里馆》）"始怜幽竹山窗下，不改清阴待我归。"（唐·刘长卿《晚春归山居题窗前竹》）"虚心竹有低头叶，傲骨梅无仰面花。"（清·郑板桥联）苏东坡则如此称赞竹子的风骨："得志，遂茂而不骄；不得志，瘁瘠而不辱。群居不倚，独立不惧。"（《墨君堂记》）苏东坡对竹的推崇，更体现在下面这首流传千古的《于潜僧绿筠轩》中：

可使食无肉，不可居无竹。
无肉令人瘦，无竹令人俗。
人瘦尚可肥，士俗不可医。

旁人笑此言，似高还似痴。

　　若对此君仍大嚼，世间那有扬州鹤。

4）爱莲

　　莲为多年生草本植物。其花，即"荷花"，《诗经》称"荷华"、"菡萏"，《尔雅》称"荷"、"芙蕖"，《群芳谱》称"水芙蓉"，《本草纲目》称"莲"，古诗文又称之为玉芝、泽芝、玉环、净客、水华等。历代文人墨客誉荷为"君子花"。它以潇洒的风姿、纯洁的本性、高雅的气质，博得许多文人的爱怜，使许多名人与其结下不解之缘，留下许多逸闻趣事、美诗妙文。

　　著名爱国诗人屈原爱荷成癖，他在《离骚》中表示要"制芰荷以为衣兮，集芙蓉以为裳"。不仅衣裳用莲荷制作，还希望与之为邻，住在荷下。北宋的周敦颐，以荷花为崇拜的对象，他把荷花喻为君子，写下了著名的《爱莲说》，成为传世名篇，被千古传唱，他也由此被后人称为"荷花花神"。

爱莲说

宋·周敦颐

　　水陆草木之花，可爱者甚蕃。晋陶渊明独爱菊。自李唐来，世人盛爱牡丹。予独爱莲之出淤泥而不染，濯清涟而不妖，中通外直，不蔓不枝，香远益清，亭亭净植，可远观而不可亵玩焉。

予谓菊，花之隐逸者也；牡丹，花之富贵者也；莲，花之君子者也。噫！菊之爱，陶后鲜有闻。莲之爱，同予者何人？牡丹之爱，宜乎众矣。

莲叶大而宽阔，莲花亭亭玉立，无论是雨后带露的新荷还是含苞待放的尖尖荷角，都为人们欣赏赞颂。宋朝诗人杨万里的诗作中，仅咏荷诗就有数十首之多。他曾为杭州西湖荷花所陶醉，吟唱道："毕竟西湖六月中，风光不与四时同。接天莲叶无穷碧，映日荷花别样红。"（《晓出净慈寺送林子方》）此诗一向被人们誉为"诗海珍珠"，同时被认为是古今数以千计的咏荷作品中的夺魁之作。有关于莲花的趣闻中，最有趣的当属清朝纪晓岚接联的故事。这位才子诗文俱佳，名气皆大，才思敏捷，聪明过人。乾隆皇帝率臣下江南时，见一池塘荷花含苞待放，触景生情，遂脱口而出一上联："池中莲苞攥红拳，打谁？"随同的纪晓岚不假思索地续了下联："岸上麻叶伸绿掌，要啥？"语出自然，妙趣横生，给端庄美丽的荷花增添了俏皮之色。

5）品菊

相传赏菊及饮菊花酒源于晋代大诗人陶渊明。陶渊明以隐居出名，以诗出名，以酒出名，也以爱菊出名，后人效之，遂有重阳赏菊之俗。菊花在我国因其品格的高洁而被称为花中君子。秋日菊花傲然绽放，因此九月亦有"菊月"之称。

古人赏菊非常讲究，宋代孟元老《东京梦华录》载，时人喜爱多种菊花品种，"九月重阳，都下赏菊，有数种：其黄白色蕊若莲房，曰万龄菊；粉红色曰桃花菊，白而檀心曰木香菊，黄色而圆者曰金铃菊，纯白而大者曰喜容菊，无处无之"。明代张岱《陶庵梦忆》载："兖州绍绅家风气袭王府。赏菊之日，其桌、其炕、其灯、其炉、其盘、其盒、其盆盎、其看器、其杯盘大觥、其壶、其帏、其褥、其酒、其面食、其衣服花样，无不菊者夜烧烛照之，蒸蒸烘染，较日色更浮出数层。席散，撤苇帘以受繁露。"清代富察敦崇《燕京岁时记》曰："九花者，菊花也。每届重阳，富贵之家，以九花数百盆，架度广厦中前轩后轻，望之若山，曰九花山子。四面堆积者，曰九花塔。"

出门赏菊固然陶冶情操，若能用这美丽的菊花将自己打扮得更为别致，必然会锦上添花。汉民族女子自古便有簪花之俗，依节令不同簪戴不同的花卉。簪菊之俗唐代已有，唐代诗人杜牧就有"江涵秋影雁初飞，与客携壶上翠微。尘世难逢开口笑，菊花须插满头归"(《九日齐山登高》)的诗句。宋代还有将彩缯剪成茱萸、菊花来相赠佩戴的。不仅女子簪菊，男子也可簪菊，这可不是什么异常风俗，古时汉族男女皆留长发插笄，人们在重阳登高赏菊时在发上插上几朵，既符合菊花可避邪、增长寿的观念，又颇显热爱生活的灵动和俏皮。

第三章　品茗忘忧

自古以来，文人喜欢茶。因为茶能提神益思，激发文人的激情和灵感。品茗是文人生活中一件韵事，一大乐趣，一种高雅的活动。品茗为文人的生活增添了无限情趣，增进了心性修养。历代文人墨客知茶、爱茶、嗜茶，借茶写人、叙物、抒情，有不少传世之作便是在这悠悠茶香中酝酿出来的。唐代元稹在著名的宝塔诗《咏茶》中讲茶是"慕诗客"的，一个"慕"字道尽了茶与文人的那种难分难解的情缘。饮茶，本是平常事，却让文人变得优雅、文质彬彬。"弹琴阅古画，煮茗仍有期"（梅尧臣），文人们留下了许多有关茶的经典名篇和不少与茶有关的佳话。

《咏茶》

元稹

茶，
香叶，嫩芽。
慕诗客，爱僧家。

> 碾雕白玉，罗织红纱。
> 铫煎黄蕊色，碗转曲尘花。
> 夜后邀陪明月，晨前命对朝霞。
> 洗尽古今人不倦，将至醉后岂堪夸。

1. 以茶会友——一盏清茗酬知音

历史上，以茶相交的挚友莫过于茶圣陆羽和诗僧皎然这两位大师级的人物。唐肃宗至德二年(757年)前后，陆羽辗转来到湖州吴兴，住在妙喜寺，与寺内僧人皎然结识，并成为莫逆之交。从皎然与陆羽交往期间所写下的许多诗句中，可以了解到这两位"缁素忘年之交"的深厚情谊。皎然写过一首记叙寻访陆羽的诗："远客殊未归，我来几惆怅。叩关一日不见人，绕屋寒花笑相向。寒花寂寂遍荒阡，柳色萧萧愁暮蝉。行人无数不相识，独立云阳古驿边。凤翅山中思本寺，鱼竿村口望归船。归船不见见寒烟，离心远水共悠然。他日相期那可定，闲僧著处即经年！"（《往丹阳寻陆处士不遇》）陆羽隐逸生活悠然自适，行踪飘忽，使得皎然造访时常向隅，诗中传达出皎然因访陆羽不遇的惆怅心情，以情融景，更增添心中那股怅惘之情。此外，皎然在送陆羽回龙山的诗中，语虽含蓄，却情深义重："太湖东西路，吴主古山前。所思不可见，归鸿自翩翩。何山赏春茗，何处弄春泉。莫是沧浪子，悠悠一钓船。"（《访陆处士羽》）寥寥数语，便将陆羽隐逸时的生活情调鲜明地勾勒出来。

还有一对老茶友我们不能不提，他们就是北宋时期政坛、文坛轰动一时的王安石和苏东坡。人生宦海沉浮，二人在改革中虽政见不一，但这并不妨碍他们成为至交。苏东坡被贬为黄州团练副使时，王安石也已到暮年，身体不好，体内痰火郁结。太医给王安石开了一个方子，用阳羡（今江苏宜兴）的茶，以长江瞿塘峡中段的水来煎烹，才能消除痰火。王安石心想，苏东坡是蜀地人，有机会去长江三峡，于是便托付于他："倘尊眷往来之便，将瞿塘中峡水，携一瓮寄于老夫，则老夫衰老之年，皆子瞻所延也。"意思是说，不管是你还是你的家人过往瞿塘峡时，请在中游打一瓮水捎来。我能不能延年益寿，就拜托你了。苏东坡收到老朋友的嘱托不敢怠慢，专程去长江三峡打水，亲自送至王安石府上。王安石即命人将瓮抬进书房，亲以衣袖拂拭，纸封打开。又命僮儿茶灶中煨火，用银铫汲水烹之。先取白定碗一只，投阳羡茶一撮于内。待水沸后急取倾入碗中，其茶色半晌方见。王安石问："此水何处取来？"东坡答："巫峡。"王安石道："是中峡？"东坡回："正是。"王安石笑道："又来欺老夫了！此乃下峡之水，如何假名中峡？"东坡大惊，只得据实以告。原来苏东坡因鉴赏秀丽的三峡风光，船至下峡时，才记起所托之事。当时水流湍急，回溯已难，只得汲一瓮下峡水充之。东坡说："三峡相边，水一般样，老太师何以辨之？"王安石道："读书人不可轻举妄动，须是细心察理。这瞿塘水性，出于《水经补注》。上峡水性太急，下峡太缓，惟中峡缓急相半。太医官知老夫中脘变症，

故用中峡水引经。此水烹阳羡茶，上峡味浓，下峡味淡，中峡浓淡之间。今茶色半响方见，故知是下峡。"东坡大惊于王安石在茶上的造诣，故而离席谢罪。小小香茗，使苏东坡与王安石在晚年成为莫逆，可谓一段佳话。

2. 以茶代酒——寒夜客来茶当酒

以茶代酒的典故出自于《三国志·韦曜传》。公元252年，吴太祖孙权病死，孙皓登王位。孙皓在执政后期沉溺于帝王的奢侈生活，变得专横跋扈，残暴施虐，沉迷酒色，不理朝政，尽失民心。孙皓好酒，经常摆酒设宴，强邀群臣作陪。每设酒宴，有个不成文的规矩，每人以7升为限（按现在的度量衡折算，当时的一升酒为2斤），不管会饮酒与否，必要碰杯大饮，每杯定要见底。孙皓是个暴君，说一不二，动辄杀人。所以每次席间，一片狼藉，群臣七倒八歪，醉卧地上，丑态百出。其中有个人叫韦曜，酒量只有2升。韦曜原是孙皓的父亲南阳王孙和的老师，任为太傅，所谓"一日为师，终身为父"，因其地位相当特殊，孙皓对韦曜也格外照顾。早知韦曜不胜酒力，就在杯里暗中换上清茶，韦曜也心领神会，故意高举酒杯，"以茶代酒"干杯，这样就不至于醉酒而失态。

酒在一定程度上可以激发灵感，但是，一般人很难喝到"恰到好处"。真正能"斗酒诗百篇"的除了李白，恐怕没有第二人了。茶则不然，一杯清茗不但可以唤醒"灵感"，更能捋顺文思。正所谓："酒壮英雄胆，茶助文人思。"

以茶当酒是古代文人的一个发明。"寒夜客来茶当酒，竹炉汤沸火初红。寻常一样窗前月，才有梅花便不同。"这是宋朝诗人杜小山在一个明月照窗的寒冬之夜，与朋友相对而坐，以茶代酒，品茗赏梅，欢叙旧情后，有感而发，写下的一首诗。以茶待客，乃古代人情交际的礼节，一杯清茗表达了深情厚谊。"高灯喜雨坐僧楼，共话茶杯意更幽。"（王沂诗）宾主之间，喝着聊着，是那样的惬意，那样的酣畅淋漓。

如果说，酒可以浇愁，那么，茶也可以解忧。孟浩然被李白戏称为"风流天下闻"，他因为仕途失意，自洛阳东游吴越之时，途经新昌，在《清明即事》一诗中，描写了自己以茶代酒，化解落寞心境的情景："空堂坐相忆，酌茗聊代醉。"

3. 以茶寄情——吟诗不厌捣香茗

茶与酒一样，是人与人之间传递情感的纽带。文人之性情、亲情、柔情，皆在茶中得到展示。人们都知道李白善饮，自称是酒中仙，其实，李白也非常喜欢喝茶。有一年，他游历金陵栖霞寺时，偶然遇上了自己的族侄——玉泉寺中孚禅师。中孚禅师既通佛理又喜欢饮茶，常年在乳窟中采茶后制成仙人掌茶，以茶供佛，并招待四方宾客。他与李白叔侄相见，自然格外地亲切。他送给李白上好的仙人掌茶，李白早就听说玉泉山仙人掌茶是天下佳茗，笑纳后信笔以诗《答族侄僧中孚赠玉泉仙人掌茶并序》答谢，字里行间流露出对仙人掌茶的喜爱和对侄儿的感激之情。这是唐代的一首咏茶名作，为源远流长的中国茶文化留下了一段极其宝贵的资料。

文人大多仕途失意，归隐自然，与佳茗相伴，与茶结缘者不可胜数。品茗可以使文人清醒，排遣孤闷，心胸开阔，灵感喷发，助诗兴文思；品茗为文人的生活增添了无限情趣，增进了心性修养。

历代骚人墨客都知茶、爱茶、享受茶，许多著名的诗篇便是在茶香中酝酿创作出来的，有"不饮茶做不了诗人，名诗人不能不写茶诗"之说。宋代苏东坡一生坎坷，却嗜茶如命，"戏作小诗君莫笑，从来佳茗似佳人"。把茶拟人化、美化，被广为传诵。唐代诗人卢仝的《走笔谢孟谏议寄新茶》是古今茶诗的扛鼎之作，被传为千古绝唱。

《走笔谢孟谏议寄新茶》(节选)

卢仝

一碗喉吻润，两碗破孤闷。

三碗搜枯肠，唯有文字五千卷。

四碗发轻汗，平生不平事，尽向毛孔散。

五碗肌骨清，六碗通仙灵。

七碗吃不得也，唯觉两腋习习清风生。

4. 以茶斗智——斗茶味兮轻醍醐

斗茶即比赛茶的好坏，始于唐代，又叫"斗茗"、"茗战"，是一种"雅玩"。斗茶时，斗茶人要各自献出所藏名茶，轮流品尝，以决胜负。斗茶内容包括茶叶色相与香度、茶汤香醇度、茶具优劣、煮水火候等，俱臻上乘者为胜。

斗茶时间多在清明，新茶初出，绿叶刚焙。参加者多的十几人，少的五六人，旁有围观者。如在茶店品斗，则附近店铺老板或伙计会轮流去凑热闹，特别是欲购茶叶的顾客，更是一睹为快。

斗茶由二人或多人共斗，内容分两方面：一是汤色，即茶水颜色。"茶色贵白"，以青白胜黄白。二是汤花，即汤面泛起的泡沫。

决定汤花优劣也有两项标准：第一是汤花色泽；第二是汤花泛起后，水痕出现早晚，早者为负，晚者为胜。

斗茶的前身就是茶宴，实际上就是一次难得的聚会时间。唐朝文人喜欢参加茶宴，这种雅致的聚会是可遇而不可求的。一生嗜茶如命的白居易在苏州做官时，一天夜里，听说交好的贾常州和崔湖州两位刺史在顾渚山的境会亭摆设茶宴，但是自己因坠马受伤不能前往，无奈之际，只能在诗中想象一下那热闹的景象，"遥闻境会茶山夜，珠翠歌钟俱绕身，盘下中分两州界，灯前合作一家春"，仿佛他已身临其境。白居易善于记录文人的茶事活动："细啜襟灵爽，微吟齿颊香。归来更清绝,竹影踏斜阳"，生动地描写了品茶时的情景。

斗茶富有趣味性和挑战性，给人们的生活增添了乐趣。司马光与苏东坡之间有过一次有趣的斗茶经历。相传有一天，司马光约了十余人，同聚一堂斗茶取乐。大家带上收藏的最好茶叶、最珍贵的茶具赴会，先看茶样，再闻茶香，后尝茶味。按照当时社会的风尚，认为茶类中白茶品质最佳，司马光、苏东坡的茶都是白茶，评比结果名列前茅，但苏东坡带来泡茶的是上雪水，水质好，茶味纯，因此苏东坡的白茶占了上风。苏东坡心中高兴，不免流露出得意之状。司马光心中不服，便想出个难题压压苏东坡的气焰，于是笑问东坡："茶欲白，墨欲黑；茶欲重，墨欲轻；茶欲新，墨欲陈。君何以同爱此二物？"众人听了拍手叫绝，认为这题出得好，想苏东坡一定会被难住。谁知苏东坡微笑着，在室内踱了几步，稍加思索后，从容不迫地欣然反问："奇茶妙墨俱香，公以为然否？"此语一出，众皆信服。茶墨有缘，兼而爱之；茶益人思，墨兴茶风，相得益彰，一语道破，真是妙人妙言。自此，茶墨结缘，被传为美谈。

5. 以茶明志——尘心洗尽兴难尽

中国文人历来奉行"穷则独善其身,达则兼济天下",由于理想与现实相去甚远,故而从"学而优则仕"的参政之路转向"退而求其次"的归隐生活,坐而论道,谈说玄理。茶的清心、淡泊恰恰符合文人的这种心态。文人对茶的追求不单单在于茶的本身,而是追求一种纯净、深远、空灵的意境。作为最有文化和艺术品味的群体,文人品茶最有特色,常将自己置于自然界的山水之中、品茶作诗,必讲究泡饮技艺。明《徐文长秘集》中描绘了一幅幅美妙的品茗图景:"精舍、云林、竹灶,幽人雅士,寒宵兀坐,松月下,花鸟间,清流白云,绿藓苍苔,素手汲泉,红妆扫雪,船头吹火,竹里飘烟。"这种品茗环境给人带来的悠闲安逸不是用语言能够形容的。

明万历十九年(1591年)的秋天,南京太常寺博士、礼部主事汤显祖,因不满当时官僚腐败,愤而上《论辅臣科臣疏》,弹劾大学士申时行并抨击朝政,触怒了皇帝,被贬为徐闻典史,后至浙江遂昌任知县。面对人生失意,仕途坎坷,他没有从此沉沦,而是时常邀上三五知己饶有兴趣地上山亲自煮茶。他的《竹屿烹茶》诗"君子山前放午衙,湿烟青竹弄云霞。烧将玉井峰前水,来试桃溪雨后茶",就是他当时煮茶情景的真实写照。

宋代著名词人李清照在《金人录后序》中,记有她与丈夫赵明诚回青州(今山东益都县)故第闲居时的一件生活趣事:"每获一书,即同共校勘,整集签题,得书画彝鼎,亦摩玩舒卷,指摘疵病。夜尽一烛为率。故能纸札精致,字画完整,冠诸收书家。余性偶强记,每饭罢,坐归来堂,烹茶,指堆积书史,言某事在某书某卷第几页第几行,以中否角胜负,为饮茶先后。中即举杯大笑,至茶倾覆怀中,反不得饮而起。"李清照、赵明诚夫妇在饭后间隙,一边饮茶,一边记忆学习,给后人留下了"饮茶助学"的佳话,亦为茶事添了风韵。

  茶乃大自然的精灵,其质朴无华自然天成,品茶一直被文人当成一种高雅的艺术享受,既讲究泡饮技艺,更注重情趣,追求天然野趣。茶带给文人的是净化,是纯洁,心灵的纯净与山水融为一体,天人合一,找回最自然的真我,真可谓"从一杯茶叶看世界"。

  品茶一直被文人当成一种高雅的艺术享受,既讲究泡饮技艺,更注重情趣和追求天然野趣。文人寄情山水间,不思利禄,不问功名,"平生于物原无取,消受山中一杯茶"。茶得山川之胜而显风流,山川得茶之养更显人文神韵,诗魂与茶魂融而为一,如入忘我清境,内心的超脱与恬淡融入杯杯清茗。酒醉了,"天子呼来不上船";茶醉了,"一语道破红尘事,一杯清茗傲王侯"。这是一种令人称慕的气节,一种令人慨叹的豪迈。

第四章　博戏明智

古代的博戏文化十分发达，最古老的博戏始于何时，准确年代很难说清。据《史记》和其他有关文字的记载，博戏的产生至少在殷纣王之前。我国最早的博戏叫"六博"，有6支箸和12个棋子，箸是一种长形的竹制品，相当于今天打麻将牌时所用的骰子。

据《颜氏家训·杂艺》所载，博戏又分大博、小博。大博的行棋之法已不可考，小博的玩法在《古博经》里有比较详细的记载。其方法是：两人相对坐，棋盘为12道，两头当中为水。把长方形的黑白各6个棋子放在棋盘上，把2条鱼置于水中。比赛双方轮流掷琼（即骰子），根据掷采的大小决定棋子前进的步数。棋子到达终点，将棋子竖起来，成为骁棋（或称枭棋）。成为骁的棋，便可入水"牵鱼"获筹。获六筹为胜。未成骁的棋，就称为散棋。骁棋可以攻击对方的棋子，也可以放弃行走的机会而不动，散棋却不可。

后来的博戏扩展到围棋、象棋、对字（对诗联句）等以静为主的雅戏，另外还有蹴鞠、斗鸡、麻将等热闹的街巷娱乐，成为中国上至王公贵族下至平民百姓茶余饭后的消遣之道。

1. 围棋——闲敲棋子落灯花

琴、棋、书、画，是中国四大古老文化艺术，其中的棋指的就是围棋，它们伴随着儒、释、道思想和其他文化艺术，融贯于绵绵几千年的中华文明史。在琴、棋、书、画之中，又以围棋最为特别，它不仅具有其他艺术门类的许多共性，诸如抒发意境、陶冶情操、修身养性、生慧增智等等，而且还与天象易理、兵法策略、治国安邦等相关联，因此，它是一门综合性文化艺术。

南朝《述异记》有载，"晋樵夫王质，入石室山，观二童子下棋，不觉斧烂柯矣。质归故里，已及百岁，无复当时之人"。这个烂柯的故事，是为人所津津乐道的棋事，古人有很多关于烂柯的诗句，传颂着其中的围棋精神。"怀旧空吟闻笛赋，到乡翻似烂柯人。"(刘禹锡《酬乐天扬州初逢席上见赠》)人事沧桑恍如隔世，人们多用烂柯来形容人世间的巨变。围棋在东晋被称为"坐隐"、"手谈"，道出了围棋所蕴含的文化内涵。至北宋，又有徽宗所言"忘忧清乐在枰棋"，故围棋又被称为"忘忧"；烂柯传说流传，围棋又有"烂柯"之名。坐隐、手谈、忘忧、烂柯这四个词，正是围棋文化和中国文化精神暗合的地方。

围棋被称之为坐隐，正是道家所崇尚的隐者风范、魏晋的名士风度。阮籍是玄学的代表人物，他本人对于围棋浸淫极深。《晋书·阮籍传》有载，某天阮籍照常在友人家里下棋，这时门子来报，他母亲刚刚去世了，让他赶紧回去料理后事。友人深知他的性格，委婉地表示可以将棋局暂停，先回家去。他不为所动，坚持要把棋下完。棋局结束后，他饮酒二斗，长号一声，吐血数升。这样的事情即便放到现代，也足以令众人惊诧的。围棋，在魏晋名士的心目中，已经不仅仅是一种游戏，而是一种哲学活动、悟道活动，对弈折射出他们的生命哲学，也表现着他们形而上学的苦涩悲凉的思索。围棋黑白二子象征日月阴阳昼夜，圆形棋子象征天象苍穹，棋盘四角可比地象四方。棋局搏杀，沧海桑田；棋盘胜负，世事纷争。诸如此类种种，皆可拟世事，让人自己去悟道、去品世。

　　围棋能够启迪人的智慧。很多兵家常用的战术也经常鉴于黑白子的拼杀间，如"围魏救赵"、"瞒天过海"。一盘棋局的优劣同下棋人运筹帷幄的能力和气势是分不开的。唐代传奇记载了关于虬髯客与李世民争天下的故事。虬髯客善相面，自认为有天下之份，有打天下的志向。他从李靖那里听说了李世民的一些情况，就约李靖一起赴太原找李世民下棋，实际上是去探视虚实。李世民应邀来到，虬髯客一看李世民神采奕奕，光彩照人，果真是"真龙天子"的模样，心里就有些吃惊。他没等李世民坐稳，就抓起四子摆在四个角的四个星位上。嘴里还高声大呼："老虬四子占四方！"李世民不慌不忙地拿起一子，放在棋盘的天元上，朗声道："小子一子定乾坤！"虬髯客顿失与李世民争天下之心，远赴他地另建王国去了。

　　围棋的黑白棋子分布棋盘，千变万化，宛如一幅幅中国古代的水墨画，简单而又安静。再加上规整的棋盘布局，给人赏心悦目之感，因此古代人就把围棋的棋子和棋盘称誉为"玉子纹枰",有"玉子纹楸一路饶,最宜檐雨竹萧萧"(唐·杜牧《送国棋王逢》)的美称。围棋规则极其简单,古语云"轮流着子,气尽棋亡,地多为胜"。然而,其变化却是无穷无尽的,连现代很多数学家甚至棋手都觉得围棋富有数理美。宋代文人范仲淹曾以"一子重千金"的诗句描写下棋,还立下过"吾当着棋史"的宏愿。

烂柯一梦欲何求
凌厉行棋荡子柔
枰上无言驱虎豹
胸中有计走貔貅
倚天自视雄首
薄地多为杜士头
对弈诸般如世事
心闲气定是夏禄
行协采芹生

文人雅士围棋对弈,为的不是拼得你死我活,而是享受在对弈过程中所沉淀下来的宁静。子落棋盘时的悠然心境,对弈二人相互切磋,共同讨论棋谱,给个人修养带来境界上的升华。古人云:"闻琴声而知雅意。"而观棋子则知其心。切磋围棋时,切磋的更多的是对弈者的精神修养。若要成为一个棋段高手,泰山崩于前而面不改色的淡定心态,上善若水的精神修为,以及宠辱不惊的释然情怀,均是必备的心理素质。心术不正,妄图投机取巧;抑或心有旁骛,不甚专注者,常常会贸然行事,得意洋洋以为大局已定之时,被对手反手一击而万劫不复。自重不贪者，会有意外收获；轻薄好讨便宜的，易蒙受损失。有道是："对弈诸般如世事，心闲气定是良谋。"围棋的学习过程和竞技过程正是对人心灵的洗礼，灵魂的净化。

　　围棋博大精深，玄妙无穷，绝非人的智慧所能参透。方形棋盘象征着地，三百六十一路象征着天，与古代"天圆地方"相吻合；黑白棋子分别象征着阴和阳，天元（围棋正中央的点）与四边的中点象征着五行。根据围棋的规则，棋子是依气而生，丧气则亡，与古代人有关元气的思想紧密相连。千古以来，多少帝王将相、文人雅士、市井百姓乐此不疲，演绎出多少传奇佳话、美文诗赋乃至兵书算法、治国方略，成为中华文明史上一朵绚丽的奇葩。

2. 象棋——河外尖斜步卒轻

　　中国象棋即军际象棋，具有悠久的历史。战国时期，已经有了关于象棋的正式记载，如《楚辞·招魂》中有"菎蔽象棋，有六簙些；分曹并进，遒相迫些；成枭而牟，呼五白些"。而说起象棋文化的起源，不得不从棋盘上的楚河汉界说起。公元前205至203年，楚王项羽和汉王刘邦在中原大地经过数年鏖战后，在荥阳广武山上的汉王城和霸王城隔鸿沟对峙，并互有进退和争夺。于是，双方约定："中分天下，割鸿沟以西者为汉，鸿

沟而东者为楚。"从此，鸿沟作为历史的见证恒定在中国象棋的棋盘上。所谓楚河也好，汉界也罢，都是指鸿沟而言。"楚河汉界"的两边，各有九竖道，五横道。竖表示高，"九"表示高到极点；横表示面，东南西北中合成为"五"，表示面最大；最高最大的"九五"就代表着帝位。棋盘格局的寓意就是"九五"之争，也就是夺取天下的斗争了。宋人程颢咏象棋诗直指："雄如刘项亦闲争"，象棋较围棋而言，多了份一争胜负的心情。

象棋最早的前身其实是刘邦与张良用石子之类来演练楚汉双方作战阵势的即兴之法。后人借此加以演变和推行，到宋代基本发展成为现代象棋的形式，当时称为"象戏"。

象棋的颜色一方红子一方黑子，这两种颜色同样也不是凭空而定的，它是楚汉双方的旗色服饰在象棋中的再现。楚尚黑，汉尚红，这在史书上早有记载。秦朝尚黑，当年项羽看到秦始皇出游，黑色的旗帜、黑色的盔甲宛如一条黑色的长龙，脱口而出"彼可取而代也"，所以后来项羽也喜欢黑色，连他的坐骑都叫乌骓。而刘邦崇红则有一段故事。传说刘邦反秦之时，曾在酒后斩了一条挡道的白蛇，后

北宋大象戏玉子

南宋棋子

来有人从斩蛇处经过的时候，看到一位老婆婆伤心哭泣，并说她的儿子是白帝之子，因为挡了赤帝之子的路而被赤帝之子所杀。这个故事的真假无从考证，但刘邦因此以"赤帝之子"自居，并崇尚红色却是事实。所以，棋子的颜色也与楚汉争战有着千丝万缕的联系。

象棋的棋子最开始是立体形状的，到了北宋，平面型棋子开始出现。这可能与宋朝的钱币制造业有关。当时的制钱工艺非常发达，这种工艺也被应用到了棋子的制造中，很多棋子就是委托制钱作坊加工的。北宋的棋子形状与铜钱非常类似，圆形薄版。棋子有两面，一面为文字，一面为图案。象棋几经演变，至北宋末年定型，出现了双方有棋子各16枚，棋盘纵10路横9路，有河界、有九宫，将（帅）士只许在九宫内活动的现代象棋。到了南宋，纯文字型的棋子取代了图文型的棋子，由于制作简便，得到了推广，并一直沿用下来。

象棋的艺术魅力是任何人也禁不了的。据《说苑》载：雍门子周以琴见孟尝君，说："足下千乘之君也……燕则斗象棋而舞郑女。"虽然，象棋较围棋发展较晚，但人们对象棋的热爱却丝毫不减。明成祖朱棣在组织编纂《永乐大典》时，命他们编入一卷《象棋》。其孙朱高帜（明仁宗）爱棋更甚，他与状元曾子棨下棋兴浓时，还赋诗助兴，互相唱和。曾子棨曰："两军对敌立双营，坐运神机决死生。"明仁宗曰："等闲识得军情事，一着功成见太平。"

明清时期的社会名流大都与象棋有瓜葛。大家熟悉的小说家、文学家如冯梦龙、凌蒙初、吴承恩等，在他们的著作中，你可以找到不少弈棋诗作。曾官拜东阁大学士的著名书法家刘墉写过一首非常形象的《咏象棋》七律。有嘉靖"八才子"之称的太常寺少卿李开先因抨击朝政，被罢官为民，从此开始诗文散曲等通俗文艺创作。他用来调节生活的唯一方式便是下棋，而且水平很高。在给朋友的诗中他这样写道："我爱敲棋君善饮，人称豪客与闲仙。"他"敲棋编曲、竟日无休"，以此为乐。康熙年间，《梅花谱》的编写者王再越一生不求名利，为人刚直不阿，常常借棋喻世，时有点睛之笔。"叹英雄，勤勋立业类枰场；看世情，争先恐后似棋忙。"风流名士纪晓岚曾为一幅《八仙对弈图》题诗，其中有这样两句："局中局外两沉吟，犹是人间胜负心。"意思是说，神仙都免不了好胜之心，况凡人乎！他还以"八仙"中的纯阳真人吕洞宾为例，说吕洞宾虽离红尘，却仍向往着"教著残棋山月晓，一声长啸海天秋"的精神生活。

3. 对句——含古纳今巧成文

对句是魏晋以来文人最喜欢的一种比拼文采的形式，它和对联有异曲同工之妙。它不仅要求字数相当，而且句子中每个字词的词性、属性都要相似或者相对，同时对字的声调也有要求。好的对句，经过世人的流传便成为了经典的对联。这种文字游戏既具有文字学习的效果，又兼具讽喻功效，显露出对句者之思想情趣、文字底蕴。

唐代流行一种联句活动，即两个人以上在一起互相对句。这种对句已经突破五、七言的格局，短的只有一个字，长的可以到9个字或者更多。如中唐时的严维等8人有一次在一起对句，从一言对到九言。比如，一人说"东"，另一人说"西"；一人说"步月"，另一人说"寻溪"，以此类推："鸟已宿"对"猿还啼"，"狂流碍石"对"进笋穿溪"，"望望人烟远"对"行行萝径迷"，"探题只应尽墨"对"持赠更欲封泥"，"松下流时何岁月"对"云中幽处屡攀跻"，"乘兴不知山路远近"对"缘情莫问日过高低"，"静听林下潺潺是湍濑"对"厌向城中喧喧多鼓鼙"。

唐玄宗的宠臣杨国忠嫉恨并不服李白的才华，总想奚落李白一番。一天，杨国忠想出一个办法，约李白去对三步句。李白一进门，杨国忠便看着李白，讥讽道："两猿截木山中，问猴儿如何对锯？""锯"谐"句"，"猴儿"暗指李白。李白听了，微微一笑说："请大人起步，三步内对不上，算我输。"杨国忠想赶快走完三步，但刚跨出一步，李白便指着杨国忠的脚喊道："匹马隐身泥里，看畜生怎样出蹄！""蹄"谐"题"，与上联对得很工。杨国忠本想占便宜，却反被李白羞辱了一番，刚抬脚就被讥为"畜生出蹄"，弄得他走也不是，不走也不是，十分尴尬。

苏东坡谪居黄州时，经常与好友佛印和尚诗文往来。一天傍晚，他们二人泛舟长江之上，对酒倾谈。时值深秋，两岸景色如画，美不胜收。酒至半酣，苏东坡偶尔向河岸望去，只见一条大黄狗正在啃着一块骨头，便借着酒兴，随口吟出一联，请佛印对。联曰：狗啃河上（和尚）骨。佛印知是东坡在取笑于他，略加思索，随即将自己手中题有东坡诗句的扇子扔入水中，同时脱口对道：水流东坡诗（尸）。吟罢，二人相视大笑。

事隔不久，苏东坡到寺中去拜访佛印和尚。进门后，一股鱼腥味和酒味直冲他的鼻孔。他知道佛印和尚平日极好吃鱼饮酒，并且每次都给他留一份。但这次佛印和尚却若无其事，不露一点儿声色。东坡明白佛印是在故意逗他，便在屋子里四处观察起来，想找出鱼来下酒。可是，整个屋子里除了一只大磬以外，再没有可藏东西的地方。东坡断定那鱼就在磬里边，但却不说出来，他冲着佛印笑道："今天请你对一联，如对得上，我就吃鱼；对不上，我就不吃。"说罢，吟出上联：向阳门第春常在。这是一副大户人家常用的对联，人人皆知，佛印不知东坡用意，便脱口对道：积善人家庆有余。苏东坡听罢，哈哈大笑道："既然磬（庆）里有鱼（余），为何不拿给我吃？"佛印这才知道上了苏东坡的当。

不仅古代的文人们喜好对句联诗来互相切磋才华，古代的皇帝们在考察底下官员，选拔有才能的士子时也会用对句的形式来试验一番。明朝的大学士李东阳4岁就会写字，6岁时与另一位出名的神童程敏政被英宗皇帝召见，过宫门时，因门槛太高过不去，英宗皇帝笑曰："书生脚短。"李东阳应声曰："天子门高。"当时英宗皇帝赐给两位神童的御馔中有螃蟹，皇帝便说："螃蟹一身甲胄。"程敏政对曰："凤凰遍体文章。"李东阳对曰："蜘蛛满腹经纶。"皇帝又出对："鹏翅高飞，压风云乎万里。"程敏政曰："鳌头独占，依日月于九霄。"李东阳曰："龙颜端拱，位天地之两间。"英宗皇帝十分高兴，说道："照此安排，他日一个宰相，一个翰林也。"

对句是古代启蒙教育的一个项目，也是文学修辞的一种手段，孩童背诵对句，一生受用不尽。古代诗词曲赋，乃至官方公文都少不了对句。这种古代文人风行的高雅文字游戏，给后世留下了无数经典的妙句，令我们不禁感叹汉语文字真可谓是汉族先贤的伟大发明创造，以及古代文人的文字素养和机敏智力。

第五章　文房清韵

1. 书房——碧流深处读书房

在崇尚文学的古代，书房是文人骚客的安身立命之所。文人无不重视书房的设置，尽管各自经济状况迥异，但皆讲究书房的高雅别致，营造一种浓郁的文化氛围。在这个小天地里，可读书、可吟诗、可作画、可弹琴、可对弈……唐代刘禹锡虽只有一间简陋的书房，但"斯是陋室，惟吾德馨。苔痕上阶绿，草色入帘青。谈笑有鸿儒，往来无白丁。可以调素琴，阅金经，无丝竹之乱耳，无案牍之劳形"（《陋室铭》）。

自古及今，书房并无一定之规。富者可专门筑楼，贫者或室仅一席；有的雕梁画栋，有的则环堵萧然。书房或筑于水滨，或造于山间；或藏诸市井，或隐于郊野；有的植以南山之竹，有的覆以荆楚之茅，不一而足。但总有一点是书房应有的品质，那就是清雅。李渔在《闲情偶寄》中专门谈到书房的装饰："书房之壁，最宜潇洒，欲其潇洒，切忌油漆。"上策是"石灰垩壁，磨使极光"，其次"则用纸糊，可使屋柱窗楹共为一色"，而"壁间书画自不可少"。在书房内的装饰上，往往采用碧纱橱、屏风、竹帘、帷幕等物，以增加其美感、静趣、雅风。虽然有很多精妙的设计，但崇尚的是"宜简不宜繁"，力求"高雅绝俗之趣"。

　　古代文人常为自己的书斋起斋号。斋号寄托着主人的志与情，书房是文人的灵魂之城。书斋之名从发端到流行，有一个发展过程。司马迁虽有宏文巨著《史记》传世，但未闻其斋号。《陋室铭》是一篇斋记，但"陋室"不能视为书斋名。正式命名书斋，似起源于北宋。史传司马光有斋名"读书堂"，虽质朴但过于平白。以后有洪迈的"容斋"、陆游的"老学庵"。元代，为书斋命名的做法已经影响到西域一带的少数民族人士。至明清斋名盛行，文人学士差不多都有自己的书斋雅名。袁宗道的"白苏斋"、唐伯虎的"梦墨堂"、张溥的"七录斋"、袁枚的"小仓山房"、蒲松龄的"聊斋"、梁启超的"饮冰室"，皆是意蕴深远。其中"饮冰室"语出《庄子·人间世》："今吾朝受命而夕饮冰，我其内热与"，形容内心忧虑焦灼，室主以此表达自己对国家前途的忧虑。

古代文人的书房在建筑上也往往风格独树,留园中的揖峰轩即是。这是一个园中之园,庭院为半封闭。轩西月洞门有一座静中观,外形似亭,二面借廊,只伸一角。轩前小院四周围有曲廊,轩南庭有挺立石笋,青藤蔓绕,古木翠竹衬以名花。再看轩内,东头一张红木藤面贵妃榻,壁悬大理石挂屏;正中八仙桌,左右太师椅,桌上置棋盘;西端靠墙的红木琴桌上搁古琴一架;两侧墙上挂名人所书对联;北墙嵌三个花窗,有如三幅图画……幽静、秀美、典雅,在此间读书,与友人唱和,堪称一种全身心的享受。有些书房的对联,都出自主人的手笔,文采飞扬,启人心智。清人郑石如的书房联为:"好书悟后三更月,良友来时四座春。"清人陈元龙的书房联为:"水能性淡为吾友,竹解心虚即我师。"

文人是什么?或许可说是离不开书的人,起码古人是这样。读书是有目的的,为了广博见闻,学习经典,经世致用。但日久成癖,读书就变成了习惯性的交流,甚至三日不读书,便自觉语言无味、面目可憎。

有书就有了书房,虽然"书非借不能读",虽然书随处皆可读,但读书人谁不希望有自己的藏书,谁不希望有自己的一方天地读书习文会友呢?房间不必多大,有几架书,一桌一椅一盏灯,就有了书房的规模,就有了于日常中沉思静悟、安顿心灵的所在。

在以文为业、以砚为田的读书生涯中,书房既是中国古代文人追求仕途的起点,更是他们寻找自我的归途。当厌倦了政治的黑暗与社会的争斗,"躲进小楼成一统",吟诗作画,烹茶抚琴,"雪夜闭门读禁书";或是两三同好,"奇文共欣赏,疑义相与析",是人生必不可少的消遣和休息。

古人好古,读先贤书,重历史经验,发思古幽情,追求会古通今的乐趣。书籍和器物，越古越有意思。书画真迹、碑帖原拓、古籍善本自然是书房的珍品，那些文房用具也最好有些古意。如明清文人珍藏宋元版书，用旧窑或古铜的器物，成为一种时兴的雅趣。

古人书房中少不了香炉，香篆缭绕，像回荡的琴声，将人引入高山流水的冥想，将人带入旷远澄澈的境界。据载，有好事者在山中囊云而归，在书斋中放出，不知效果如何，但其行为真是憨得可爱。烟云是书房的清韵，本不可强求的。古书名画、四时花草、茶酒谈笑，都会散出烟云。

很多文房用器于隋唐时就逐渐兴盛起来。隋代是我国科举制度的起源时期，科举促进了隋唐文人阶层的出现，文房用器也就随之大量出现。这些文房用器早超出了笔、墨、纸、砚的范畴。《唐书·陆龟蒙传》记有笔床，唐杜甫《题柏大兄弟山居屋壁》诗："笔架沾窗雨，书签映隙曛。"宋代苏易简撰写了《文房四谱》一书，分"笔谱"二卷，"砚谱"、"纸谱"、"墨谱"各一卷，共计五卷，搜采颇为详备，是首倡"文房四宝"的典籍，因而后人提到文房四宝，必会谈到《文房四谱》。这部书也是宋初文房清玩风尚的发端。

文房器物经过宋元的普及、成形、拓展，到了明代进入了繁荣期。连明皇室也同样青睐起书斋的文玩，在明太祖朱元璋第十子鲁王朱檀墓中就出土了诸多的文房器物，例如水晶鹿镇纸、水晶兽形水盂、玉荷叶笔洗、碧玉笔格等。文房清玩，形微体轻，与重器大件相比，实属小器物。然而这些小玩意却是一个个内涵丰富的知识载体，它们根植于民族文化的土壤之中，是物化了的民族传统。它丰富的功能，独特的造型，以及千姿百态的制作工艺与材质，构成了一个绚丽多彩、品位高雅的艺术世界，也是前人为我们留下的珍贵的文化遗产。

2. 文房四宝——笔墨纸砚成锦绣

　　文房四宝是中国独具特色的文书工具。"文房"之名，起于我国历史上南北朝时期，专指文人书房而言，笔、墨、纸、砚为文房所使用，而被人们誉为"文房四宝"，最早见于北宋梅尧臣《九月六日登舟再和潘歙州纸砚》："文房四宝出二郡，迩来赏爱君与予。"

　　在翰墨飘香的中国传统文化中，文房四宝总是同文人士大夫的书斋生涯相关联，乃是文人雅士挥毫泼墨、行文作画必不可少的工具。古人有"笔砚精良，人生一乐"之说，精美的文房用具，在古代文人眼中，不只是实用的工具，更是精神上的良伴。没有哪一个民族的文化像中华民族的文化那样同自己的书具有着不可分割的联系，也没有哪一个民族的文人像中国古代的文人那样把自己的书具视如自己的生命或密友。

　　"工欲善其事，必先利其器"，文人雅士对工具的选择，自然是非常重视的。而传统书具的魅力就在于它能够淋漓尽致地表现出中国古代书画艺术的神韵，体现出人类文化与大自然的高度和谐，把文人士大夫的情趣表达得回肠荡气，乃至于可以反映出民族文化的内在精神。

　　中国书画艺术就靠着文房四宝这套传统工具来传达中国人的思想、文字、生活与感情，而成就

了不朽的千秋事业。不可想象，没有自己的书具，中国古代的书画艺术将会是怎样的面目，如此众多光辉灿烂的典籍将会以怎样的形式流传至今，古代的文人士大夫将会怎样表现自己的儒雅。

1）笔纸

"文房四宝"是中国书画艺术的传统工具，也是文化的载体，体现着文人学士雅逸的文化心理倾向。毛笔居"文房四宝"之首，从毛笔形制的出现便显现出其富于变化性的特征。毛笔笔毫就其原料和性能来说，可分为软毫、硬毫和兼毫三大类。软毫选取弹性较弱、硬度较小且柔软的动物毛，如羊毛、鸡毛等制成，其特点是毫端柔，容易摄墨，笔毫便于展开，适宜表现内敛敦厚、变化丰富含蓄的效果。硬毫是用一种弹性较强、硬度较大的动物毛制成的，如兔毛或黄鼠狼尾毛，因兔毫呈深紫色故称"紫毫"，黄鼠狼毫简化为"狼毫"。其特点是锐利坚挺，富于弹性，笔锋易于显露，干湿燥润分明。兼毫介于两者之间，用两种或两种以上弹性不同的动物毛按一定比例配制而成，软硬适中，刚柔兼具。按锋颖长短，毛笔又可分为长锋、短锋。长锋笔锋颖长，锋腹柔，贮墨多；短锋笔锋颖短，锋腹刚，贮墨少。

古人所谓毛笔要具备"四德"，就是要求笔头"尖、齐、圆、健"。"尖"是笔毫聚在一起，锋颖尖锐如锥，毛料根根出锋、笔身挺直。由于笔锋尖，在书写时便于写出优美、微妙的点画。"齐"是笔锋润开捏扁后，笔锋整齐。说明笔毛纯净，制作精良。"圆"就是笔尖丰满圆润。笔头圆，运行时才不至于头扁、锋散，从而"令笔心常在点画中行"。汉扬雄提出"书，心画也"，从用笔"中锋"、"藏头"中，可见文人儒雅内敛的文化心理追求。"健"是指把笔锋在纸上任意提按，铺开敛起能显出弹力。用有弹力的笔，不仅笔锋有力，而且能抒发胸中豪逸之气，并感到笔肚充实。笔毛锋芒可刚可柔，可方可圆，能枯能润，能缩能伸，所谓"笔软则奇怪生焉"，说明笔毛变化与内心表现的对应关系。古人常说执笔要"指实掌虚"。"指实"指五个手指各有着落，分有用场；"掌虚"是要让手指和笔杆与手心之间保持一定的距离，形成一个空当儿，保证运笔的"灵活劲儿"。只有笔杆和圆才能使笔杆转动时灵动并减少偏差，因此运笔的动作变化、力量轻重要拿捏适度，哪怕是一点点动作的不同和力量的微妙变化，落在纸上的迹象便有不同。正是这样，文人追求雅逸的文化心理才能通过毛笔得以呈现。

毛笔的运用，用清人石涛的话说："夫一画含万物于中。画受墨，墨受笔，笔受腕，腕受心。"从心到笔，由毛笔丰富的表现性在书画过程中的作用，反映出文人的雅逸文化心理。一是用笔的粗细、枯湿以及用力的强弱变化，产生了点画线条的体积感、质感和力量感，展现用笔"法度"的规范，反映尚雅心理。二是由运笔中提按、使转、映带、垂缩等一系列活动造成"气"在笔墨中流动，产生韵律变化，使心性自然流露，又不拘常法，反映求逸心理。因而，对书法境界的提升成为文人毕生的追求。

汉朝的蔡邕不但是个文学家，还是一位著名的书法家。"飞白书"就是他独创的。一天，蔡邕把写好的文章送到皇家藏书的鸿都门去。在蔡邕等待接见的时候，有几个工匠正用扫帚蘸着石灰水在刷墙。他就站在一边看了起来。一开始，他不过是为了消磨一下时光。可看着看着，他就看出点"门道儿"来了。只见工匠一扫帚下去，墙上出现了一道白印。由于扫帚苗比较稀，蘸不了多少石灰水，墙面又不太光滑，所以一扫帚下去，白道里仍有些地方露出墙皮来。蔡邕一看，眼前不由一亮。他想，以往写字用笔蘸足了墨汁，一笔下去，笔道全是黑的。要是像工匠刷墙一样，让黑笔道里露出些帛或纸来，那不是更加生动自然吗？想到这儿，他马上交完文章奔回家去。

蔡邕回到家里，顾不上休息，准备好笔墨纸砚。想着工匠刷墙时的情景，提笔就写。谁知想起来容易，做起来就难了。一开始不是露不出纸来，就是露出来的部分太生硬了。他一点儿也不气馁，一次又一次的尝试，终于在蘸墨多少、用力大小和行笔速度各方面掌握好了分寸，写出了黑色中隐隐露白的笔道，使字变得飘逸飞动，别有风味。直到今天，"飞白书"还在被书法家们所应用。

纸是中国古代的四大发明之一，在中国文化中也最具特色。中国艺术重意境，书画的发展主要是运用笔墨在纸上表达。文献上有不少关于纸的由来和特色的记载。最早当为晋代傅咸所作的《纸赋》："盖世有质文，则治有损益。故礼随时变，而器与事易。既作契以代绳兮，又造纸以当策。犹纯俭之从宜，亦惟变而是适。夫其为物，厥美可珍；廉方有则，体洁性真；含章蕴藻，实好斯文。取彼之弊，以为已新。揽之则舒，舍之则卷；可屈可伸，能幽能显。若乃六案乖方，离群索居；鳞鸿附便，援笔飞书；写情于万里，精思于一隅。"在文中可以体察出古代文人以纸自喻、尚俭高洁，以文为雅、以逸为适的文化心理。这一心理表现在中国书画艺术中，是通过一种独特的媒介——"宣纸"来实现的。

"宣纸"一词最早见于唐代文献，当时宣州（今安徽宣城）泾县以"宣纸"作为贡品。"宣纸"一直是最广泛用于艺术方面的纸，被称为"纸中之王"。其质地精细、洁白、柔软，专供书法和绘画之用。宣纸以檀树皮和禾杆混合制成。其质视其原料中檀皮所占的比例。最上等的"宣纸"，纯以檀皮为原料；普通的"宣纸"，檀皮约占一半至七成不等。以檀树皮制"宣纸"，相传是东汉蔡伦的弟子孔丹发现的。孔丹在泾县于无意间发现，浸在溪间中的檀皮腐蚀后形成的纤维体可用以造纸，于是便发明了以檀树皮制纸的方法。

宣纸吸水性很强，水墨点在纸上会马上洇开，能达到瞬间水墨交融的效果。用浓墨，墨色鲜亮；用淡墨，层次清楚；用复墨，笔笔分清，干后有立体感，不嫌平薄；用焦墨，黑白清晰；用水混墨，能产生浓中有淡，淡中有浓，泾渭分明而又相互渗溶的感觉。

最初，人们绘画是在墙壁上涂绘。到唐代，开始在纸上作画。至宋代，书画已发展为一种整体的艺术。许多文人学士既是书法家又是画家。所谓"文人画"也从这一时期开始兴盛。"文人画"的特征是用快速和流利的笔法作画，而洁白、平滑、柔软和有吸收力的宣纸正适宜"文人画"的这种特征。另外，虽然丝织品也具有纸张的一些特性，但其价值高昂。此外，用泼、破等墨色深浅法达成的色调效果，也只能用于宣纸，却难于用于丝织品。

2）墨砚

墨的正式出现，最早是在西周时期。汉代以后，则多用松枝或桐油燃烧后的烟制墨。由于制作原料不同，墨可分为三种：松烟墨，采用松木烧烟，加入胶和香料制成。其质细色润、无光泽、香气防腐、研无声。油烟墨，用桐油、菜籽油或其他植物油烧烟，加入胶和香料制成，色泽黑润、渗透力强、耐水性强、不褪色。油松墨，即松烟和油烟混合制成的墨，色浓又有光泽。好墨有四个条件：色墨、烟油、胶轻、声清。色墨指纸上的墨色要沉静有神采，以墨色黝黑而发紫光的最好。宋代晁以道在其《墨经》中说："凡墨色，黑色次之，青光又次之，白光为下。凡光与色不可废一，以久而不渝者为贵。"烟油指烟无杂质，质地坚细，磨出的墨颗粒细洁，被磨的横断面犹如镜面，绝无砂眼。胶轻指墨中胶成分要少，墨身浸在水中四边平正，不变形，不胀裂。声清指研磨时声音清而细微，敲时声音清脆而不粗浊。

用墨之前，先需研墨。研墨要有耐心，按顺时针方向，墨锭保持垂直、移动平正，重按缓磨，用力均匀，疾徐有节，忌急于求成。整个研磨过程，就是一个书画的运思过程。古人有云："非人磨墨墨磨人。"在研墨时，一来构思运筹帷幄，二来凝神养性修身。

在国画艺术中，以墨代彩，所谓"墨分五色"，就是和水研墨为汁，出现不同的墨色和层次，表现水墨变化。历代文人对水墨情有独钟，王维在《山水诀》中说："画道之中，水墨最为上。"王洽云："泼墨成山水，烟云惨淡，脱去笔墨町畦。"宋代米芾、米友仁提出"墨戏"。唐代张彦远在《历代名画记》中的一句话"是故运墨而五色具，谓之得意"，道出了文人以墨代彩，追求水墨的文化心理是"意"所驱使。所以，文人对水墨变化的热爱是追求雅逸文化心理的具体呈现。

作为"文房四宝"之一，砚台似乎总是工具性的功能多一点，但在喜好浪漫的古人眼里，文明的传承、文化的灿烂，都离不开那一方小小的砚台。也就是在这么一点点空间里，我们的祖先赋予了它艺术、历史、文化、收藏等诸多价值。砚台有着刚健的质地，却

（端砚） （澄泥砚）

又不失温软柔润，正好似既有铮铮铁骨、又不失谦谦君子之风的文人墨客，受到千古钟爱也是自然的了。

砚是由原始社会的研磨器演变而来的，又称研。东汉以后才抛开研石，自成一体。中国历史上砚台的品种很多，因制砚的材料不同而出现各种名贵的砚台。其中最名贵的是端砚、歙砚、兆砚、澄泥砚，被称为中国传统的"四大名砚"。

文人以文为业，以笔墨为生涯，故又常把砚石比作笔耕之地，称为砚田。一方砚，天下多少文章书画从此而出。宋代《文房四谱》中说："四宝砚为首，笔墨兼纸，皆可随时取索，可终身与俱者，唯砚而已。"砚不仅为文人书画喜用，而且也反映出文人雅逸文化心理的效应，使访砚、藏砚、赏砚、刻砚，成为文人相会的一种风气。

（歙砚）　　　　　　　　　　（兆砚）

宋代文人视砚为"文玩"。"吾砚平生极自珍，涂云抹月发清新。临归携就西湖洗，不受东华一点尘。"又是"涂云"，又是"抹月"，还要用西湖之水来清洗，如此备受珍爱的宝物原来竟是貌不惊人的砚台。这一首宋代诗人刘克庄的《题砚》诗，可谓道尽了中国文人的爱砚之情。

南唐后主李煜不是一个称职的皇帝，却是个地地道道的文人，曾写下了《虞美人》等众多脍炙人口的诗词佳作。他对砚台的喜爱到了痴迷的地步，曾派专人为皇家寻访搜罗各式佳砚，并专门设立砚务官，为宫廷制砚。传说李煜最珍爱的是一方青绿晕石奇砚，此砚颜色青绿，润如秋月，砚池中的水常年不干。宋太祖攻破南唐都城金陵，将李煜俘往汴京之时，这位南唐后主身边除了这方砚台什么都没有带。成为亡国之主的那段岁月里，李煜就是用这方砚台磨墨润笔，写下了一首首流传千古的绝妙好词。其中，堪称绝命词的《虞美人》更是用"问君能有几多愁，恰似一江春水向东流"一句，将古往今来各种各样的愁思一语道尽。

米芾是宋代著名的书法家，和苏轼、黄庭坚、蔡襄并称"苏黄米蔡"四大家。他一生爱砚成痴，常常抱着砚台入睡。一次宋徽宗慕名请米芾进宫写一幅字，并将御用的文房四宝借给他用。米芾写完了字，对着御砚看了半天，一把把它抱在怀里，也不顾墨汁沾了一脸一身，跪地对皇帝说："此砚已为臣玷污，不复为皇上所用。"宋徽宗看着以疯癫和爱砚出名的米芾，不禁哑然失笑，很慷慨地把御砚送给了他。米芾为此兴奋不已，当场便手舞足蹈起来。

敬惜书具的教育，在中国历代的启蒙教育中是必不可少的内容，甚至带有敬若神明的意味。《山谷题跋·子弟诫》中说："吉蠲笔墨，如澡身浴德；揩试几研，如改过迁善。败笔涴墨，瘭北子职。书几书研，自黥其面。惟弟惟子，临深战战。"大意是说，爱惜笔墨，要像保持身体的清洁或品德的高尚一样。收拾书桌研台，要像改过向善那样，一要彻底，二要完美。把笔弄坏或墨污了什么地方，便是一种失职。搞脏了书案书研，就如同弄脏了自己的面目那样难堪。所以，希望弟子们千万要小心翼翼，像站在悬崖边上一样。

笔墨纸砚作为华夏文化的象征，一直引导着社会的物质文明与精神文明的建设，尤其是在文化昌明的时代，只要一提起笔墨纸砚，人们就会联想到国家的礼制和文明，联想到书香门第的儒雅，联想到典章文物的辉煌以及文人士大夫的潇洒，等等。总之，它们代表着秩序，代表着身份以及代表着世世代代所崇尚的文化。不同于宗教偶像的是，笔墨纸砚没有神灵的那种威压，它们本身即是世俗生活中的一物，人们尽可与之亲狎，嬉笑怒骂，庄谐皆宜。人们对它们的感情，与其说是膜拜，不如说是对自己的生活寄予了太多的希望。人们珍爱书具，实质上是珍爱自己。笔墨纸砚有许多奇闻轶事，不乏神怪的色彩，但却能真实地反映人们的情趣、理想和襟怀，从而具有情感或文化的价值。

生活起居

第一章　盥洗三件事

刷牙、洗脸和梳头，是我们每人日常起居最先做的三道功课，古人将其称为"盥洗三件事"。《礼记·内则》讲：公鸡清早刚刚啼叫的时候，就要开始进行盥洗。这说明古人早已养成了早起梳洗的卫生习惯。古代人们的梳洗过程之细致，几乎超出了我们的想象。

1. 刷牙——去腻涤烦一金直

《诗经·卫风·硕人》中形容美人"齿如瓠犀"，是说牙齿要像葫芦籽一样洁白。牙齿参差不齐者为"龃龉"，咬合不齐者为"齚"，排列不正者为"齔"，不平整者为"龋"，古人均视之为病态。在刷牙工具没有发明之前，古代漱口普遍采用含漱法，以盐水、浓茶、酒等为漱口剂。唐代孙思邈《备急千金要方》："每日以一捻盐内口中，以暖水含……口齿牢密。"《延寿书》也有用浓茶漱口的记载：凡是饮食完毕，都需要以浓茶漱口，这样能清除油腻和食物渣滓，而脾胃自和。凡肉之在齿，得茶漱涤，可以不用剔牙就能够将碎肉弄掉。浓茶在嘴中比较苦，这样对牙齿有益，牙齿自然而然会坚固而且不会有虫牙出现。这些都是人们在生活实践中积累的丰富经验。此后，在含漱法的基础上，又出现了揩齿法。

揩齿法是指古人是用右手中指当"牙刷"刷牙。《劳度叉斗经变》这幅敦煌石窟壁画就描绘了"外道"皈依佛法后进行洗浴、剃度、揩齿的情景。后来,出现了牙刷。古人便开始先用一手的食指和中指蘸些药物,抹在牙齿上,再用牙刷去刷。刷牙,成为了一项重要的保健措施,牙刷也逐渐步入了普通百姓的日常生活中。最早的牙刷随着佛教传入中国。东汉高世安所译《佛说温室洗浴众僧经》中讲到洗浴所需的七大用具,其"六者杨枝"就是将杨枝的一端打造成刷状蘸药或香料刷牙,也可将杨枝的一头咬软蘸药物揩牙,能够使牙香而光洁。还有直接咀嚼杨柳嫩枝清洁牙齿的,即"晨嚼齿木"。明代李时珍也认为,将嫩柳枝削为牙枝,涤齿甚妙。

（古代呈纤维状的刷牙树枝）

从晚唐到北宋末年,用牙刷刷牙的风气逐渐形成,士大夫们也开始配制兼具药物和香料两种性质的原始牙粉。北宋大文豪苏轼配制过牙粉,他用松脂和茯苓做原料,晒干捣成末儿,拿小筛子筛一下,然后装起来。但是这种牙粉并不结合牙刷一起使用,苏轼刷牙的时候,用小勺子舀一勺配好的牙粉,倒嘴里,喝一口水,漱几下然后吐出来。这与其说是刷牙,不如说是漱口。北宋科学家沈括也配制过牙粉,他用的原料很单一,只有苦参,同样是晒干捣成末儿,拿筛子筛细。跟苏轼不一样的是,沈括刷牙是要用牙刷的,用马尾巴牙刷蘸清水,洒上牙粉,这样效果自然会比单纯漱口要好得多。

在宋代，刷牙作为一项卫生保健措施，在社会上得到了相当程度的普及。自南宋起，民间已经可以买到批量生产的牙刷，这时的牙刷是用骨、角、竹、木等材料做握柄，一端钻毛孔两行，刷毛为马尾，几乎和现在的牙刷外观一致。元人郭钰《郭恒惠牙刷》诗云："南州牙刷寄来日，去垢涤烦一金值。"南宋吴自牧《梦粱录》"诸色杂货"一节，在"挑担卖"之后所列的小商品名目中，有"刷牙子"一项，可见，临安（现浙江杭州）城中的货郎沿街叫卖日用杂货时，牙刷已是常供货品之一。当时临安的著名店铺中，也已经出现"凌家刷牙铺"、"傅官人刷牙铺"这样的专门生产、经营牙刷的铺子。

（辽代植毛骨质牙刷）

药物牙膏的雏形，最早出现在宋太宗下令编纂的《太平圣惠方》中：将柳枝、槐枝、桑枝煎水熬膏，入姜汁、细辛等，每日用其擦牙。后来又在药膏中加入清热解毒的中药，如金银花、野菊花、蒲公英、藿香、佩兰等，不仅能去除异味，还有治疗口腔疾病的作用。此外，古人还有用牙签在饭后清洁齿缝的习惯。西晋的陆云在给其兄的书信中就提到"一日行曹公器物，有剔牙签，今以一枚寄兄"。葛洪《抱朴子》中提到叩齿健齿法，即上下齿列轻轻相互叩击，通过叩齿给予齿龈以适度的刺激，以促进牙周血液循环。

尽管从宋朝直到清代，刷牙一直没能成为大多数中国人的生活习惯，但是依然有那么一部分人坚持着刷牙这种文明而又健康的习惯。明代冯梦龙辑录的民歌集《童痴二弄》第八卷收有一首南方情歌："吃个镜子来里做眼，编筐着弗得个蓬尘，牙刷子只等你开口，绊头带来里缱筋，眉刷弗住介掠来掠去，刮舌又介掀嘴撩唇。"这里不仅提到了牙刷，还很形象地描绘了刷牙时的动作：刮舌、掀嘴、撩唇。这和我们现代人刷牙的步骤基本上是一致的。

清代袁枚《随园食单·羽族单》里有一道菜叫"蘑菇煨鸡"，做法如下："口蘑菇四两，开水泡去砂，用冷水漂，牙刷擦，再用清水漂四次，用菜油二两泡透，加酒喷。将鸡斩块放锅内，滚去沫，下甜酒、清酱，煨八分功程，下蘑菇，再煨二分功程，加笋、葱、椒起锅，不用水，加冰糖三钱。"为了把蘑菇弄干净，袁枚建议先用冷水漂洗，再用牙刷去擦。至少对袁枚来说，牙刷是很常见的生活用品。

2. 洁面及沐浴——上方新浴觉身轻

1）洁面

洁面是清洁肌肤的第一步，也是人们每日要做的重要事情。从洁面延展到清洁全身，这是一个由部分到整体的过程。先秦时期的人们洁面用的是温热的淘米水，利用其中的碱性成分脱去污垢。这恐怕应该是最早的，也是最简单的一种清洁用品。后来，老百姓最常用的一种清洁用品是用植物皂荚、猪胰子和天然碱捣成块制成的民间称之为"胰子"的东西，也就是我们通常所说的肥皂。元顺帝的妃子戈小娥，端庄温柔，贤淑可人，因拥有一身丝缎般光洁滑腻的皮肤而

（澡豆）

深受元顺帝宠爱。她的皮肤白里透红，沾水更如桃花含露，增添其美艳。顺帝说："真是个夭桃女子啊！"因而叫她"赛桃夫人"，宠爱有加。据说，戈小娥常以香水洁面沐浴，故而皮肤愈加美好。

　　后来，随着人们生活质量的提高，对洁面用品的要求也随之提升。士人贵族们所必备的东西里，澡豆就是最考究的一种。澡豆是类似于香皂的洗面粉，古人在化妆之前先用澡豆洗面乃至洗身，故此得名。是以豆粉为主，掺了一些同样磨成细粉状态的草药、香料制成。

　　2）沐浴

　　古代人比我们想象中要卫生得多。秦汉时，已形成了三日一洗头、五日一沐浴的习惯。以至于官府每五天给的一天假，也被称为"休沐"。古人用胰子、澡豆洗澡。唐朝时，胰子还兼有冻疮膏的作用，高档一点的胰子被称为"面药"和"口脂"，用来涂脸和嘴。宫中在冬天时会发给官员一些高档胰子。杜甫《腊日》中的"口脂面药随恩泽，翠管银罂下九霄"，说的就是这种情况。

　　沐浴，就是今日通常所说的洗澡，包括头、身、手、脚的洗浴。然而古人却分得极细，东汉许慎《说文解字》云："沐，濯发也。浴，洒身也。洗，洒足也。澡，洒手也。"所谓"濯"、"洒"就是洗的意思。据此看来，古代的沐浴与今日的洗澡意义并不完全吻合，而只有把许慎对"沐"、"浴"、"洗"、"澡"的解释合起来，才是完全意义上的今日洗澡。

　　初民们当时沐浴只有下河一洗。随着社会的发展，人们逐渐养成了沐浴的生活习惯，至迟在商周时期的甲骨文和金文中就有"沐浴"的记载。到了西周时期，沐浴礼仪逐渐形成定制。由于沐浴已经深入到社会的方方面面，人们对沐浴有了深层次的理解，不仅仅把沐浴单纯地看作是洁身净体，润肤养身，而视其为隆重的礼仪。如在祀神祭祖之前都要沐浴净身，以表示内心的洁净虔诚，称之"戒"，亦称"斋戒"。

沐浴与人们生活的行为规范密切联系在一起。居家过日子，男女都要早起，沐浴更衣。作为夫妇之礼则有"不敢共湢浴"，即妻子不能和丈夫共用一个浴室，所谓"外内不共井，不共湢浴"。在家庭里还有尊老礼节，礼节规定，晚辈要五天烧一次温水为父母洗一次澡，每三天烧一次温水为父母洗一次头。这期间父母脸上如果脏了，要烧淘米水为父母洗干净；脚脏了，则用温水为父母洗干净。诞生礼仪中沐浴亦很重要，如果一国的太子出生，那么大臣和夫人要沐浴穿朝服去朝见国君。在往来礼节中，沐浴亦是重要礼仪。主人接待来客，要满足客人三天洗一次头，五天洗一次澡的要求，主人用飨礼招待来宾时，来宾不用拜谢，但要沐浴之后再就食，以表示对主人的尊重。

先秦沐浴礼仪的形成并臻完备，不仅说明沐浴在当时已深入到中国社会生活的方方面面，也说明注重沐浴是中国人的古老传统之一。沐浴礼仪作为定制为世人所遵循，这在世界沐浴史上也是独一无二的。

秦汉之际，全社会性的沐浴习俗已经形成，尤其是"三日具沐，五日具浴"的良俗，在汉代已经正式以"休沐"的形式被法律固定下来。所谓"休沐"是汉代朝廷官员法定的假期。汉代皇帝每五日给官吏放假一天让他们回家去洗澡浣衣，并作为法定的假日被固定下来，这是我国历史上第一次以沐浴为理由而制定的假日，足见汉代非常重视仪容和体肤整洁。

到了唐代，"五日具沐"才改为官吏每十天休息洗浴一次，叫作"休浣"。俗以每月上旬、中旬、下旬为上瀚、中瀚、下瀚，瀚即浣的异体字，本意是洗濯。大概因为十天一浣的缘故，浣又有了一种计时的意义，即一浣为十天。

我国晋代已有浴室之称，至北魏称为浴堂。历史上修建最早的一座浴室当推东晋人石虎的"焦龙池"。该池用玉石砌堤岸，用琥珀做水罐，用绉纱袋装香料泡入水中。为保持池水恒温，冬天时用炭火烧红的铜龙不断更换投入水中，故名"焦龙池"，又名"清婷浴室"。

到了唐代，浴室已相当普及，当时长安的武德门、朱雀门一带还出现了浴室殿院一条街，上至天子皇妃，下及平民百姓，皆可入室沐浴。唐代诗人罗邺有诗云："一条春水漱莓苔，几绕玄宗浴殿回。"诗中所描绘的就是皇帝沐浴的情景。

宋代浴室被称为香水行，已是一个具有商业性质的场所。它的显著特点是挂壶于门，将壶作为浴室的广告标记。宋元公共浴堂非常普及，已经形成了一定的规模，一些文人士大夫还相约定时到公共浴堂去沐浴。

王安石不好洗沐，身上长虱，在历史上是出了名的。他的联姻好友吴充却对沐浴的重要性有足够的认识，并养成了经常沐浴的良好习惯。为了改变王安石不好沐浴的不良习惯，吴充与王安石、韩维三人相约每一两月一起去公共浴堂沐浴更换新衣，在这种约束下，王安石不得不去沐浴，出浴后也得换新衣，这让他一改旧习，个人卫生有了很大的改观。

苏轼亦喜好上公共浴堂沐浴，有一年，他在公共浴堂沐浴后，身心畅快，诗兴大发，专门写了二首《如梦令》词记述他沐浴的感受。

其一

水垢何曾相受,细看两俱无有。
寄语揩背人,尽日劳君挥肘。
轻手,轻手,居士本来无垢。

其二

自净方能净彼,我自汗流呀气。
寄语澡浴人,且共肉身游戏。
但洗,但洗,俯为人间一切。

该词不仅写得非常诙谐,还披露了宋代浴室中已有擦背、揩身、按摩等服务项目的情况。

明代民间的浴室已比较普遍,一般均以白条石砌筑浴池,而且池与池相通。池下放置数口大锅;水烧沸后,有专人将冷热水搅动调温,所以浴室又被称为"混堂"。水温还分热、温、凉三种,方便不同季节、不同年龄的人沐浴。

清代浴室的门前改悬挂灯笼,且两边有"金鸡未唱汤先热,旭日东升客满堂"之类的联语。清末民国初期,有些大城市将混堂改名为浴室,里面附有搓背、修脚、剃头等服务项目,设施也日渐完善,除池浴、淋浴、盆浴等外,有的还设有蒸气浴,甚至还出现了专为妇女服务的女子浴室。

3. 梳头——短发萧萧起自梳

古时候无论男女都是留长发的,拥有一头乌黑、浓密、顺服的长发也是仪表优雅的标志。中医认为，发为肾之华、血之余，头发的生长与脱落与人的气血盛衰密切相关。古人云："欲发不脱，梳头千遍。"《黄帝内经》中也建议"一日三篦，发须稠密"。

现代脑力劳动者常常苦于用脑过度导致脱发，其实，古代许多文豪墨客也饱受脱发之苦。宋代大文豪苏东坡曾一度脱发，受名医指点后坚持早晚梳头，"梳头百余下，散发卧，熟寝至天明"，不久就阻止了头发脱落。慈禧太后也深知梳头有益养生，她每日命太监梳头百遍，早起和临睡都要梳头，故年过七旬仍青丝满头。多梳头能改善头部血液循环，使头发得到滋养，乌黑光润，牢固发根，防止脱发。此外，梳头对有关穴位和五脏六腑是良好的刺激，能起到积极的按摩作用。中医认为疼痛的机理是"不通则痛，通则不痛"，头部的许多经穴受到梳子或手指的按摩，能使经络畅达，对于肌肉紧张性头痛、神经性头痛、偏头痛、三叉神经痛、高血压头痛、神经衰弱、失眠等可起到缓解作用。享年86岁高龄的南宋诗坛寿星陆游，以梳理头发作为养生之道，到了晚年，他那稀落的白发中竟长出许多黑发来。陆游高兴得顿生灵感，故有"客稀门每闭，意闷发重梳"、"破裘寒旋补，残发短犹梳"、"醒来忽觉天窗白，短发萧萧起自梳"的诗句留传。

梳子在古时候称作梳枇，其中梳齿疏者称梳，梳齿密者称篦。我国的梳子最早出现时间可以追溯到新石器时代。最初它只是作为梳头的工具存在的，后来女人们索性把它插到头上作为装饰，成为了古代女

（梳篦）

（玉梳）

子头上的八大饰物之一。古人对梳子的材质也大有讲究,金、银、玉石、象牙、犀角、玳瑁,以及各种名贵木材都可以做梳子,功效各有不同。《本草纲目》中推荐了有清热、凉血、解毒功效的黄杨木梳:"世重黄杨,以其无火"、"其木紧腻,作梳、剜、印最良"、"可清热、利湿、解毒"。过去宫廷贵妇常用天然犀牛角制成的"犀梳"梳头和做装饰,犀角清热解毒,善清血热,可以治疗热病头痛,火炽神昏,是珍贵的药材,十分难得。民间用牛羊角制成的梳子,也可作为犀角的代替品。牛羊角去垢而不沾,温润而不挂发,同时牛羊角本来也是具有凉血、息风、镇静作用的中药,能消炎镇痛,治疗头痛、热毒,还可祛屑护发,治疗失眠。

不仅如此,梳子也被古人赋予了特殊的意义。古代男女若互有意属,男方会赠送女方一把梳子,梳子便成为了充满爱情色彩的定情之物。古代的女子出嫁前有家人为其梳头的习俗,所谓"一梳梳到底,二梳白发齐眉,三梳子孙满堂",既包含了家人的美好祝愿,也有爱意的传递。此外,汉代甚至有这样的葬仪:结发妻子死去后,丈夫会将婚礼时用的梳子掰成两半,一半放在地下,一半随身携带。一把小小的梳子,饱含了古代人细腻的心思和浓浓的感情。

一梳一洗,一盥一漱,这些看似繁琐复杂的盥洗程序,实际上反映了中国古代人们对神灵的敬畏和对自我存在价值的肯定。他们怀着敬畏之心清洗自身,希望能够与天沟通,在祭祀时得到神灵的指引和帮助,从而长生长命。然而当有些事情他们无法从神灵身上获得答复的时候,他人们就通过自己的双手创造出一件又一件赖以生存和发展的器物,创造出属于自己的文化,从而在生活的点点滴滴中品味着生的乐趣和活的细致。

第二章　古代妆容

古代人是如何化妆和保养皮肤的呢？事实上，化妆并不完全是女性的专利，在古代，很多大臣或者名人雅士都会化妆，最著名的当属先秦时期著名的美男子宋玉，他就有每日施粉白肤的习惯。将自己打扮得明艳动人，既是对自己的宠爱，又是对他人的尊重。士为知己者死，女为悦己者容。将美丽一层一层地铺开，涂涂抹抹、瓶瓶罐罐的背后，那种别样的满足和欣喜只有自己才能体会得到。

1. 脂粉——台上面脂粉香凝

有些时候人们误以为脂粉就是胭脂，实际上脂粉是脂与粉的组合，脂即面脂，它是古人在清洁完皮肤之后用来涂抹在皮肤上的膏状物，有些类似于我们现代人用的护肤霜。面脂大多数是白色，涂在脸上很柔滑。除了白色外，唐代时期还出现了很多彩色的面脂。很多女子为了调和自己的肤色，将很多

（古代脂粉盒子）

彩色色素放入面脂中，最主要的是紫雪、红雪、碧雪这三种，它们分别被用来修饰发黄、发青、发红的肌肤，类似于现代的修容隔离霜。唐代的帝王经常在腊月的时候把这些面脂赐予群臣，可见护肤也成了男人的一项面子事业，丝毫马虎不得。最昂贵的面脂莫过于人乳，它是最珍贵的清洁滋润皮肤的用品，但这只是有钱人家才能办得到的事情。一般富贵人家的妻妾常常雇佣着乳娘，以供给她们多量的乳汁，这种近似于奢侈的做法，却足以说明古代女子重视肌肤的程度。

妆粉是真正开始化妆的第一步。最早的妆粉就是米粉。古人善于从自然的作物中找寻对自己有用的东西。米粉的制作工艺很复杂，先选出上好的米作为原料，然后磨成粉状，越细越好；之后要反复淘洗，再进行发酵，淘出米浆后晒干打磨再晒干，反复进行；粉末越细，粉质越华美，这样敷面用的米粉就做成了。有些女子为了使米粉带有香气，会往米粉里加一些丁香粉，当作香粉来擦全身。米粉扑在脸上固然很洁白，但缺点是附着力不强，还容易结块，于是后来人们发明了铅粉，也因此产生了"铅华"这个新的词语。铅粉的确可以使人的容貌增色不少，美中不足的是时间久了会使人脸色发青，导致皮肤脱落，对人身体有害。为了避免和减轻这种毒害，古人不断地研究可以替代铅粉或者使铅粉毒性减弱的方法，于是，

（玉簪花——制作玉簪粉的重要配料）

玉簪粉便应运而生了。

玉簪粉起源于明代，是由紫茉莉花种的胚乳提炼而成的。曹雪芹在《红楼梦》中对它曾有生动的记载。在第四十四回，平儿含冤受屈，被宝玉劝到怡红院，安慰一番后劝其理妆，"平儿听了有理，便去找粉，只不见粉。宝玉忙走至妆台前，将一个宣窑瓷盒揭开，里面盛着一排十根玉簪花棒，拈了一根递与平儿。又笑向他道：'这不是铅粉，这是紫茉莉花种，研碎了兑上香料制的。'平儿倒在掌上看时，果见轻白红香，四样俱美，摊在面上也容易匀净，且能润泽肌肤，不似别的粉青重涩滞"。

2. 口脂、胭脂——樱桃点点芙蓉面

相传唐代诗人白居易家中蓄养的歌姬中，有两人最合他的心意：一位名为樊素，她容貌秀美，尤其以她的樱桃小口最为出众；另一位名曰小蛮，她擅长舞蹈，其腰肢不盈一握。白居易为她俩写下了"樱桃樊素口，杨柳小蛮腰"的风流名句，至今仍是用来形容美丽的中国女性的首选佳句。

中国古代女子点唇的历史由来已久。先秦大文人宋玉在《神女赋》中，就对神女有"眉联娟以蛾扬兮，朱唇的其若丹"的描写，形容两片朱唇犹如着过丹脂一样殷红。这说明至迟在周代，中国女子已经有了点唇的习俗。

到了汉代，唇脂的名称已经明确被记载入史料内。唇脂是以丹作为颜料的，这里的丹也就是朱砂。但朱砂本身没有黏性，附着力欠佳，如果用它来涂在唇上，很快就会被口沫溶化，所以古人在朱砂里又掺入适量的动物脂膏。由此法制成的唇脂，既具备了防水的

性能，又增添了色彩的光泽，还能防止口唇龟裂，是一种理想的化妆品，唇脂也由此被人称作口脂。后来，人们把一些香料香果和蜜一起炼制成油，掺在唇脂里面，增强了口脂的滋润度和香味，口脂和唇脂就逐渐区分开了，唇脂专指着色，口脂除了着色外兼具润唇护唇的效果。

（口脂）

口脂的颜色遮盖力较强，可以改变嘴唇的形状。古时一般以女子嘴唇娇小浓艳为美，为此，古时女子在妆粉时常常连嘴唇一起敷成白色，然后以口脂重新点画唇形。嘴唇厚的可以画薄一些，嘴大的也能够描得小一点儿。

除了口脂外，还有一种妆粉叫作胭脂。胭脂一词是胡语的音译，制作胭脂的主要原料是红蓝花，由张骞出使西域时带回国内，因为此花来自焉支山，故而汉人称其所制的红妆为胭脂。

（红蓝花）

胭脂的制作很有讲究，第一步为"杀花"。因为红蓝花除了含有红花红色素外还有红花黄色素，后者多于前者，所以，将花摘取之后，必须事先褪去其黄色素，这种褪色之法称之为杀花法。具体做法是：将花捣烂，第一道用清水淘洗，绞去一部分黄色素。第二道进一步用酸浆水淘洗，利用有机酸使黄色素分解出去。然后在太阳下晒干，散藏备用。

杀花之后便可做胭脂。用草木灰、酸石榴和酸浆水分先后顺序将红色素提出大部分，形成红色的溶液，使红色容易附着皮肤之上。最后在红色溶液中放入适量的白色妆粉，加入的白粉越多，则红色越淡，故要适量。用干净的竹筷子长时间地使劲搅拌，使红汁充分地吸附于白粉之上，然后盖上盖子，待它彻底沉淀后，倒掉上面的清汁，将下面的红浆倒入熟绢制成的袋子中，悬挂起来沥去水分，转天半干时捻成一个个小饼状，阴干，粉状的胭脂饼便做成了。

除了粉状的胭脂外，还有绵胭脂、金花胭脂、花露胭脂、玫瑰胭脂、山榴花胭脂、山花胭脂、胡胭脂这几种。其中花露胭脂在《红楼梦》第四十四回出现过：平儿被牵连遭凤姐打骂，宝玉将其带入自己那里重新梳妆，平儿看见胭脂，也不是一张，"却是一个小小的白玉盒子，里面盛着一盒，如玫瑰膏子一样。宝玉笑道：'那市卖的胭脂都不干净，颜色也薄。这是上好的胭脂拧出汁子来，淘澄净了渣滓，配了花露蒸叠成的。只用细簪子挑一点儿抹在手心里，用点水化开抹在唇上，手心里就够打颊腮了。'"可见这种胭脂不仅用于妆颊，也用于点唇。

搽胭脂的方法比较简单，多和妆粉一起使用。在敷完妆粉后，把胭脂或浓或淡涂于两颊之上。只有"飞霞妆"是先将胭脂涂面后，以白粉盖之，有白里透红之感。"飞霞妆"色彩浅淡，接近自然，故多见于少妇使用。另外，还有将铅粉和胭脂调和在一起，使之变成檀红，即粉红色，称为"檀粉"，然后直接涂抹于面颊的。它能够给人以庄重文静的感觉。唐代著名大诗人杜牧在《闺情》诗中有"暗砌匀檀粉"一句，说的就是这种方法。

3. 眉黛——画眉深浅入时无

古人最早的画眉材料称之为黛。黛是一种矿石，也称作"石黛"，和石墨颇为类似，故后世又有画眉石的雅号。黛是一种天然墨，在没有发明烟墨之前，男子用它来写字，女子则用它来画眉。黛在用时要放在专门的黛砚上磨碾成粉，然后加水调和，涂到眉毛上。后来有了加工后的黛块，可以直接兑水使用。黛的颜色是青色，有深浅之说。于是在古代文人雅士的诗歌中提及女子的眉毛时，经常有黛绿、黛眉、玄眉、翠眉等雅致的词语。如白居易《上阳白发人》中的"小头鞋履窄衣裳，青黛点眉眉细长。外人不见见应笑，天宝末年时世妆"；又如万楚《五日观妓》中的"眉黛夺将萱草色，红裙妒杀石榴花"。小小一弯眉色，却暗含了许多韵味在其中。

到了魏晋南北朝时期，由于连年的战乱，礼教相对松弛，佛教传播渐广，因此受外来文化的影响，在眉妆上打破了以往的绿蛾黑黛的陈规，出现了黄眉墨妆，就是用类似石黄或者松花粉之类的粉末状黄色颜料，直接涂抹在眉上。

古代画眉的用品中，属螺子黛最为名贵。唐赵鸾鸾《柳眉》诗云："弯弯柳叶愁边戏，湛湛菱花照处频。妩媚不烦螺子黛，春山画出自精神。"形象地说明了螺子黛的名贵。螺子黛又称"螺黛"、"黛螺"、"螺"，是一种人工合成的画眉颜料，相传出于波斯，是用靛青、石灰水等处理而成，颜色极黑，外形如墨，用的时候直接蘸水即可，不需要研磨。到了隋代，螺子黛价值攀升，一颗值十斤。隋炀帝好色，又极爱眉妆，为了给宫人画眉，他不惜从波斯征赋来大量的螺子黛，赐给宫人画眉。有一个殿角女吴绛仙因为擅长画眉而得宠，竟然被封为婕妤。由于宫内的女眷众多，波斯后来征赋不足，便杂以铜黛上贡，而只有绛仙依然得赐螺子黛不绝。隋炀帝每每倚帘看绛仙，久久不肯离去，还戏称绛仙是秀色可餐，可以疗饥。

在古代，画眉也叫作扫眉。画眉给中国古代文人的生活增加了许多有趣的典故，耐人寻味。唐张祜《集灵台》："虢国夫人承主恩，平明骑马入宫门。却嫌脂粉污颜色，淡扫蛾眉朝至尊。"温庭筠《南歌子》："倭堕低梳髻，连娟细扫眉。终日两相思，为君憔悴尽，百花时。"他们都将画眉称为扫眉，大约因为古代女性画眉的工具是毛笔。古代文人又将有文才的女子称之为"扫眉才子"，如唐王建《寄蜀中薛涛校书》："扫眉才子知多少，管领春风总不如。"明程嘉燧《阊门访旧作》："扫眉才子何由见，一讯桥边女校书。"

说到画眉，就不能不提到张敞画眉这段流传千古的佳话。据《汉书·张敞传》记载：京兆尹张敞和妻子情深，妻子化妆时，他为妻子把笔画眉，被长安人笑为"张京兆眉怃"。后来汉宣帝亲自过问这件事，张敞巧妙地回答："臣闻闺房之内，夫妇之私，有过于画眉者。"宣帝听罢一笑，没有再难为张敞。

从古至今，爱美都是女子的天性，李商隐在《无题》中就写了一个小女孩学大人画眉的稚态："八岁偷照镜，长眉已能画。"画眉除了自赏，也是为了让人欣赏。南朝《子夜吴歌》诗："芳萱初生时，知是无忧草。双眉画未成，那能就郎抱。"梁简文帝萧纲《美人晨妆》诗："北窗向朝镜，锦帐复斜萦。娇羞不肯出，犹言妆未成。散黛随眉广，燕脂逐脸生。"唐朱庆馀《近试上张水部》诗："洞房昨夜停红烛，待晓堂前拜舅姑。妆罢低声问夫婿，画眉深浅入时无？"都生动地表现了女子在自己喜欢的人面前以画眉展现出自己最美一面的情景。

画眉画的是情志，是一种女儿家的独特心事。温庭筠词中"懒起画蛾眉,弄妆梳洗迟",是写一个女子因无人欣赏,连自赏的心情都没有了。唐玄宗专宠杨贵妃后就冷落了其他妃子,但又难免旧情难忘,便秘赐了一斛珍珠给梅妃江采萍,以示歉意,谁料个性刚烈的梅妃却把珍珠原封不动地退了回来,并附诗一首表达哀怨背面的一片情愫:"柳叶双眉久不描,残妆和泪污红绡。长门自是无梳洗,何必珍珠慰寂寥。"

4. 面饰——点翠蕊黄藏笑靥

面饰即面上的饰物,主要分为四种:额黄、花钿、面靥和斜红。中国古代女子佩戴面饰的起源很早,至少在秦代,面饰已经是女子装饰容貌的一种很常见的手法了。

1)额黄

额黄是一种很古老的面饰,也称鹅黄、鸦黄、约黄、贴黄、宫黄等。因为是以黄色颜料染画于额间,故而得名。它的流行,与魏晋南北朝时期佛教在中国的广泛传播有着直接的关系。当时大兴佛像,妇女们从涂金的佛像上受到了启发,也将自己的额头染成黄色,久之便形成了染额黄的风习,并进而整个面部都涂黄,谓之佛妆。

额黄的使用分为两种,一种是涂画法,一种是粘贴法。涂画的做法有的是将整个额头都用黄色涂满,也有的是不将全额涂满,而是仅涂一半,或上或下,然后以清水过渡,呈现出晕染之状。最好看的是将黄粉在额头上绘以形状犹如花蕊的纹饰,称作蕊黄妆。唐代词人温庭筠在多首词中都提及了这种面饰,如《菩萨蛮》:"蕊黄无限当山额,宿妆隐笑纱窗隔。"

粘贴而成的额黄,多是用黄色硬纸或者金箔剪成花的样子,使用的时候用胶水粘贴在额头上。由于可以剪成星星、月亮、花、鸟等形状，故而又被称为"花黄"。北朝女英雄花木兰女扮男装，代父从军载誉归来之后，也不忘要"当窗理云鬓，对镜贴花黄"。足见当时花黄在古时女子心目中的地位。

2）斜红

斜红的形状如月牙，色泽鲜红，分别列于面颊的两侧、鬓眉之间。其形象古怪，立意十分新奇。有时候古代女子还故意描成残破状，就像两道刀痕伤疤，也有的画成卷曲的花纹。斜红相传起自魏文帝曹丕时期，当时曹丕宫中新添了一名叫薛夜来的宫女，文帝对她十分宠爱。有一次，薛夜来撞上用水晶制成的屏风，鲜血直流，痊愈后脸上留下了两道伤痕。她担忧从此会失宠，但是文帝对她的宠爱仍一如往昔，其他的宫女见了心生羡慕，也纷纷模仿薛夜来脸

（唐代花钿样式）

上的伤痕，用胭脂在脸颊上画出像是血痕、又像是晓霞将散的图案，取名为"晓霞妆"，后来就演变成了斜红这种特殊的面饰。唐代斜红妆很是盛行，有的是用胭脂描绘在太阳穴的位置，像是一弯弦月；有的状似伤痕；为了造成残破之感，有的还特意在伤痕下部用胭脂晕染成血迹的模样。不过斜红终究属于一种缺陷美，因此，自晚唐以后便逐渐销声匿迹了。

3）花钿

古代最简单的花钿就是一个小小的圆点，它和印度妇女的吉祥痣颇为相似。后来慢慢地出现了很多复杂的形状，其中以梅花的形状最为多见。它来自六朝时期的宫廷，据说宋武帝刘裕之女寿阳公主，在正月初七的时候仰卧于含章殿下，殿前的梅花树被微风一吹，落下一朵梅花，不偏不倚正好落在了公主的额上，额头的正中间被染成了花瓣之状，而且久洗不掉。宫中其他女子见其新异，于是竞相效仿，把梅花剪下贴在额头上，后来逐渐由宫廷传至民间，成为了一时的风尚。花钿的色彩比较丰富，直接染画的话多用唇脂或者黛汁一类比较现成的颜料。而如果是粘贴的话，材料就很多了，彩

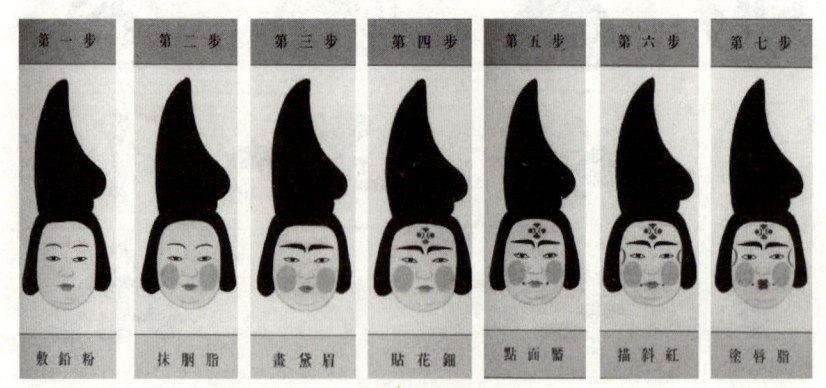

（古代女子化妆步骤）

色的光纸、金箔、云母片、鱼骨等都能成为制作的材料。最稀奇的就是把昆虫的翅膀描上金粉后，粘贴在额头。而若论精致，则以一种"翠钿"为最。它是以各种翠鸟的羽毛制成，整个饰物呈现青绿色，清新别致。不论是花黄还是花钿，都需要有辅助的粘贴工具。粘贴它们的胶叫作呵胶。相传它是用鱼鳔制成的，黏合力很强，可以用来粘箭羽。妇女在使用这种胶贴花钿的时候，只要对它轻轻呵气就会发粘，若想牢固可以蘸少量口液，便能溶解粘贴得很紧实。卸妆的时候只需要用热水敷一下，便能够揭下来，十分方便。

4）面靥

靥本来是指脸颊两侧的酒窝，面靥一开始也就是在酒窝的这个地方进行的一种装饰。面靥在商周时期就有了，称作"的"（也称"勺"），多用于宫中。最早是用作妇女月事来潮的标记。古代宫内都有很多后妃，当某一后妃月事来临，不能接受帝王的"御幸"，而本人又不便启齿时，只要在面部点上"的"，女史看见后就不会在当日将这名妃子的名字列在等候召幸的名单内。后来，后妃宫人看到面部点"的"有助于美丽容貌，就打破月事界限而随时都画"的"了。面靥的描画方法不只局限于圆点，各种花样和质地的都有，很像前面讲的花钿。也同花钿一样，既可在脸上直接绘画，也可用胶贴在脸上。不同的是，面靥可以贴在面部的任何位置。五代时期，有的女子甚至将各种花钿贴得满脸皆是，给人以支离破碎之感，故而又被称为"碎妆"。

第三章　焚香如厕

1. 焚香——红袖添香伴读书

我们经常讲到的"红袖添香",是中国古典文化中一个很隽永、很美的意象。只是今天的人大多并不了解"红袖"当年是怎么"添香"的。我们所熟悉的焚香方式是点线香。那种装在纸筒里、像挂面似的细细香棒,插一枝在香炉中,点燃香头,就有香烟从香棒上袅袅升起。但是,"红袖添香"绝非拿一枝线香往香炉里插那么简单。

古代的香料皆是天然的,它们以动植物的芳香部位为原料,植物的根、干、茎、枝、皮、叶、花、果实或树脂等皆可成香,如藿香、艾叶取自草叶;郁金、玫瑰、丁香取自花;肉桂取自皮;肉豆蔻取自种子;花椒、鸡舌香取自果实;甘松、木香取自根部;檀香、降真取自木材;沉香、龙脑、乳香、安息香取自树脂。

动物香料多为动物体内的分泌物或排泄物,约有十几种,常用的有麝香、灵猫香、海狸香和龙涎香四种。古人擅长的是将这些香料根据一定的比例调和制成合香,焚熏香料多半使用的都是合香制成的香丸、香球、香饼或散末。合香一般由三类香构成:主体可用沉香、白檀香或降真香;用作发香和聚香的有麝香、乳香、龙脑、龙涎香和甲香等;丁香、藿香、零陵、甘松等香料可以做调和之用。

正如《香史》所说："合香之法，贵于使众香成为一体。麝滋而散，挠之使匀，沉实而胇，碎之使和，檀坚而燥，揉之使腻，比其性，等其物，而高下之。如医者之用药，使气味各不相掩。"明代佚名画家作品《千秋绝艳》中，表现了"莺莺烧夜香"的著名情节。画面上，崔莺莺立在一座高香几前，几上放着焚香必备的"炉瓶三事"中的两件——插有香匙与香箸的香瓶，以及一只小香炉。只是香炉中和崔莺莺的手中，都不见线香的影子。

（莺莺烧夜香）

这里是在表现她右手捧着香盒，左手刚刚从香盒里拿出一颗小小的香丸，将要放入香炉中。古代女性"添香"的场景，就这样展现在了我们的眼前。

由此可知，"焚香"并不是把香丸、香饼直接加以焚烧，而是将香置于小小的隔火片上，借助炭火之力，慢慢烤出香气。古人追求焚香的境界，"焚香"时尽量减少烟气，让香味低回而悠长。因此，香炉中的炭火要尽量燃得慢，火势低微而久久不灭。为此，人们发明出复杂的焚香方式，大致的程序是：把特制的小块炭墼烧透，

（博山炉）

（龙泉青瓷香炉）

放在香炉中，然后用特制的细香灰把炭墼填埋起来。再在香灰中戳些孔眼，以便炭墼能够接触到氧气，不至于因缺氧而熄灭。在香灰上放上瓷、云母、金钱、银叶、砂片等薄而硬的"隔火"之物，小小的香丸、香饼放在这隔火板上，借着灰下炭墼的微火烤焙，缓缓将香气发挥出来。

很显然，焚香的过程相当繁琐。然而，这还不算完事，香一旦"焚"起，还需要不停地加以观察，否则，"香烟若烈，则香味漫然，顷刻而灭"。不过，炭墼或香饼埋在灰中，看不到，如何判断其形势呢？正确的方法是用手放到灰面上方，凭手感判断灰下香饼的火势是过旺还是过弱。于是，唐人诗词中除了"添香"之外，还喜欢描写女性"试香"的情景，描写女人如何"手试火气紧慢"，如五代和凝《山花子》描写一位女性："几度试香纤手暖，一回尝酒绛唇光。"添香也罢，试香也罢，在男性文人的笔下，焚香似乎永远和无所事事的女人形象联系在一起。立在香炉前的女性，不论是宫词中的失意妃嫔，还是《花间集》中的艺伎，都从来不用为生计操心，她们全部的心思就是等待某个男人，或者满怀幽怨地思念他，为他的负心而痛苦。

焚香是古人生活的一部分，正因其十分重要，古人对香器的设计和制作也是颇费心思。古代香器种类之多，设计之精巧令人叹为观止。

香炉：早期熏香的香料用的是茅香，称为熏草或者蕙草，与之相配的是豆式熏炉，香料多放在竹笥里。汉武帝时期，龙脑、苏合香等树脂类香料传入，由于不能直接点燃，就出现根据道家关于东海蓬莱仙境博山的传说制作的"博山炉"。炉身较深以放置炭火，香料放在炭火顶上徐徐发烟，镂空的孔洞里透出袅袅升腾的烟气，使人仿佛进入仙云缥缈的世界中。

（宣德炉）

到南北朝时期，结合了佛教莲花形象的博山炉越发美轮美奂，"下刻蟠龙势，矫首半衔莲"，与香炉配合的容器则用香宝子或香合（香盒）盛放各类树脂类香末调配成的香丸或香饼。宋代瓷窑遍及各地，因此宋代的香器多为瓷制，汝、官、哥、定、钧五大名窑制作出了各种精美的香炉。

元明清时开始流行香炉、香盒、香瓶、烛台等搭配在一起的组合香具。明初宣德三年（1428年），明宣宗朱瞻基为郊坛大庙铸造了一批祭祀供炉，这就是成为后世传奇的"宣德炉"：香炉的材质来自暹罗国进贡的一批质量极好的风磨铜，当时使用这些铜材一共铸造了117种3000件香炉，用去铜31650斤、黄金640斤、白银2880斤，炉底铸有"大明宣德年制"阳文楷书方印款，此后封炉不铸。至今，宣德炉的真品难得一见，即使是一件明末的仿品，也能以几百万的天价拍卖成交。

熏笼：熏炉之外还有熏笼，长沙马王堆出土的文物中就有为熏香衣、香被特制的竹熏笼。洪刍《香谱》里说："凡熏衣，以沸汤一大瓯置熏衣笼下，以所熏衣覆之，令润气通彻，贵香入衣难散也。然后于汤炉中燃香饼子一枚以灰盖……常令烟得所。熏讫叠衣，隔宿衣之，数日不散。"熏衣得法需有好香，《外台秘要》里载"熏衣方"云："沉水香（一斤锉酒渍一宿）、栈香五两（鸡骨者）、甲香二两（酒洗）、苏合香二两、麝香一两、丁香一两半、白檀香一两（别研）。上七味，捣如小豆大小相同，以细箩罗麝香，纳中令调，以密器盛，封三日用之，七日更佳。"如此慢火微熏，香气渐透衣襟，不仅能防腐防蛀，也可令人举步皆香。吴文英有一首《天香·熏衣香》描述了这个优雅的情景：

（香球）

珠络玲珑，罗囊闲斗，酥怀暖麝相倚。百和花须，十分风韵，半袭凤箱重绮。茜垂四角，慵未揭、流苏春睡。熏度红薇院落，烟销画屏沉水。

温泉绛绡乍试。露华侵、透肌兰泚。漫省浅溪月夜，暗浮花气。荀令如今老矣。但未减、韩郎旧风味。远寄相思，馀熏梦里。

古人爱香之切，恨不得香入骨髓，这种骨子里透出的暗香优雅，实在是令我们如今比比皆是的粗糙化学香料汗颜。

香球：在熏笼上熏过的被褥，想来必是深染香氲，闻来沁人心脾的，古人竟然还觉得不够满意，于是，古人不仅在寝室中熏香，在床帐中熏香，甚至还要在被衾中燃香，以达到令衾褥间香氲四弥的最佳效果。为了这个目的，能工巧匠们专门发明了一种可以置放在被下的小香球，以便夜间寝息时，有香球在被褥间不断偷散暗香。唐人制作的这种香球，近年已经发现了不止一件，著名的法门寺地宫出土物中，就有两件涂金镂花银薰球。

这种香球的外壳是个圆球，球壳上布满镂空花纹，以便香气散出。内部的装置则巧妙地利用了重力原理，在球体内装置两个可以转动的同心圆环，环内再装置一个以轴承与圆环相连的小圆钵。在小圆钵中盛放上燃炭和香丸以后，无论香球怎样滚动，小圆钵在重力作用下，都会带动机环与它一起转动调整，始终保持水平方向的平衡，不会倾翻。这种香球在长夜中温暖的被衾下"暗香袭人"，自有一种令人销魂的神秘情味。

（鸭型香薰炉）

由于使用起来既安全又干净、便利，所以香球在古代生活中被派了不止一种用场，并不仅止于浓熏被褥。在宋代，"凡国有大庆大宴"，设宴所在的殿中不仅要张挂锦绣帷幕，设放兽形银香炉，还要"垂香球"。唐代的香球都装有银吊链，吊挂在半空中，即使偶然发现晃动，它的特殊构造也会确保球中的燃炭不会倾翻落下，十分保险。现在，我们在古典题材的影视作口中，经常会看到这样的场景：在唐宋时代的宫殿中、华堂上，镀金的或纯银的香球悬垂在画梁下，镂刻着繁丽花纹的球体金辉银烁，不停地喷芳吐麝，袭袭香氲在殿堂中弥荡萦纡。

香兽：有一些动物造型的香炉称为"香兽"，兽口或禽喙是吐烟口，多为狻猊（狮子）、麒麟、凫鸭、辟邪等。鎏金的狮子香炉在唐宋时又作为地衣（地毯）的镇角，当绮丽的歌舞在华丽的毯子上飞扬，四角的香炉里缓缓吐烟，带来极为曼妙的意境。而香兽小鸭则多倚立在主人的香帏之中，"红罗帐，金鸭冷沉烟"，让人伴随着香气入眠。如明代《西厢记》的插图里，崔莺莺所用的琴边就一具薰香小鸭。

香囊：熏燃香料之外，古人还有佩戴丝织香囊的风俗，如东晋的谢玄就特别喜欢佩戴紫罗香囊。香囊还有一个重要的作用，就是

（香囊）

和端午节联系到一起。五月俗称毒月，根据《风土志》记载，农历五月五日为阳极之日又叫中天节，有制造各式各样避邪物的风俗；而在《荆楚岁时记》，也记载着每逢端午节这一天，以艾草剪成老虎的形状，或者剪裁布做成小老虎，来避除一些有毒的东西。另外，《风俗通》上面记载，用五色彩线系绑在小孩子的手臂上，可使他长命百岁，叫作长命缕。慢慢的这两项风俗逐渐合而为一，演变成用五色彩线系着一个装满艾草、雄黄和檀香粉末等混合香料的小香囊给小孩挂在胸前，防止小孩被毒虫侵扰，有祛毒避邪的功用，并成为一种保命吉祥的象征。

香囊在《诗经》的一些篇章里已有描述，说明早在约3000年前就有了香囊。屈原《离骚》中有"扈江离与辟芷兮，纫秋兰以为佩"。江离、辟芷、秋兰均为香草。纫，乃连缀之意。佩即佩帏，在这里既指香囊，也含佩戴之意。全句的意思是把装满香草的佩帏带在身上。这说明香囊早在屈子所处的战国时代已是一种饰物了。

汉代以前，未成年的男女都是佩戴香囊的，他们晨昏叩拜父母，必须佩戴香囊，香囊这时，在礼仪上起着一定的作用。魏晋以后，香囊才逐渐成为女人、儿童的专用品。在宋时，官吏开始在朝服上佩戴香囊，香囊的礼仪作用愈加凸显。宋之后，香囊成为馈赠佳品，特别是相恋男女以此作为馈赠的信物。

香枕：唐宋时代，还比较流行一种"菊枕"，它是用晒干的甘菊花做枕心，据说有清头目、祛邪秽的作用。倚着这样的枕头读书、与朋友闲谈，是很清雅的享受；枕着一囊杂花入睡，连梦境都是在花香的弥漫中绽开，自然神清气爽，做噩梦的机会减少，睡眠质量提高。所以，古人提倡这种"香花芯枕"，不仅是为了给生活增添诗意，也是保健、养生的一种方式。在西汉马王堆一号墓中，便出土了一只用天然香草做枕心的华丽枕头，这只枕头的面料奢侈得吓人，是用起绒锦、茱萸纹锦和彩绣三种料子拼成，缝成方方正正的枕头里面填满了佩兰，也就是蕙草。蕙草是古代最重要的天然植物香料之一，有很强烈的香气，拿它充当枕心做成的枕头既充满芳香，又柔软舒适。到了南北朝以后，各种各样更优质的天然植物香料被开发出来，像蕙草这样的古老香草变得过时了，香枕头的芯子里也有了新内容。

香印：唐宋时还有一种香具叫"香印"，是用金属、乌木、花梨乃至象牙制成的香篆模子，有点类似如今的蚊香。"香印"点燃后，香气缭绕回旋，不但能计算时辰，余烬也可以烧出美丽的图案或者吉祥的字迹。香印的制作纹路连绵，有"篆烟烧遍一盘花"的，也有"回环恍若周天象"的，最为繁复者是明代的一种"定时香篆金几炉"，特定时分香从表示不同时刻的孔洞冒出，甚为神奇。

一缕幽幽的香贯穿了整个古代中国，那些精致奢华的世俗生活，完好地保存在出土文物与文献作品的字里行间。中国香文化是璀璨华夏文明的一部分，每个有心人都可以尽情走近它，发现它的美。

2. 如厕——香枣何劳问石崇

与古人追求香氛相对，如厕是臭的，然而却是人们日常活动中不可缺少的，甚至有人打趣地说"历史有时就是臭气熏天的"。由

（厕筹）

于古人所穿的服装都很拖沓，因此很早以前的有钱人家，上厕所是要换衣服的。南朝首富石崇家的厕所修得富丽堂皇，有十多个身着艳丽服装的婢女准备好了沉香汁、新衣服等站在门口迎候。从这一细节不难看出，为什么古人会把上厕所称为"更衣"。

1）厕筹

最初，古人如厕时所用的并非是厕纸，而是厕筹。厕筹是用木片或者竹片制作而成，大约三到五寸长，用刀削好打磨光滑后，放在厕所备用。也有的地方使用芦苇做厕筹。唐之前，已有使用厕筹的记载。《资治通鉴》卷一百六十六《梁纪二十二》记载了北齐皇帝高洋的一个荒唐的做法："虽以杨愔为宰相，使进厕筹，以马鞭鞭其背，流血浃袍。"

晋朝时，有个叫刘寔的人，去拜见当时的富豪石崇，他向石崇提出自己要如厕，石崇便命仆人引路。刘寔见有一绛纱帐大床，上面陈设得十分华丽考究，旁边站有两个侍婢持锦香囊，便转身就走，对石崇说："乃误入卿室内。"石崇却笑答："是厕耳。"刘寔便进去如厕，守厕的侍婢将手中的锦囊交给他，原来里面放的就是厕筹。

（古代陶瓷虎子）

用厕筹之法随佛教而传入中国。在早期的佛教诸律中，记载了释迦

· 90 ·

牟尼指导众比丘使用厕筹的事情，如《毗尼母经》卷第六：尔时世尊在王舍城，有一比丘，婆罗门种姓。净多污，上厕时以筹草刮下道，刮不已便伤破之，破已颜色不悦。诸比丘问言："汝何以颜色憔悴为何患苦？"即答言："我上厕时恶此不净，用筹重刮即自伤体，是故不乐。"针对这种情况，释迦牟尼佛说："起止已竟，用筹净刮令净。若无筹不得壁上拭令净，不得厕板梁枨上拭令净，不得用石，不得用青草，土块软木皮软叶奇木皆不得用；所应用者，木竹苇作筹。度量法，极长者一磔，短者四指。已用者不得振令污净者，不得着净筹中。是名上厕用厕筹法。"

厕筹在造纸术还未普及的时代成为了居家百姓解决如厕问题的重要角色。在相当长的一段时间里，大家都用它做如厕的卫生用品，即使是皇帝也不例外。南唐后主李煜曾经亲自动手削竹作厕筹，以供僧徒如厕时使用，并用面颊检验质量，看看是否光洁爽滑。直到唐宋之间，纸已经不仅仅用于写字，还用作日用和焚烧祭鬼神。既然出现了日用的纸，那么人们用它拭秽也是顺理成章的了。

使用手纸的最早记载见于元朝。元朝的裕宗徽仁裕圣皇后伯蓝也怯赤当太子妃的时候，对婆婆昭睿顺圣皇后非常孝顺，她要在婆婆拭秽之前用自己的脸试试手纸的柔软度："后性孝谨，善事中宫，世祖每称之为贤德媳妇。侍昭睿顺圣皇后，不离左右，至溷厕所用纸，亦以面擦，令柔软以进。"

明朝皇宫中专门负责后勤的机构名叫"四司"，据《明史》志第五十《职官三》记载："惜薪司掌所用薪炭之事；钟鼓司掌管出朝钟鼓，及内乐、传奇、过锦、打稻诸杂戏；宝钞司掌造粗细草纸；混堂司掌沐浴之事。"其中宝钞司就是管手纸的部门了。

到了清代，用纸拭秽已经是普遍的现象了。《红楼梦》第四十一回有段刘姥姥拉肚子的文字：刘姥姥觉得腹内一阵乱响，忙的拉着一个小丫头，要了两张纸就解衣。众人又是笑，又忙喝他"这里使不得！"忙命一个婆子带了东北上去了。这段描写说明，在曹雪芹生活时期，无论是大观园还是乡下的人物，都已经使用手纸拭秽了。

2）便器

古人云："人有三急，如厕第一。"民国初年的元老于右任是大诗人、大书法家，当时许多人都以得到他的片纸只字为荣。有一次，他挥毫写了"不可随处小便"六个大字。有人拿去经过剪裁、调整，装裱成"小处不可随便"的一帧条幅。有趣的是，古人还真的把与小便有关的东西像于右任的字一样变成了艺术。

厕所远在新石器时代就已经存在，最开始的厕所并不是我们在古代题材影视剧中看到的那种木制恭桶。现在发现的最早的厕所是在5000年前的西安半坡村氏族部落遗址中发现的一个土坑，极其简陋。从西周至春秋，这种状况并没有得到很好的改善。公元前581年6月，晋景公准备品尝新麦时，突然觉得肚子发胀，去厕所，不慎掉进粪坑而死。这可能是中国历史上第一个有文字记载的殉难于厕所的君主，由此也暴露了先秦时期宫厕的简陋。

汉高祖刘邦在群臣面前内急，为了节约时间继续朝会，同时也为了不至于掉进厕所中，竟让一个文官把帽子递给他，他背过身去，把帽子倒过来，将小便便在帽子内。或许是受了汉高祖用大臣帽子小便的启发，便壶应运而生。后世的皇帝们多半使用便壶来解决问题，而不亲自上厕所了。慢慢地，便壶也从宫廷流传至民间。汉朝宫廷用玉制成"虎子"，由皇帝的侍从人员拿着，以备皇帝随时方便。这种"虎子"，就是后人称作便器、便壶的专门卫生用具。可知，至迟从汉朝起，皇帝就不一定非得同厕所打交道了。

"虎子"后来变了称呼，唤作"马桶"，据说还是与皇帝有关。相传西汉时，"飞将军"李广射死卧虎，让人铸成虎形的铜质溺具，把小便解在里面，表示对猛虎的蔑视，这就是"虎子"得名的由来。可是到了唐朝皇帝坐龙廷时，只因他们李姓先人中有叫"李虎"的，便将这大不敬的名称改为"兽子"或"马子"，再往后便俗称"马桶"和"尿盆"了。

宋太祖赵匡胤平定四川，将后蜀皇宫里的器物全运回汴京，发现其中有一个镶满玛瑙翡翠的盆子，爱不释手，差点儿用来盛酒喝。稍后，他将蜀主孟昶的宠妃花蕊夫人招来，花蕊夫人一见这盆子被大宋天子供在几案上，忙说，这是先王的尿盆啊！惊得赵匡胤怪叫："使用这种尿盆，哪有不亡国的道理？"马上将盆子击碎了。

尿盆与酒器难以分辨，这大抵是古人审美趣味不同造成的笑话。便器发展到清朝，已体现出极强烈的人性关怀特征，百姓如厕条件都好了，皇宫里的皇帝妃子们就更享受了。据说清代皇帝、后妃们使用的便器叫作"官房"，与现在的一般马桶相比，除了不能冲水之外，没有多大的差距。便器有专门的太监保管，需要时则传"官房"。皇帝、妃嫔们使用的"官房"是十分讲究的，分为长方形和椭圆形两种形式，用木、锡或瓷制成。木质的官房为长方形，外边安有木框，框上开有椭圆形口，周围再衬上软垫，口上有盖，便盆像抽屉一样可以抽拉，一般木质便盆都装有锡质内里，以防止渗漏。锡质官房为椭圆形，盆上有木盖，正中有钮；这种便盆要与便凳配合使用，便凳比较矮，前端开出椭圆形口，便盆放在下面对准圆口。便凳有靠背，包有软衬，犹如现在没扶手的沙发一般，坐在上面，并不比现在的马桶差，只不过不能冲水而已。

慈禧太后的"出恭"在一些史料中有零星记载。太后说要传官房，几个宫女就去分头准备，一个去叫管官房的太监，一个去拿铺垫，一个去拿手纸。太后官房是用檀香木做成的，外表雕成一只大壁虎，壁虎的四条腿就是官房的四条腿，壁虎的鼓肚是官房盆屉，尾巴是后把手，下颌是前把手，嘴微微张开，手纸就放在其中，壁虎的脊背正中有盖子，打开后就可以坐在上面"出恭"了。官房里放有干松香木细末。太监要把用绣云龙黄布套裹着的官房顶在头上送到太后的寝宫门外，请安以后，打开黄布套，取出官房，由宫女捧着送进净房（净房一般设在卧室床的右侧，明面上装一扇或两扇小门，里面是不足一米宽的死夹道，专门为便溺用）里，宫女把油布铺在净房地上，把官房放在油布上，再把手纸放进壁虎嘴里。太后完事后，由宫女捧出去，交给太监，太监仍然用布套包好，举到头上顶出去，清除完脏物后，擦洗干净，放入新的干松香木细末，等下一次使用。

清朝时皇室人员羁旅途中所用的卫生设备现在看来也是相当高级的。1903年3月，慈禧以恭谒西陵（在河北省易县西）为名，要乘上火车抖抖威风。卧室内，面对着车窗放置着特制的铁床，床上被褥枕头应有尽有，用幔帐围着。床的一侧有门，打开即是大小便用的如意桶。桶底铺着黄沙，再灌进水银，粪便落入不见痕迹。桶外用宫锦绒缎套罩着，看上去像一个绣花坐墩。这种如意桶便器，在当时称得上是登峰造极的高级卫生设备了。

3）趣闻

出恭由来：明朝盛行的科举考试要比今天的高考更为严格。除了监考不是一般的老师而是朝中的大臣外,光从皇帝亲自巡视考场这点看,它受重视的程度就可想而知。由于考试时间过长,考生需要方便的事在所难免。为了便于管理,考场设置了"出恭入敬牌"。凡需要出去方便者,要申请此牌,托于胸前,到指定地点去解决,速战速决,回来后交牌归位。

从这个牌的字面上看,"出恭入敬",就是出入要恭敬,要遵守纪律,轻去轻回,快去快回,不得喧哗吵闹,干扰他人。虽然这个牌子是表示出去进来都要恭敬的意思,但牌子毕竟是用于入厕方便的。这事流传到社会上,大家也把入厕视为"出恭入敬"了。为了口头上表达的方便,人们干脆摘取"出恭入敬"的前两个字,这样,"出恭"一词便流传开来。"出恭"既然是入厕,善于引申的国人于是就把大便叫"大恭",小便叫"小恭",没屎没尿大小都不需要方便的放屁,则称为"虚恭",就连便溺之桶也被称为"恭桶"了。

干枣闭气:西晋大将军王敦被晋武帝招为武阳公主的驸马,新婚之夕,头一回使用公主的厕所。初见时,觉得富丽堂皇,比之民间住宅的厕所强得多;进去才发现原来也是有臭气的,心下稍微平和了些。不多时,见厕所里有漆箱盛着干枣,只当是"蹲登坑食品",便全部吃光;完事后,侍婢端来一盘水,还有一个盛着"澡豆"的琉璃碗,王敦又把这些"澡豆"倒在水里,一饮而尽,惹得"群婢掩口而笑之"。原来干枣是登坑时用来塞鼻子防臭气的,而"澡豆"则相当于近世的肥皂。

公共厕所:明末清初有一个叫穆太公的人,是乡下人,有一天进城,发现城里的道路两旁有"粪坑",且是收费的。老先生进去痛快了一把之后,并没有一走了之,他在这简易厕所外面待了半天,发现来解手的人不少,"倒强似作别样生意"。于是他打定主意,回到家之后，请工匠把门前三间屋掘成三个大坑，每一个坑都砌起小墙隔断，还把小墙粉刷了一下。又到城中亲戚人家讨了一些诗画斗方贴在粪屋壁上，并请一个读书人给厕所题写了个别致的名字："齿爵堂"。为了吸引客流，又求教书先生写了百十张"报条"四方张贴，上面写着："穆家喷香新坑，远近君子下顾，本宅愿贴草纸。"

这一手很有吸引力，农家人用惯了稻草瓦片，如今有现成的草纸用，加上厕所环境实在优雅，"壁上花花绿绿，最惹人看，登一次新坑，就如看一次景致"。吸引得女子也来如厕，穆太公便又盖起了一间女厕所。

令人奇怪的是，穆太公的厕所是免费的，那他又为何这样做呢？原来，早在城里上厕所的时候，他便已经领悟到，在乡下，厕所收费是行不通的。但是，粪便是可以出售的。他便把粪便收集起来，卖到种田的庄户人家，或者以人家的柴米油盐来置换。一劳永逸，久而久之，便获得了不小的收益。真的是"强似作别样生意"！

第四章　时空认知

1. 出行——一日看尽长安花

说到古人的出行，很容易使人联想起几个轿夫扛着一顶轿子在小路上行走、数匹白马拉着一辆大车在大街上穿行，或者一叶扁舟从轻风微拂的水面轻轻划过的场景，这些联想大抵反映了我国古代交通的真实面貌。

在古代社会，交通只有水陆两路，除了安步当车以外，当时的交通工具主要有车、轿、船以及马、驴等牲畜。商代造车技术已经比较成熟，春秋战国时期，马开始直接用于骑乘，不再仅仅作为驾车的工具，这对提高人们的行进速度有着重要意义。此后的两千年，陆上交通工具则基本没有根本性的变革。

战国以前的车马是连言的，没有无马的车，也没有无车的马。驾车的一般是四匹马，于是，驷成为车辆的计量单位，"马千驷"指一千辆车。《小雅·采薇》中"戎车既驾，四牡业业"，

指驾兵车用四匹公马。马车驾二马为骈，驾三匹为骖。马车的流行，使得战国出现了很多善于驾马车的人。著名的东野稷驾马车的寓言故事就出自这一时期。东野稷十分擅长驾马车。他凭着自己一身驾车的本领去求见鲁庄公。鲁庄公接见了他，并叫他驾车表演。只见东野稷驾着马车，前后左右，进退自如，十分熟练。他驾车时，无论是进还是退，车轮的痕迹都像木匠画的墨线那样的直；无论是向左还是向右旋转打圈，车辙都像木匠用圆规划的圈那么圆。鲁庄公大开眼界。他满意地称赞说："驾车的技巧的确高超。看来，没有谁比得上了。"说罢，鲁庄公兴致未尽地叫东野稷兜了100个圈子再返回原地。一个叫颜阖的人看到东野稷这样不顾一切地驾车用马，便对鲁庄公说："看，东野稷的马车很快就会翻的。"鲁庄公听了很不高兴。他没有理睬站在一旁的颜阖，心里想着东野稷会创造驾

车兜圈的纪录。但没过一会儿，东野稷的马果然累垮了，它一失前蹄，弄了个人仰马翻，东野稷因此扫兴而归，见了庄公很是难堪。鲁庄公不解地问颜阖说："你是怎么知道东野稷的马累垮的呢？"颜阖回答说："马再好，它的力气也总有个限度。看东野稷驾的那匹马力气已经耗尽，可是他还让马拼命地跑。像这样蛮干，马不累垮才怪呢。"听了颜阖的话，鲁庄公也无话可说。

古时，马车的结构很有讲究。马车的车厢叫舆，舆前面的横木可以倚靠着把扶，叫作轼。"登轼而望"就是登上马车，手扶轼张望。行车时扶轼低头也叫轼，表示对人的敬意。舆的两旁都有木板为屏蔽，乘车的人从舆的后面上车。舆上可以立盖，用一根直木支撑，即冠盖。班固《两都赋》中的"冠盖如云，七相五公"，就是用冠盖指代为官为宦之人。到了战国时代，赵武灵王从匈奴处学会了骑马后，骑马之风便渐渐盛行起来。

除了马车以外还有牛车，不过，在马车受重视的时代，乘牛车是一件很没面子的事情。魏晋以后，江南牛多马少，士族更爱乘慢速而安全的牛车，豪富之家"精牛车，丽服饰"，争奇斗富，甚至皇宫里也养上了牛，也算是这一时期的一大特色。

古时，水上交通主要靠船。船最初由竹筏演变而来，至少在商代，我国就已经利用船来进行水上运输了。不过最初的船只相当于我们现在的独木舟，后来，随着时间的推移，造船的技术和船的规模也不断进步，不仅有使用桨橹的小船、利用风力的帆船，还有由车轮推动的车轮船。汉代的大船已具有装载五六百斛（五六万升）物品的能力，到明朝，郑和下西洋所乘的大船长44丈，宽18丈，规模已相当可观。由于水路运输成本低廉、装载量大、节省人力，不仅用于内河航运，还可进行海上交通，所以在秦汉特别是隋唐以后，其重要性逐渐超过陆路，成为古人主要的交通方式和运输手段。

在古代，各种交通工具的利用以及规模、形制等方面是有一系列制度上的规定的，比如明代规定，在京三品以上者可以乘轿，四品以下不得乘轿，"五府管事，内外镇守、守备等，不问老少，皆不得乘轿"。清代除杂职人员外，一般文官均可乘轿，但对轿夫与乘舆的装饰有不同的规定。武将一律骑马，只有年过七十，总兵以上官员经皇帝特许后才可以乘轿。庶民可以坐车，但对车身的式样也有规定。

不过在实际生活中，违礼逾制的现象常常存在。如在晚明的江南，不用说官员，就是监生、秀才乘轿也十分普遍。在小说《金瓶梅》中，那些来访的文官包括内相（太监），无论级别一般都乘轿，西门庆外出一般骑马，他家以及其他一些有钱人家的妇女无论有无职衔，基本一律乘轿，连妓女李桂姐等出门，也都乘舆而行。若出远门，则或骑马，或乘轿，比如西门庆曾赴东京陛见，"一路天寒坐轿，天暖乘马"。

在北方，平常的出行，若是较为富裕的人家，除了乘轿坐车外，也骑马、骡或驴。而在下等人家，若非特殊情况，基本是安步当车。而在南方，由于水网密布，船的重要性无可比拟。当时人们出行，特别是出远门，均是雇船而行，比如柳亚子的曾祖柳兆薰和他儿子于同治三年（1864年）十月初十日雇船户吴岳林，赴南京参加乡试，从吴江黎里到南京下关，一共走了8天。当时船行的速度，据长沙举人杨

寿恩日记的记载，慢的时候每天40里，最快的日子则达到225里，一般都在10-100里之间。出行的费用似乎不算很贵，比如婺源的詹元相去南京赶考，使用了乘轿、包船和骑驴等多种交通手段，但以坐船为主，坐船共花银五钱六分，其他骑驴等的费用未加说明，大概数量不会大，单程的总花费大约为六七钱，也就是相当于六七十斤米的价钱。这对士人地主家庭来说，应该不算多。而对一般普通家庭来说，行在家庭消费中的比重也应是无足轻重的。

2. 坐卧——等闲平地起波澜

中国古人初始的生活起居状态是一种平面风格，席地而坐，择地而卧，身体受力重心不离"地面"，是以谓之"平面"起居方式。这种起居方式后来传给了日本、朝鲜，直至今日，在这几个国家依然保留着这样的方式，而在我国则已经几乎看不到了。

中国人从席地而坐到垂足坐椅，其过渡时间在五代至北宋时期。东汉以后，一些异域坐具如胡床、胡凳就曾伴随着佛教来到中国但这些东西在中国一直属于另类，未能融进中国的整体社会生活文化之中，对中国人

的生活方式影响不大。直到后来椅子的舶来和普及，才真正改变了中国人自古以来的席地之风。中国最早的椅子应该来自西亚，唐代应该已经有了这种舶来品。但椅子最初是作为奢侈品存在的，仅流行于宫廷和贵族的府上，对于平民老百姓而言，长期以来在地上生活惯了，实在没必要花钱在居室里增添这么一个多余物件。故唐代的室内仍以席为主，人们的主流坐姿仍然是席地而坐。而真正大规模使用椅子则是宋朝。

席地而坐不一定就是跪坐（正坐），还可以盘腿坐，古人称胡坐（即胡人的坐姿）。很长时间里，胡坐被华夏礼仪看作是失礼的表现，而跪坐才是华夏古人的标准坐姿。五胡乱华以后，北方为少数民族所统治，胡坐开始在中原流行。隋唐是中国历史上最具有文化包容力和兼容并蓄的时代，已不会像先秦汉魏那样强烈地排斥胡坐了，而是"胡汉"和睦，只不过跪坐（正坐）仍具有传统礼法的地位。那时的男士盘腿而坐不会被人诟病，但女子还不行。到了五代时期，胡坐就已经相当普遍了，虽仍旧是席地而坐，但已为日后在椅子上生活做好了过渡性准备，因为盘腿坐可以看作是居于跪坐和坐椅之间的"折中"形式。

古人坐姿主要有两类，跽与踞。根据场合环境不同，坐姿也不一样。但最普及最正式的姿势就是跽——跪坐。跪坐又分三种变化，一种是两膝并紧着席，臀部落在脚跟处。这是一种放松姿态，大部分时间古人都会保持这个姿势。朱熹称这个姿势为"坐"。平日在席上跪坐，身体要稍微向后一些，以示谦恭。吃饭时，食几在席前一尺，身体要尽量前坐，避免饭菜撒落在席上。入席就座，要掀起下裳前摆。下跪时，左足向右一小步，先跪左腿；右足向后，再跪右腿；然后放下衣摆。起立时，先起右腿，再起左腿。次序分别是左足先跪后起，右足后跪先起。这种下跪顺序还有一个原因，士人皆佩剑，且佩在身体左侧。秦汉以前是青铜剑，剑身短，可以随身佩戴而不必解下。秦汉时剑身加长，入席后要解下置于左侧。左足先跪、右足先起，身体左侧始终留有空间，便于在紧急时刻拔剑自卫。

另一种姿势是两膝保持不变，臀部离开脚跟，上身挺直。这个姿势叫跽长跪。它既表示敬重，也利于防卫。《礼记·曲记》疏中说："坐通名跪，跪名不通坐也。"《战国策·范雎说秦王》曰：秦王屏左右，宫中虚无人。秦王跽而请曰："先生何以幸教寡人？"这里的"跽"表示的是敬重。鸿门宴中，刘邦的骖乘，即车右樊哙冲散卫兵破门而入时，项王按剑而跽曰："客何为者？"这里的"跽"则是为了防卫。

第三种是半跪半蹲的姿势，右膝跪地，左足蹲。或拱手，或左手置膝，右手下垂。这是古代的一种军礼，《礼记·曲礼》："介者不拜，为其拜而蓌拜。"介者，穿甲胄的军人。军人披挂在身，跪下磕头行拜礼是件艰难的事情，因此要采用这种姿势行礼。司马穰苴兵法中说"国容不入军"，孙膑所言"君令不入军门"，指的都是军营中自有规矩，朝堂之上的礼法在军队中不起作用，甚至君王的命令也不起作用。

这种半蹲半跪的姿势还便于兵阵中的弩兵发弩，秦代兵马俑中的弩兵就采取这样的姿势。他们屈左膝，跪右膝，左手持弩臂，右手握扳机。另外，金代与清代实行全民皆兵，其礼仪中的打千礼也是古代军礼的演变。打千礼的流程是：弹一下箭袖，左膝前屈，右腿微弯，左手放在左膝上，右手下垂，口中问安。

跪坐（正坐）的姿势很优雅，是最能体现中国文明端庄、肃穆、宁静、谦恭等礼仪风范的坐姿。跪坐是一种身心锻炼，可以有效地提炼人的礼仪气质。坐于地表达了对大自然的亲近，而跪坐则表达了对大自然的敬畏，这正是华夏文明的原道精神。在很长的岁月里，中国人就是以这种刚直、恭敬、典雅的姿态创造了辉煌的历史和文化。因为他们知道：当你的身体愿意矮一节表达对天地的恭敬时，你的灵魂就能得以在天空腾飞。

3. 惜时惜阴——一寸光阴一寸金

在坐卧行走中，古人拓宽的不仅仅是对空间的认知，更重要的是加深了对时间的领悟。古人很早便对时间的概念有了感叹，空间可以通过行走而缩短，而时间是一种看不见摸不到的东西，但时光的流逝却能够从人事的沧桑变化中捕捉得到。从出生的地方出行到另一个陌生的城市，动辄数周甚至数月，在这种时间的冗长消耗中，古人开始领悟到珍惜时光的重要。早在战国时代，庄子就在《知北游》里借老聃回答孔子的问话说："人生天地之间，若白驹过隙，忽然而已。"曹操在《短歌行》里叹曰："对酒当歌，人生几何？譬如朝露，去日苦多。"李白在《将进酒》里着急地喊道："君不见高堂明镜悲白发，朝如青丝暮成雪。"苏轼在《赤壁赋》里也借客人的话说："哀吾生之须臾，羡长江之无穷。"

在古代，人们的平均寿命都不是很长。古人对昨日、今日、明日的感慨实际上是对个人寿命短暂的一种敬畏。时间，真的是一种既让人无奈又让人憧憬的东西。明代文嘉的一首《明日歌》道出了多少人对蹉跎岁月的内心感叹。

明日歌

文嘉

明日复明日，明日何其多。
日日待明日，万事成蹉跎。
世人皆被明日累，明日无穷老将至。
晨昏滚滚水流东，今古悠悠日西坠。
百年明日能几何？请君听我明日歌。

既然光阴是如此的短暂，那么为什么不珍惜时间，在有限的生命里面多做一些努力呢？古人也产生过这样的念头，于是有了阡陌交通，有了丝绸之路的诞生，有了郑和下西洋的壮举。很多古代名人之所以能够一朝成名天下知，多数都是和他们珍惜时光，潜心刻苦分不开的。晋朝陶渊明曾说："盛年不重来，一日难再晨。及时当勉励，岁月不待人。"古人这些优秀的道德修养和思想品格直至现世都有它们积极的意义。古书《淮南子》有云："圣人不贵尺之璧，而重寸之阴。"唐末王贞白的《白鹿洞》诗中更有"一寸光阴一寸金"的妙喻。据说，《资治通鉴》的作者司马光的枕头是用圆木做的，他读书困倦时就席地枕着圆木睡觉，只要一翻身，枕木就会滚走，人就会惊醒，他用这种方法来强制自己挤出时间刻苦读书。

车胤生于晋朝，本是富家子弟，后来家道中落，变得一贫如洗。可是，他在逆境中却能自强不息。车胤年轻时就很懂事，也能吃苦耐劳。他因为白天要帮家人干活，就想利用漫漫长夜多读些书，好好充实自己；然而，他的家境清贫，根本没有闲钱买油点灯，有什么办法可以突破客观条件的限制呢？最初，他只得在夜间背诵书本

内容，直到一个夏天的晚上，他看见几只萤火虫在飞舞，点点萤光在黑夜中闪动，于是，他想出了一个好法子：他捉来许多萤火虫，把它们放在一个用白夏布缝制的小袋子里，因为白夏布很薄，可以透出萤火虫的光，把这个布袋子吊起来，就成了一盏"照明灯"。车胤不断苦读，终于成为著名的学者和深得人心的官员。

元朝著名画家、学者、诗人和篆刻家王冕，出身贫寒，家中无力供他上学，他只得到一个姓秦的人家放牛。王冕时刻想着读书学习，每次出去放牛，都把书本带在身上。有时骑在牛背上读书；有时牛在吃草，他就坐在树下看书。每晚还借佛殿的长明灯夜读。就是靠着利用点点滴滴的时间，他自学了很多知识，终成一代画家。

唐代颜真卿云："三更灯火五更鸡，正是男儿读书时。黑发不知勤学早，白发方悔读书迟。"这便是古人发愤图强的真实写照。花落花开，潮起潮落，时间永远不能够被任何东西所替代。从古至今，生命即将流逝才幡然醒悟时间宝贵的大有人在。逝者如斯夫，不舍昼夜，时间之于今人，亦如是矣。

第五章　日常礼仪

中国人的礼制精神是亲亲爱人，礼仪原则是自卑尊人。在与人交往时要放低姿态，谦恭待人，尊重他人，以赢得他人的尊重。如果地位高的人屈尊结交比他地位低的人会得到很好的社会效果，"若要好，大敬小"。并且，敬人不仅是礼貌的姿态，或仅为礼仪性的表示，而是要发自内心地尊重他人。如果没有发自内心的恭敬，礼节就成为了虚套，这就不符合传统的标准。谦卑恭敬在古人的日常生活中处处可见。

1. 居家——百善当存孝为先

我国古代的居住方式皆是以家族为单位，再细分为每一个个体家庭。一家长幼男女在日常的起居活动中都有着特定的规矩。"孝道"是中华民族的传统精髓，它对晚辈有着严格的规定。它让人感觉到长幼有序，到处充满了恭敬和睦。

作为一家的子女，不能够赖床懒惰，要早起将自己的寝具和衣物整理好，而且早晚要向自己的长辈（父母、祖父母）请安问候。就座的时候子女不坐中席，也不可在家中厅堂中央的道路上行走。一旦有事出门必须告之长辈，回到家中的时候也应让家里人知道。

长辈给予的物品一定要双手接受。在中国古代，任何一个普通的家庭都会如此，每个人从出生到成长，或由长辈教导或由私塾的先生教习，都须无条件地接受这一礼仪规则。

2. 交际——人无礼则不生焉

古人和我们一样，与人打交道是必不可少的日常活动。热情好客体现了中华民族自古以来的传统美德和风尚。孔子就曾说："有朋自远方来，不亦乐乎。"而在迎来送往中，国人又处处体现了"礼仪之邦"的风采。古人十分重视人际间的相互交往，"礼尚往来，往而不来，非礼也；来而不往，非礼也"。既有来往，又有回访，才能表现礼节。因此，迎来送往就成为好客的一种表现。从迎接宾朋好友开始，直至送别宾朋好友，始终处在一种热情、体谅、和谐的气氛中。因此，无论是刚刚认识还是相互拜访，甚至宴请聚会，古人都有一套特定的程序和讲究，有些礼节一直保留至今，深深地影响着今人的处世模式。

1) 行走之礼

古代常行"趋礼"，即地位低的人在地位高的人面前走过时，一定要低头弯腰，以小步快走的方式对尊者表示礼敬，这就是"趋礼"。传统行走礼仪中，还有"行不中道，立不中门"的原则，即走路不可走在路中间，应该靠边行走；站立不可站在门中间。这样既表示对尊者的礼敬，又可避让行人。

2）见面之礼

古人在日常见面时，既要态度热情，也要彬彬有礼。如何与不同身份的人相见都有一定的规矩。比如一般性的打招呼，在传统上是行拱手礼。拱手礼是最普通的见面礼仪，方式是双手合抱（一般是右手握拳在内，左手加于右手之上），举至胸前，立而不俯，表示一般性的客套。

如果到人家做客，在进门与落座时，主客相互客气行礼谦让，这时行的是作揖之礼，称为"揖让"。作揖同样是两手抱拳，拱起再按下去，同时低头，上身略向前屈。作揖礼在日常生活中为常见礼仪，除了上述社交场合外，向人致谢、祝贺、道歉及托人办事等也常行作揖礼。身份高的人对身份低的人回礼也常行作揖礼。传统社会对至尊者还有跪拜礼，即双膝着地，头手有节奏地触地叩拜，即所谓"叩首"。现今跪拜礼只在偏远乡村的拜年活动中能够见到，一般不再施行。

遇有亲朋好友到来，主人首先迎于门外，向客人施礼，互致问候后，再进入门内，这是古人常用的"见面礼"。之后，主人前引客人登台阶，准备进入堂屋。在登台阶时，古代还有"拾级聚足"的礼节："主人与客让登，主人先登，拾级聚足，连步以上。"即主人在前引导客人，前足先登上一级台阶，后足再与之并齐，而后再登一级，又并足。这样登台阶是为了照顾客人能跟上自己，避免客人感到紧张和冷落。待宾客告辞时，主人要为客人送行，通常是主人前引客人走出大门外。在门外，宾主再次相互致谢，答谢后，主人目送宾客离去。

3）入座之礼

如遇有人拜访，待客人和主人登上台阶将要进入堂屋前，又有两种礼节。首先是"将上堂，声必扬"，即快进屋前，说话的声音要适当提高，以告知屋内的人客人已到。再者是"将入户，视必下"，这是客人应遵守的礼节，即在进入堂屋时，视线应向下。开门进屋，眼睛向下看，是因为考虑主人家虽然知道客人已到，但难免还有未及收拾的东西，这样做，可以避免给主人造成难堪和尴尬。

就座也很有讲究。传统社会礼仪秩序井然，坐席亦有主次尊卑之分，尊者上坐，卑者末坐。何种身份坐何位置都有一定之规，如果盲目坐错席位，不仅主人不爽，自己事后也会为失礼之事追悔莫及。如果自己不能把握坐何种席次，最好的办法是听从主人安排。室内座次以东向为尊，即贵客坐西席上，主人一般在东席上作陪。年长者可安排在南向的位置，即北席。陪酒的晚辈一般在北向的位置，即南席。入座的规矩是，饮食时人体尽量靠近食案；非饮食时，身体尽量靠后，即所谓的"虚坐尽后"，这样一旦有贵客光临，可以方便立刻起身致意。

古人入座后在相互交谈时也极重视礼节，尤其是重视仪表的庄重，不允许有轻浮、放荡的不文明举止。即使是笑，也以不露齿为宜。"凡人大笑则露齿本，中笑则露齿，微笑则不露齿。"尽管在交谈中会谈及一些令人捧腹大笑的话题，但笑仍需节制。这既是出于礼节的需要，也表现了一个人的文明素养。若大笑露出牙齿根部，牙齿就会感到冷，所以古人常以"齿冷"来讥讽那些贻笑他人者。在交谈中，表现对对方的尊敬和自己的谦逊，也是古人特别重视的一种礼节，被视为是礼貌的体现。在对方讲话时，自己要专心致志、洗耳恭听，不能漫不经心，更不能打断别人的讲话。自己讲话时，眼睛应注视对方，语调平缓，不能强词夺理，摆出一副盛气凌人的架势。

具体到交谈的礼节乃至谈话的艺术上，古人都有相应的规定。面见尊长者，应"请见不请退"，即对尊长者可以请求会面，但谈话结束后，不要马上请求离去，要等到尊长者示意后，再告辞。在与尊长者交谈时，"尊长于己逾等，不敢问其年"，即与辈分比自己高的老人交谈时，不要询问他的年龄。"侍坐弗使，不执琴瑟，不画地，手无容，不翣也。"即在陪同尊长者谈话时，如果没有尊长者的旨意，自己不能弹奏琴、瑟等乐器；不能自作聪明地为尊长者出谋划策，对他指手画脚；更不能像扇扇子一样的摇手，以示反对尊长者的意见。在谈话时，还应注意尊长者的举动。一旦对方出现困倦的举止时，就应结束交谈，让尊长者休息。"侍坐于君子，君子欠伸，运笏，泽剑首，还屦，问日之蚤莫。虽请退可也。"如果在谈话中，尊长者打哈欠、伸懒腰，或手中摆弄笏板、摩拭剑柄，或将鞋拿到自己身边，或询问时间早晚，这些举止都是对方困倦或不耐烦的表示。见到这种举止，自己就应该告辞、请退了。在与他人的谈话中，"不窥秘，不旁狎，不道旧故，不戏色"，即不要窥探对方的隐私，也不能相互取笑逗闹。谈话时，不要总絮叨以往的旧事，神情应庄重、严肃。

4）饮食之礼

饮食礼仪在中国文化中占有极重要的位置，在先秦人们"以飨燕之礼亲四方宾客"，后代聚餐会饮也常常是一幕幕礼仪活剧。迎宾的宴饮称为"接风"、"洗尘",送客的宴席称为"饯行"。亲朋好友来访,欢聚一堂,主人家不免要设宴款待。虽是家宴,古代宴饮人也很重视礼节。菜肴做好端上席间时,"凡齐,执之以右,居之以左",即凡是用调料调制的羹类菜肴,端菜时要用右手拿住盛放的器皿,同时用左手托捧,以保持平稳,避免汤汁外溢、洒溅。摆放菜肴,古人也有礼节,特别是摆放鱼的时候,"羞濡鱼者进尾,冬右腴,夏右鳍",如果将鱼连同汤汁一起端上席,则将鱼尾对着宾客;如果是冬天,则将鱼肚朝向宾客的右侧;如是夏天,则将鱼鳍朝向宾客的右侧。这种摆放鱼的方式是有道理的。鱼头肉少且浸在汤汁内,如朝向宾客,客人夹食会感觉不便;冬天的鱼腹部肉多,且比较肥美,将鱼肚朝向宾客,方便客人夹食;夏天的鱼则背鳍部分的肉相对较多,将鱼鳍朝向宾客,也是出于方便客人夹食的考虑。

宴饮之礼无论迎送都离不开酒品,"无酒不成礼仪"。宴席上饮酒有许多礼节,客人需待主人举杯劝饮之后,方可饮用。所谓:"与人同饮,莫先起觞。"客人如果要表达对主人的盛情款待的谢意,也可在宴饮的中间举杯向主人敬酒。对于酒杯的摆放,古人也有规定,"客爵居左,其饮居右",即客人入席时,酒杯摆放在他的左侧,便于客人右手进餐。待饮酒时,客人再将酒杯移至右侧。

吃饭时,古人也不失礼节。在进食过程中,同样先由主人执筷劝食,客人方可动筷。所谓:"与人共食,慎莫先尝。"在与尊长者一起用餐时,应先拿筷子吃饭,但要等到尊长者吃完饭后,自己才能放下筷子。吃饭时,不能将饭粒掉在桌上,更不能将菜肴中的汤汁流洒在桌上。饭要一小口一小口地吃,但要等前一口饭咽下后,才能再将饭放入口中。绝不能将几口饭同时塞入口中,使两腮鼓胀起来,古人认为这种"吃相"有失礼节,是极不文明的。虽说是到主人家做客,但宾客也不要将自己作为外人,饭后还要帮助主人收拾餐具。"客自彻,辞焉则止。"如果主人劝阻客人收拾,客人才不动手。除此之外,古代还有一系列进食规则,如"当食不叹"、"共食不饱、共饭不泽手"、"毋投骨于狗"等,主客相互敬重,营造和谐进食、文明进食的良好氛围。

5)拜贺庆吊之礼

中国自古是一个人情社会,人们相互关怀、相互体恤。庆吊之礼,主要行于人生大事中,并且有许多仪礼俗规。拜贺礼一般行于节庆期间,是晚辈或低级地位的人向尊长的礼敬。同辈之间也有相互的拜贺,如元旦官员朝贺、民间新年拜年等。行拜贺礼时,不仅要态度恭敬,口诵贺词,俯首叩拜,同时也得有贺礼奉上。

人的一生要经历诞生、成年、婚嫁、寿庆、死亡等若干阶段,围绕着这些人生节点，形成了一系列人生礼仪。子孙繁衍是家族大事，诞生礼自然隆重热闹。婴儿满月时，亲戚朋友纷纷上门恭贺，并馈赠营养食品与幼儿鞋帽衣物。小孩长大成人时要行成年礼，成年礼在中国传统社会称为冠笄之礼。男子20岁行加冠礼，重新取一个名号，表示该男子具有了结婚、承担社会事务的资格。女子15岁行绾发加笄礼，表示到了出嫁的年龄。婚嫁是人生的大事，在传统社会被十分看重。传统婚礼有六道程序，所谓"周公六礼"，即纳采、问名、纳吉、纳征、请期、亲迎等。宋代简化为纳采、纳币、亲迎三礼。婚礼的高潮在迎亲，新郎要到女家亲自迎娶新娘，新婚夫妇拜堂之后入洞房，行结发礼与合卺礼。大婚之日，亲友纷纷前来恭贺，主人要大宴宾客。寿诞礼，一般在40岁以后开始举行。生日那天有庆生仪式，亲友送寿礼致贺。最后一道人生仪礼是丧礼，中国人重视送亡，故丧礼发达。人死于正命，是白喜事，亲戚朋友都来吊唁。为了表示哀悼心情，人们要奉上挽联、挽幛或礼品、礼金。亡者一般在三五天内入殓安葬。

　　古人的交往礼节，在今人看来似乎感到太繁琐，过于注重小节，但恰恰是这些看似区区小事的礼节，体现了中华民族热情好客的风尚和文明礼貌的风范。

房舍家居

第一章　显贵居所

1. 宫廷建筑——楼宇巍峨帝王家

宫廷建筑是皇帝为了巩固自己的统治,突出皇权的威严,满足精神生活和物质生活的享受而建造的规模巨大、气势雄伟的建筑物。几千年来,历代皇帝不惜人力、物力和财力,为自己建造宫廷。这些宫廷金玉交辉、巍峨壮观,充分显示了我国劳动人民的高超智慧和创造才能。

"宫"在我国出现得较早,原是指"圣人"的屋宇。从秦始皇开始,"宫"成为皇帝及其皇族居住、处理朝政的地方。宫殿建筑最大的特征是硕大的斗拱、金黄色的琉璃瓦铺顶,绚丽的彩画、高大的盘

龙金柱，雕镂细腻的天花藻井、汉白玉台基、栏板、梁柱。北京故宫就完美地体现了中国宫殿建筑的这些特征。

北京故宫又名紫禁城，是我国古代宫廷建筑保留最完整的一处，其规模之宏大，建筑之辉煌，陈设之豪华，为世界上宫殿所少见。故宫是明、清两朝皇帝的宫廷。明朝先后有14位皇帝在这里居住，清朝有10位皇帝在这里居住。故宫占地面积72万平方米，建筑面积15万平方米，有房屋9000多间，周围的围墙周长3400多米，围墙外还修有护城河。从整个建筑布局来看，故宫可分为前后两个部分：前部分称"外朝"，主要建筑有"三大殿"，即太和殿、中和殿、保和殿。三大殿两侧是文华殿和武英殿。"外朝"是皇帝举行重大典礼和发布命令的地方。"外朝"后面部分是"内廷"，也叫"后廷"。这一部分的主要建筑有乾清宫、交泰殿、坤宁宫和御花园。内廷的东西两侧是东六宫和西六宫，是皇帝处理政务和后妃们居住的地方。故宫这处宏伟华丽的古代宫廷建筑群，充分显示了我国古代宫殿建筑艺术的高超水平。

1）宫殿布局

（1）严格的中轴对称。为了表现君权受命于天和以皇权为核心的等级观念，故宫宫殿建筑采取严格的中轴对称的布局方式。中轴线上的建筑高大华丽，轴线两侧的建筑低小简单。这种明显的反差，体现了皇权的至高无上；中轴线纵长深远，更显示了帝王宫殿的尊严华贵。代表专制皇权的主要建筑都集中在紫禁城的中轴线上，其中最主要的太和殿又处于前朝的中心位置。从建筑本身上看，太和殿在整座紫禁城中体量最大，用的是最高等级的重檐庑殿式屋顶、最高等级的金龙与玺式彩画和最讲究的菱花槅扇门窗，充分体现了皇权为中心，皇权第一的思想。

紫禁城的大门午门正面在城墙上开了三个门，左右侧面又各开一门，称左右掖门。为什么要开五个门呢？因为它们各有各的用处。中间大门是专供皇帝出入紫禁城用的；除皇帝外，皇后在成婚时可以从此门入宫；经过皇帝金殿御试，中了状元、榜眼、探花的头三名也可以经此门出宫，但只

（故宫太和殿）

许走一次。正面的东门是为文武百官出入用的；正面的西门是供皇家的王公出入的。东西两侧的掖门，在皇帝升殿会见诸侯群臣时，文官出入东掖门，武官出入西掖门；举行殿试时，赴考的各地进士，按名次排列，单数走东掖门，双数走西掖门。一座皇城的大门，在使用上就体现出了森严的等级制度。

（2）左祖右社，或称左庙右社。在中国的礼制思想中，有一个重要内容是崇敬祖先，提倡孝道，祭祀土地神和粮食神。有土地才有粮食，"民以食为天"、"有粮则安，无粮则乱"，风调雨顺，国泰民安，这是人所共知的，

（故宫午门）

(故宫太庙)

天经地义。左祖右社,就体现了这些观念。

所谓"左祖",是在宫殿左前方设帝王祭祀祖先的地方——祖庙,因为是天子的祖庙,故称太庙;明清两代每逢新皇帝登极,或有亲政、大婚、上尊号、徽号、万寿、册立、凯旋、献俘、奉安梓棺、每年四孟(孟春、孟夏、孟秋、孟冬)及岁暮大袷等等大事,均需告祭太庙。

所谓"右社",是在宫殿右前方设社稷坛,社为土地,稷为粮食,社稷坛是帝王祭祀土地神、粮食神的地方。古代以左为上,所以左在前,右在后。历代帝王自称受命于天,将自己比作"天子",认为代表土地和五谷的社稷是国家构成的基础,因此

(故宫社稷坛)

现代中文中还有"江山社稷"一词。皇帝在每年春秋仲月上戊日清晨要在社稷坛举行大祭，如遇出征、班师、献俘等重要的事件，也在此举行社稷大典。

（故宫乾清宫）　　　　　　（故宫交泰殿）

（3）前朝后寝。这是宫室（或称宫殿）自身的布局。大体上有前后两部分，一墙之隔，"前堂后室"，即"前朝后寝"。前朝部分主要有太和、中和、保和三座大殿，其中最主要的是太和殿，它是国家举行重大典礼的地方。每逢皇帝登位、做寿、结婚、军事出征，以及新年、中秋等重大节日，皇帝就在这里接受百官朝贺，颁布命令，所以太和殿是整座紫禁城的中心。从天安门经午门到太和殿，需要经过几重殿门，几重广场，这些殿门和广场在体量和形式上都有变化，广场由狭长到宽广，由小到大；殿门也是大小相间。用以衬托出太和殿的重要地位。

在建筑的安置上，中国古代喜欢把重要的建筑建在高的台基上以显示它们的威势，所谓"高台榭，美宫室"，就是这个意思。太和、中和、保和三座大殿共同建在一个台基之上，台基有三层，共高8.17米。另外，在广场两侧有两座配殿及其他的房屋相围，它们的体量

（故宫御花园）

都比三大殿小，都建在比较低矮的台基上，从而更加突出了太和殿的显赫位置。

后寝部分的房屋类型比前朝的多，这里有供皇帝日常办公的用房，皇帝、皇后、皇太子、皇妃、皇太后等人居住用房和供他们游乐的建筑及服务性用房。在规划上可以明显地看到把皇帝办公和居住的宫殿即乾清宫、交泰殿、坤宁宫安排在中轴线上，其他建筑分列左右。

东西各六宫供皇妃居住，东西五所是皇太子住地；东有祭祖先的斋宫，西有拜佛诵经的佛堂；还有专供皇族游玩的御花园，供皇帝退位当太上皇时使用的宁寿宫，等等。这些大大小小的建筑群之间都有通道相联系，它们排列在中轴线的两边，多而不乱，显得很有次序。

2）殿外陈设

（1）华表。华表是古代设在宫殿、城垣、桥梁、陵墓前作为标志和装饰用的大柱。设在陵墓前的又名墓表。一般为石制，柱身通常雕有蟠龙等纹饰，上为方板和蹲兽。华表高高竖立于皇宫或帝王

陵园之前，既是皇家建筑的特殊标志，体现了皇家的尊严，又给人以美的享受。

华表起源于墓碑（木制），后来人们将木柱竖于交通要道，作为识别道路的标志，故称"华表木"或"恒表"。不久，君主又让人们在上面刻写意见，称其为"诽谤木"（古代"诽谤"一词是中性词，指责过失的意思）。随着原始社会的瓦解，奴隶制度、封建制度社会相继建立，已经不允许人们在"诽谤木"上刻写"谏言"，于是，它就演变为刻上云龙纹的华表。

（2）石狮。古代宫殿大门前都有一对石狮（或铜狮），石狮（或铜狮）既有辟邪的作用，又因为狮子是兽中之王，还有显示"尊贵"和"威严"的作用。按照中国文化的传统习俗，成对石狮为一雄一雌，位置上是左雄右雌。另外，还可以从狮爪所踩之物来辨别雄雌。

（雄狮）  （雌狮）

爪下为球,象征着统一寰宇和无上权力,必为雄狮;爪下踩着幼狮,象征着子孙绵延,必定是雌狮。

(3)日晷。即日影,它利用太阳的投影和地球自转的原理,借指针所生阴影的位置来显示时间。

(4)嘉量。它是我国古时的标准量器。全套量器从大到小依次为:斛、斗、升、合、龠。含有统一度量衡的意义,象征着国家的统一和强盛。

(日晷)

(5)吉祥缸。置于宫殿前盛满清水以防火灾的水缸,有的是铜铸的,古代称之为"门海",以比喻缸中水似海,可以扑灭火灾,故又被誉为吉祥缸。每年冬天在缸外套上棉套,覆上缸盖,下边石座内燃炭火,以防止冰冻,直到天气回暖时才撤火。

(6)鼎式香炉。有盖为鼎,无盖为炉,是古代的一种礼器,举行大典时用来燃檀香和松枝。

(7)铜龟、铜鹤。龟和鹤是中国文化中的神灵动物,用来象征长寿,庆贺享受天年。最有名的被称之为龙头龟、仙鹤。

在严格遵循着封建等级礼制的社会,象征古代帝王至高无上权威的宫殿建筑最终反映出的实际上是古人对上天的敬畏。

(嘉量)

（吉祥缸）  （鼎式香炉）

几千年来，一个个在人世间拥有至高无上的权力的帝王在建造这个国家最重要的建筑——王宫或皇宫的时候，第一个想到的就是如何遵从上天定出的规矩。所以几千年来，中国古代宫殿形式几乎没有什么变化，而所做出的变化也都是在建筑细节上，因为"天道"是永恒不变的。其实不只是宫殿建筑，所有古代的建筑都体现了古代人对天道的敬畏、精神信仰和人文环境，值得我们后人去体会。

（铜龟）  （铜鹤）

2. 富贵园林——奇山异石法自然

早在商周时期，我们的先人就已经开始了利用自然的山泽、水泉、树木、鸟兽进行初期的造园活动。最初的形式为囿，周武王就曾建"灵囿"。囿是指在圈定的范围内让草木和鸟兽滋生繁育，并挖池筑台，供帝王和贵族们狩猎、享乐。春秋战国时期的园林中已经有了成组的风景，既有土山又有池沼或台，还构亭营桥，种植花木。园林的组成要素都已具备，不再是简单的囿了。秦汉时期出现了以宫室建筑为主的宫苑，秦始皇建上林苑，引渭水作长池，并在池中筑蓬莱山以象征神山仙境。魏晋南北朝时期是中国园林发展中的转折点，此时，佛教的传入及老庄哲学的流行，使私家园林逐渐增加。"园林"一词，就出现在西晋以后的诗文中，如西晋张翰《杂诗》有"暮春和气应，白日照园林"句。唐宋时期园林达到成熟阶段，官僚及文人墨客自建园林或参与造园工作，将诗与画融入园林的布局与造景中，反映了当时社会上层地主阶级的诗意化生活要求。另外，唐宋写意山水园林在体现自然美的技巧上取得了很大的成就，如叠石、堆山、理水等。明清时期，园林艺术进入精深发展阶段，无论是江南的私家园林，还是北方的帝王宫苑，在设计和建造上都达到了高峰。现代保存下来的园林大多属于明清时代，这些园林充分表现了中国古代园林的独特风格和高超的造园艺术。

1）造园艺术

古代园林的造园艺术主要是"师法自然"，它包含两层内容：一是总体布局、组合要合乎自然。山与水的关系以及假山中峰、涧、坡、洞各景象因素的组合，要符合自然界山水生成的客观规律。二是每个山水景象要素的形象组合要合乎自然规律。如假山峰峦是由许多小的石料拼叠合成，叠砌时要仿天然岩石的纹脉，尽量减少人工拼叠的痕迹。水池常作自然曲折、高下起伏状。花木布置应是疏密相间，形态天然。乔灌木也是错杂相间，追求天然野趣。

（1）筑山

筑山是造园的最主要因素之一。秦汉的上林苑中，用太液池所挖土堆成岛，象征东海神山，开创了人为造山的先例。东汉梁冀模仿伊洛二峡，在园中累土构石为山，从而标志着造园艺术从对神仙世界的向往，转到以现实生活作为创作的起点，专心对自然山水模仿的阶段。魏晋南北朝的文人雅士们，采用概括、提炼手法，所造山的真实尺度大大缩小，力求体现自然山峦的形态和神韵。这种写意式的叠山，比自然主义模仿大大前进一步。唐宋以后，由于山水诗、山水画和玩赏艺术的发展，则更为讲究叠山艺术。最典型的例子便是爱石成癖的宋徽宗，他所筑的艮岳是历史上规模最大、结构最奇巧的以石为主的假山。明代造山艺术趋于成熟。明计成在《园冶》的"摄山"一节中，列举了园山、厅山、楼山、阁山、书房山、池山、内室山、峭壁山、山石池、金鱼缸、峰、峦、岩、洞、涧、曲水、瀑布等17种形式，总结了明代的造山技术。清代造山技术更为发达和普及。清代造园家创造了穹形洞壑的叠砌方法，用大小石钩带砌成拱形，顶壁一气，酷似天然。比明代以条石封合收顶的叠法合理得多、高明得多。

叠山的另一个目的是为了障景。障景是为了不使园景一览无余地全部呈现出来，而是把一个园子划分成几个既分割又有联系的景区。游览时，会使人产生错觉或者悬念，就像是一场戏剧，有序幕，有高潮，有尾声，中间用障景隔住，随着游览的脚步，依次过渡展开，给人以好戏还在后头的悬念。许多名园都是走进园门并不宽敞，经常是绕了几个景区才能达到高潮，一些最开阔、最能使人赏心悦目的景致，总是在游览者意料不到的时候忽然出现。人们称赞中国园林时常常引用"山重水复疑无路，柳暗花明又一村"这两句诗，就是指这种环境过渡所营造的情境。

苏州留园是中国园林障景艺术的代表。走进留园，门内是不太大的门厅，四面只见走廊，中间一方天井，廊壁间开有许多漏窗，窗外看不到什么惹人的景色，几经曲折，才从廊的尽头漏窗中窥见园景一角。这种入园的安排，园园相似，但又巧妙不同。再如，《红楼梦》第十七回"大观园试才题对额，荣国府归省庆元宵"中有许多描写都是说的障景，如进园门后："只见一带翠障，挡在面前。众清客都道：'好山、好山！'贾政道：'非此一山，一进来，园中所有之景悉入目中，更有何趣？'"这座翠障，便是大观园门内以假山设置的障景。

（2）理池

无水不活，理池也是造园的最主要因素之一。不论在哪一种类型的园林里，水都是最富有生气的因素。自然式园林以表现静态的水景为主，以表现水面平静如镜或烟波浩渺的寂静深远的境界取胜。人们或观赏山水景物在水中的倒影，或观赏水中怡然自得的游鱼，或观赏水中芙蕖睡莲，或观赏水中皎洁的明月……自然式园林也表现水的动态美，但不是喷泉和规则式的台阶瀑布，而是自然式的瀑布。

古代园林理水之法，一般有三种：

掩：以建筑和绿化将曲折的池岸加以掩映。临水建筑，除主要厅堂前的平台，不论亭、廊、阁、谢，皆前部架空挑出水上，水犹似自其下流出，用以打破岸边的视线局限；或临水布蒲苇岸、杂木迷离，造成池水无边的视角印象。

隔：或筑堤横断于水面，或隔水建净廊以渡，或架曲折的石板小桥，或涉水点以步石，正如计成在《园冶》中所说，"疏水若为无尽，断处通桥"。如此则可增加景深和空间层次，使水面有幽深之感。

破：水面很小时，如曲溪绝涧、清泉小池，可用乱石为岸，怪石纵横、犬牙交错，并植配以细竹野藤、朱鱼翠藻，那么虽是一洼水池，也令人似有深邃山野风致的审美感觉。

（3）植物

植物是造山理池不可缺少的因素。花木犹如山峦之发，水景如果离开花木便没有了美感。自然式园林着意表现的是自然美，选择花木时，一讲姿美，树冠的形态、树枝的疏密曲直、树皮的质感、树叶的形状，都追求自然优美；二讲色美，树叶、树干、花都要求有各种自然的色彩美，如红色的枫叶，青翠的竹叶、白皮松，斑驳的粮榆，白色的玉兰，紫色的紫薇等；三讲味香，要求自然淡雅和清幽。

最好四季常有绿，月月有花香，其中尤以腊梅最为淡雅、兰花最为清幽。花木对园林山石景观起衬托作用，又往往和园主追求的精神境界有关。如竹子象征人品清逸和气节高尚，松柏象征坚强和长寿，莲花象征洁净无暇，兰花象征幽居隐士，玉兰、牡丹、桂花象征荣华富贵，石榴象征多子多孙，紫薇象征高官厚禄等。

古树名木对创造园林气氛非常重要。古木繁花，可形成古朴幽深的意境。所以如果建筑物与古树名木矛盾时，宁可挪动建筑以保住大树。计成在《园冶》中说："多年树木，碍箭檐垣，让一步可以立根，研数桠不妨封顶。"构建房屋容易，百年成树艰难。除花木外，草皮也十分重要，或平坦或起伏或曲折的草皮，也能令人陶醉于向往中的自然。

2）诗意私园

私家园林的出现稍晚于皇家园林。最早见于记载的私家园林性质的两个园子都在西汉时代。其中一个叫兔园，是汉武帝的叔叔梁孝王刘武的私园，园中有石堆的假山，有平地开掘的池塘，还有许多宫观分布园中，完全像是皇家园林的样子。另一座园子是大富商袁广汉的园子。袁广汉是有家童八九百人的百万富翁，他的园子东西宽四里，南北长五里，石头堆起的假山高十多丈，连绵数里，还有高阁长廊。园内养了许多珍禽怪兽，奇花异草，在园内走半天，也不能游遍，和皇家园林相比，只有大小的区分，内容上没有什么明显的差异。

从这两个园子的规模来看，远比现存的私家园林要大得多，也豪华得多。据说，袁广汉的园子后来被汉武帝没收了，如果真如此，说明皇家园林规制森严，不允许民间有所超越。这和后来一些私家园林因假山太高怕逾制招来杀身之祸，筑成又拆低的传说是一致的。

清代乾隆时的权相和珅被嘉庆治死的罪状之一，就是在他的私园中出现了模仿皇家园林中的景物。后世私家园林风格朴素、建筑不彩绘、高度受一定限制等等，除去财力达不到以外，恐怕更主要的就是受到规制的约束。在这样的约束下，私家园林走向另外一条发展的道路，这便是构造寄情山水、追求隐逸、藏多露少、外卑内宏的格局。当私家园林在这一条道路上发展到相当成熟的阶段时，反过头来又影响到皇家园林的建造，清代皇家园林中就出现了许多模仿私家园林的园中之园。

隋唐时期，私家园林和风景园林都有了发展。山庄形式的私园不断出现在自然山水之间。以诗中有画、画中有诗而著名的画家、诗人王维的辋川别墅，就是景点众多、花木繁盛并可以经营的庄园。这座位于长安郊外的别墅，其前身是另一位大诗人宋之问的蓝田山庄，经过两位诗人的营建，再加上他们以这里景物为题材而咏唱的诗篇，不但声名远播，而且和众多的自然山水园一起成为当时和后世造园的向往模式。

中国古典园林是建筑、山池、园艺、绘画、雕刻以至诗文等多种艺术的综合体。不论是封建帝王还是官僚地主，他们既贪图城市的优厚物质享受，又想不冒劳顿之苦寻求"山水林泉之乐"。因此，他们的造园，除了满足居住上的享乐需要外，更重要的是追求幽美的山林景色，以达到身居城市而仍可享受山林之趣的目的。勤劳、智慧的古代人，以人工的力量来建造自然的景色，达到了"虽有人作，宛自天开"的艺术境界。

第二章　平民院落

　　与皇家建筑一样，古代百姓居住的院落同样也是方方正正的，也有前院、后院之别，恰如其分地体现了"长幼有序，内外有别"的古代思想核心。现在的人习惯称一般的院落为"四合院"，四合院有大小之分，小四合院就是一个简单的四四方方的院子；大四合院有两进、三进、四进之分，越是家族庞大人口众多的富贵人家，庭院越广越深。

　　四合院在建筑上有一套固定的规格：北面是正房，东西是厢房，南面是倒座，东西南北四面都是房子，中间是天井，整体由廊子贯通。坐北朝南，北边的就是正房，南边是南厢房，东边的叫东厢房，西边的叫西厢房。普通民宅的布局以三间最为普遍，民间俗称"三间大瓦房"、"明三暗五"。大户人家在三间的基础上设置了前后院及不同的房间，各房间与院落组成了一个完善的房宅体系，这个体系充分体现了秩序井然的家的概念。在这个房宅体系中，院落里面南向的房屋为尊，东西两侧的房屋次之，面北者为卑。长辈住正房，又称上房，晚辈居两厢偏房。还有"明堂暗屋"之说，明堂为活动场所，暗屋为起居生活之所；明堂宽敞明亮，暗屋幽暗自闭，形成鲜明的对比。

1. 规格理念——断瓦垂檐照西厢

　　大四合院一般是正房五间或七间，屋里有木隔断或落地罩，也有的正房和厢房带廊子。五间的是三间正房两间耳房，耳房单开门。七间的，在正房和耳房之间，有两个与正房相通的套间儿。东西厢房各三间，厢房和耳房之间，有过道儿，可通后院。东西厢房的南边，有一道院墙，把院子隔成里外院。院墙的正中间有月亮门儿，月亮门儿的后边立一个影壁。外院，东西各有鹿顶一间或两间。鹿顶的房子比厢房稍小一些，用做厨房或是仆人们住。南房七间的格局，尽东头儿的一间是大门洞儿，大门西边的一间是门房儿，房门开在大门洞的西山墙。尽西头儿的一间做车房或是做旁门。

　　小四合院布局简单，一般是北房三间，分成一明两暗或是两明一暗。东西厢房各两间，南房三间，都是卧砖到顶、起脊的瓦房，

清水脊的门楼儿，两扇对着关的街门，各有一个小铁环儿，用来敲门。

老式中国家庭居住在四合院时，老人住正房（上房），中间为大客厅（中堂间），长子住东厢，次子住西厢，佣人住倒座房，女儿住后院，互不影响。大四合院的正房是前廊后厦，后有罩房。东西厢房南边的花墙子中间有一座垂花门，门内是四扇木屏风，东西厢房都有抄手游廊，与垂花门相通。正房与厢房之间，有圆月亮门儿，可以穿行。外院，东西各有一道花墙，中间是月亮门儿，四扇绿油漆的木屏风，红斗方字，东边的是"动壁图书"，西边的是"西园翰墨"。可以从这个门儿跨到院里去，南房有穿山游廊。如此布局，形成了东西南北互相连通的几个院落。

四合院结构严整、对称，设计中融入封建宗法理念，展现了传统社会长幼有序、上下有分、内外有别的伦理秩序。在家族制度基础深厚的中国，四合院标榜尊崇共同的祖先，维系亲情，并凸现宗族成员在宗族内的不同地位。同一宗族的人有共同的祖先，共同的住所，共同的墓地。因而，四合院作为这种宗法制的外在表现形式，无疑进一步强化了宗族内部的凝聚力，有利于宗族社会的团结与稳定。如果说这种宗法制度是维系中国封建社会传承千年的精神支柱，那么四合院则可说是这种思想理念的物质家园。

2. 独特设计——匠心独运巧安排

1）门墩儿

门墩儿就是摆放在四合院大门门楼两端的枕石，用来支撑正门的门槛、门框和门扇。枕石的门内部分是承托大门的，门外部分往往雕以鸟兽花饰，又叫抱鼓石。

门墩儿的表面雕刻有人物、草木、动物等精美的图案，工艺精湛，素朴自然。这些图案充分借助谐音、象征、暗喻等表现手法，表达人们期盼长寿、富贵、顺利、夫妻美满、家族兴旺等美好心愿。如：

九世同居："狮"和"世"谐音，雕九只狮子的图案的寓意是家室和睦、源远流长，表达对合家团聚、同堂和睦的祝愿。

连年有余："鱼"和"余"、富裕的"裕"谐音，雕"莲"和"鱼"的图案既象征吉祥富裕、美好，也象征着"连年有余"。

岁岁平安：雕刻一只插有结穗植物（如稻、稗）的花瓶，旁边再雕上一只鹌鹑。"穗"与"岁"，"瓶"与"平"，"鹌"与"安"谐音，表示年年平安。

2）门楼

门楼是四合院的脸面，代表宅院主人的身份、喜好。民间有句谚语："高台阶儿，红门楼儿，石门墩儿，碎砖头儿。"这就是古代京城一条胡同的写照。所以门的建造很讲究，官宦商贾府邸的门楼，一般都较豪华，雕饰富美。但不管门楼豪华也好，简单也罢，都建在前院的东南角而不是正中间，这是什么原因呢？有两种解释，一是宋代以来风水学的影响。按照八卦中"巽卦"的方向开门，采取"坎宅巽门"的意义，巽指东南，向东南角开门以取吉利。民宅建门楼以西北为乾，东南为坤，乾坤都是最吉利的方

位。风水先生一般在找到正南方向后，稍往东偏，然后再根据房主的生辰八字来决定偏离多少度，这叫"抢阳"。不言而喻，这是为了使阳光尽早地照进门窗，民间还有个吉利的说法叫"横财到手"。二是体现了封建社会老百姓对皇权尊荣与威严的遵从。因为面南坐北代表尊位，只有皇宫贵族才配面向正南，普通百姓地位卑微，因而门楼不能开在南北中轴线上。

门楼下的大门有内外两扇门，也直接代表着主人的品第等级和社会地位，所谓"门第相当"、"门当户对"，就是这个意思。因此，人们对大门的形制和等级是非常重视的。北京四合院住宅的大门，从建筑形式上可分为两类，一类是由一间或若干间房屋构成的屋宇式大门，在结构及装饰方面比较讲究；另一类是在院墙合拢处建造的墙垣式门，在结构及装饰方面相对简单。设屋宇式大门的住宅，一般是有官阶地位或经济实力的社会中上层阶级；设墙垣式门的住宅，则多为社会下层普通百姓居住。屋宇式大门又分王府大门、广亮大门、金柱大门、蛮子门、如意门等级别。两扇大门上往往都会安装一副六角形铜制或铁制的门钹。来访者必须叩打门钱上的门环，候主人出来迎接时才能进宅，未经主人同意即便大门敞开着也不能入内，否则被视为破门而入；即便不会遭到主人的斥责或拒绝接见，也会被认为是极不文明礼貌的行为，这是民间习俗所忌讳的。此外，在大门上槛部位还常嵌有雕刻着吉祥如意字样的木质六角形门簪，象征着幸福吉祥、万事如意。

3）垂花门

垂花门是四合院中一道很讲究的门，它是内宅与外宅（前院）的分界线和唯一通道。前院与内院用垂花门和院墙相隔。前院，外人可以到南房会客室与主人会面；而内院则是自家人生活起居的地方，外人一般不得随便出入，这条规定就连自家的男仆也必须执行。旧时人们常说的"大门不出，二门不迈"，"二门"即指垂花门。垂花门是装饰性极强的建筑，向外一侧的梁头常雕成云头形状，称为"麻叶梁头"。在麻叶梁头之下，有一对倒悬的短柱，柱头向下，头部雕饰出串珠、莲瓣、花萼云或石榴头等形状，酷似一对含苞待放的花蕾，这对短柱称为"垂莲柱"，垂花门名称的由来大概就与这对特殊的垂柱有关。两垂柱之间常有精美的雕饰，题材有"子孙万代"、"岁寒三友"、"福禄寿喜"、"玉棠富贵"等。这些精美的雕刻有装点美化的作用，寄托着房宅主人对美好生活的憧憬。因垂花门的位置在整座宅院的中轴线上，界分内外，建筑华丽，所以是全宅中最为醒目的地方。垂花门的特色之一是占天不占地，因此垂花门内有一很大的空间，给家庭主妇与女亲友的话别提供了极大的方便。

此外，垂花门有两个通用功能：第一是屏障作用，这是垂花门的主要功能。为了保证内宅的隐蔽性，在垂花门向内一侧的两根柱间再安装一道门，这道门称为"屏门"。这道门一般情况下都是关闭的，只有家族中有重大仪式，如婚、丧、嫁、娶时才打开，人们进出二

门时，不通过屏门，而是走屏门两侧的侧门或通过垂花门两侧的抄手游廊到达内院和各个房间。垂花门的这种功能，充分起到了既沟通内外宅，又严格地划分空间的特殊作用。第二是防卫功能。在垂花门向外一侧的两根柱间安装着第一道门，这道门比较厚重，与街门相仿佛，名叫"棋盘门"，或称"攒边门"，白天开启，供人们通行；夜间关闭，有安全保卫作用。

  垂花门是四合院内的一个重要建筑，它以端庄华丽的形象成为四合院的外院与内宅的分水岭。垂花门一般都在外院北侧正中，与临街的倒座南房中间那间相对，一般都建在三层或五层的青石台阶上，两侧则为磨砖对缝精致的砖墙。垂花门与四合院中十字甬路、正房一样，同在一条南北走向的主轴线上，并最先展示在客人面前。进内宅后的抄手游廊、十字甬路均以垂花门为中轴而左右分开。

  4）抄手游廊

  抄手游廊是中国传统建筑中走廊的一种常用形式，多见于四合院中，它与垂花门相衔接，连接和包抄垂花门、厢房和正房，雨雪天可方便行走。

抄手游廊的名字是根据游廊线路的形状而得名的。一般，抄手游廊是进门后先向两侧，再向前延伸，到下一个门之前又从两侧回到中间。在院落中，抄手游廊都是沿着院落的外缘而布置的，形似人抄手（将两手交叉握在一起）时，胳膊和手形成的环的形状，所以叫抄手游廊。抄手游廊是开敞式附属建筑，既可供人行走，又可供人休憩小坐，观赏院内景致。

5）耳房

耳房是正房两侧一间或两间进深、高度都偏小的房间，如同挂在正房两侧的两只耳朵，故称耳房。如果每侧一间耳房，两侧共两间即称"三正两耳"。如果每侧两间，两侧共四间耳房则称"三正四耳"。小型四合院多为"三正两耳"，中型四合院为"三正四耳"。在四合院中，正房两侧可建耳房，厢房也可设耳房。有的耳房的屋顶是平顶，称为"盝顶"。

6）影壁

影壁也称照壁，古称萧墙，"祸起萧墙"的成语典故也由此而来。

影壁是中国传统建筑中用于遮挡视线的墙壁。旧时人们认为自己的住宅中会不断有鬼来访。如果是自己祖宗的魂魄回家是被允许的，但是如果是孤魂野鬼溜进宅子，就要给自己带来灾祸。如果有影壁的话，鬼看到自己的影子，会被吓走。当然，影壁也有遮挡外人视线的功能，即使大门敞开，外人也看不到宅内。它的另一个功能便是可以烘托气氛，增加住宅气势。

四合院常见的影壁有三种：第一种位于大门内侧，呈一字形，叫作一字影壁。大门内的一字影壁有独立于厢房山墙或隔墙之外的，称为独立影壁。如果在厢房的山墙上直接砌出小墙帽并做出影壁形状，使影壁与山墙连为一体的，则称为座山影壁。第二种是位于大门外面的影壁，这种影壁坐落在胡同对面，正对宅门，一般有两种形状，平面呈"一"字形的，叫一字影壁；平面成梯形的，称雁翅影壁。这两种影壁或单独立于对面宅院墙壁之外，或倚砌于对面宅院墙壁，主要用于遮挡对面房屋和不甚整齐的房角檐头，使经大门外出的人有整齐美观愉悦的感受。第三种影壁位于大门的东西两侧，与大门槽口成120度或135度夹角，平面呈八字形，称作"反八字影壁"或"撇山影壁"。做这种反八字影壁时，大门要向里退2至4米，在门前形成一个小空间，可作为进出大门的缓冲之地。在反八字影壁的烘托陪衬下，宅门显得更加深邃、开阔、富丽。影壁分为上、中、下三部分，下为基座，中间为影壁心部分，影壁上部为墙帽部分，仿佛一间房的屋顶和檐头。影壁与大门有互相陪衬、互相烘托的关系，二者密不可分。它虽然是一座墙壁，但由于设计巧妙，施工精细，在四合院入口处起着烘云托月、画龙点睛的作用。

7）天井

天井即四面有房屋、或三面有房屋另一面有围墙、或两面有房屋另两面有围墙时中间的空地，是南方房屋结构中的组成部分。一般在单进或多进房屋中，前后正间中，两边为厢房包围，宽与正间同，进深与厢房等长，地面用青砖铺嵌的空地，因面积较小，光线为高屋围堵，显得较暗，状如深井，故名。不同于人们所说的院子。

3. 建造习俗——良辰上梁集千祥

1）选址

按中国传统的风水学说，民间住宅环境选择的理想模式是地基宽平，背山依水，向阳避风，交通方便，景色优美。为了达到一种心理平衡，求得精神上的慰藉，主家在建宅之前都要请阴阳先生来测定吉凶，择宅址，定朝向，旨在躲开"生、死、病、灾、绝"五个不祥之字。若实在不好避开这五字，在建宅时就要增加门楼前台阶的层数来冲去不吉利。阴阳先生还要为宅主测算出开工、上梁及乔迁的时辰。

2）破土动工

古代人认为破土是一件极严肃之事，必须敬拜土地神。在破土动工的前一天，宅主全家要素斋一天，甚至还要沐浴、更衣。家庭殷实的还要请僧、道诵经。同时，要备好敬神所需的供品。破土动工当天，主家要在宅基前清整出一小块干净的场地，摆好香案，上置 5 个装满硬皮点心、苹果、香蕉等鲜货及鱼、肉等供品的碗碟，点燃香烛。这时，宅主先跪拜三次，领工及众工匠随之依次跪拜三次，谓之"敬神"、"谢神"，祈求土地神保佑建房顺利。之后，要燃放鞭炮，以求开工大吉。同时，领工还要唱《动工歌》。领工唱完之后，宅主和领工用铁锨象征性地挖几锨土，众工匠要分食敬神的供品，以图吉利。至此，谢神仪式才宣告完成，可以动工了。

3）打夯砌墙

打夯，是将房屋墙基地夯实。首先要用钎探检查地下有无石头。古人认为房屋下埋石头是不吉利的，故要先将宅基下残存的碎石刨捡出。然后，由领工在宅地上画出所盖房屋的边线，粗夯地基。之后在边上挖一条槽，俗称"挑槽"，槽挖好后再一层一层地填土夯实。这时宅主要在房屋的四至（即四个边角）处布下厌胜钱。此物是人们用以求吉避灾的物品。普通家庭用铜钱，富户人家用银锞，以双数为吉，谓之"金钱窝"，以此祈求家族或家庭财源茂盛，人丁兴旺，避灾趋吉。这是具有巫术性质的仪式，旨在讨好、驱避鬼祟。当然，如果主家对工匠们招待不周，他们也往往使用厌胜术，通常用纸剪成牛头马面人身的剪影埋于地基下，对主家施行报复。

4）上梁

上梁是建造仪式中最隆重最重要的一项内容。四合院建筑讲究四梁八柱，以木结构的梁架承重整个房屋顶部的重量，有"墙倒屋不塌"之说。为此，人们对维系着房屋安全的大梁格外重视。一方面对大梁所用的木材的选择有严格的规定，如只许用杉、松、榆等树材，最忌用桑树材，因有"头不顶桑，脚不踏槐"之说。这是因"桑"与"丧"字谐音所致。另一方面，上梁标志着建房将大功告成，所以绝不可以马虎从事。因而，主家要请阴阳先生算定好上梁的良辰吉日，通常是在上午举行，以正午十二点时完成上梁工序为最佳。

上梁前，主家要为亲朋好友和邻居家送直沽高粱酒，谓之"上梁酒"，取"良久"、"长久"之意，以此祈求邻里和睦，亲朋多方关照。凡收到上梁酒的亲朋邻里也都要携礼物前来祝贺，主家一般都要摆酒席招待来宾，大梁要事先画好八卦图案并用红布或红纸盖严实，上面贴"上梁大吉"等吉庆联语。

（上梁用八卦图）

上梁时，主家要包3个装有酬金的红包给领工，事后再由领工将酬金分给手下的木匠和泥瓦匠。往上吊梁时，木匠要手拿方尺，据说可以避五鬼侵扰。工匠们分站在两边梁架上，随着领工吆喝"起"时，慢慢吊起主梁，并对唱上梁歌，围观的亲朋好友要不断喝彩，直到大梁落稳放好为止。这时，鞭炮齐鸣，上梁仪式结束。这一天，闻风而来的乞丐们也会纷纷伴唱上梁喜歌，以讨主人欢心，多得赏钱。这个时候，主家特别盼望和欢迎乞丐的到来，视为吉兆。

大梁上好后，工匠们要马不停蹄地迅速进行贯椽。贯椽时讲究根部都朝下，椽不能压脊檩的中点。除此以外，对椽所使用的木材也有严格的要求，不能用槐树、桑树、枣树等树材，以避免晦气。贯椽后便要在椽上钉连檐，连檐的接口不可以与门正中相对或与对面房子的门相对。主家这时一定要备好捞面或设酒宴款待众工匠及帮工的亲朋好友。

第三章　厅堂布置

古代人在家里面活动最多的地方莫过于厅堂，厅堂就像现代的客厅一样，既可以招待外来的客人，又可以当作家庭成员开会的会议室。任意走入一户人家的厅堂，最显眼的莫过于屏风，它既能挡风又兼有礼仪的作用，厅堂最内侧的正中摆放的是八仙桌，以八仙桌为中心，两侧放置的是太师椅，沿着太师椅构筑的通道两边或多或少摆放着几对用来招待客人落座的四方椅和小案几。略微富庶一些的人家里，在厅堂两边的墙壁旁还立有放置古玩摆设的"博古架"，为单调的厅堂布置增添了一丝生动趣味。

1. 屏风拾遗——云母屏风烛影深

屏风历来是我国室内的主要器具之一，它是用于挡风或起遮蔽作用的。其出现于商周时期，当时称为"邸"或"扆"，亦写作"依"，即设在户牖之间的屏风。《辞海》上载有"黼扆"、"斧扆"、"斧依"，都是一个意思，指的是古代帝王使用的屏风，因上有斧形花纹，故名。屏风只有贵族家庭才有资格使用，是权势、地位的象征。"屏风"之名最早见于春秋战国时期，《史记·孟尝君列传》记载："孟尝君待客坐语，而屏风后常有侍史，主记君所与客语。"至唐朝，屏风的使用已十分普遍，其中应用镶嵌、书画工艺的屏风为宫廷所用，素屏风则流行于民间。有一种较大的屏风，专为挡门起遮蔽作用，位置相对固定，名曰"树"。《尔雅·释宫》："屏，谓之树。"《礼记·杂记下》："树，屏也，立屏当所行之路，以蔽内外也。"也有把屏风称为"塞门"或"萧墙"的。

我国古代建筑大都是土木结构的院落形式，为了挡风，古人开始制造屏风这种家具。除了挡风之外，屏风还是建筑物中可以移动的精巧隔断，有的在床后安置屏风，亦作倚靠或挂置什物之用。后汉李尤的《屏风铭》有这样一段："舍则潜避，用则设张。立必端直，处必廉方。雍阏风邪，雾露是抗。奉上蔽下，不失其常。"它正确地道出了屏风的特征和功用。紫禁城太和殿（俗称金銮殿）正中的宝座上，设有雕龙髹金大椅，椅后摆着雕龙髹金屏风。这样陈设，不仅可以御风，又能增加御座的庄重肃穆气氛。由于屏风常摆设在室内明显的位置上，人们在屏风本身的美化和装饰上下过许多功夫，因此它逐渐发展成为我国传统的具有实用价值的著名手工艺品之一。

1）各式屏风

屏风有很多的样式，其中多分为挂屏、台屏、插屏、围屏、座屏这几类。

（1）挂屏

这个种类的屏风出现在清初，大多代替画轴挂在墙上，纯粹作为装饰品。一般是成套使用，四扇称四扇屏，八扇称八扇屏；也有中间挂一扇，旁边挂对联的。这种陈设

（挂屏）

在清代雍乾时期极为盛行，尤其是木雕屏风遍及皇帝与后妃的寝宫。明代前，屏风以实用为主，而挂屏与已经脱离了家具的范围，直接成为了装饰品与陈设品。

（2）台屏

台屏的形制与独扇式座屏相同而形体较小，是经常被放在几案上的陈列、观赏用小屏风，屏心常见的是大理石和嵌瓷片等。而放在砚旁的屏风，以玉、石、漆木为多。台屏包括支架以及与支架相连的带框屏面。支架上有花纹，屏面上则是文字和类似锦绣山河或人物佛像之类的屏面。

（3）插屏

一般是独扇，多以浮雕为主。大小各不同，大的设在室内当门之处，高度则根据房间与门户的大小来定；小的则只有20厘米。它的作用与多扇座屏差不多，主要是挡风和遮蔽，也兼装饰作用。这种类型以双面为佳，内容为山水、风景则更美，能起到开阔视野的效果，令人心情舒畅。制作插屏的材料一般有竹雕、青白玉、紫檀、镶嵌瓷板和各种名贵木材等。

（插屏）

（4）围屏

指可以折叠的多扇屏风，所以又称折叠屏风，由四、八、十二单扇组成。无座屏，放置时呈锯齿状，又名"折屏"。其屏扇屏芯的装饰方法一般有素纸装、绢绫装和实芯装，再配合以书法、绘画、雕刻和镶嵌等技艺。

（5）座屏

有底座而不能折叠，古时常将之作为座后的屏障，用来显示高贵的地位。到了后来则被放在室内入口处，尤其是室内空间较大的建筑物里，进门处常常能见到大型的座屏遮掩人的视线，也就是所谓的"地屏"。它有三扇与五扇式，也有独扇屏与底座可装卸的，一般被称为"山字式"、"五扇式"与"插屏式"。

2）屏风拾趣

屏风有室内室外之分。室内所用屏风大多用木制成，而室外的屏风用木制的就不多了。为了经得住风雨侵蚀，常用土石砌成，作用与我们今天所见的影壁和照墙相同。晋崔豹《古今注》载："罘，屏之遗像也，塾门外之舍也。臣来朝君，至门外当就舍，更详熟所应对之事也。"意思是让人们行至屏外时，稍事停留，复有所思。这里有屏风遮蔽，一旦绕过屏风，便须见礼应对，无暇思索。

（围屏）

汉代，屏风的使用更为普遍，有钱有地位的人家都设有屏风。据《西京杂记》载："汉文帝为太子时，立思贤院以招宾客。苑中有堂隍六所，客馆皆广庑高轩，屏风帷帐甚丽。"汉代屏风多以木板上漆，加以彩绘。纸张发明之后，则多用纸糊，上面画各种仙人异兽等图像。《后汉书·宋弘传》曰："弘当燕见，坐新屏风，图画列女，帝数顾视之。弘正容言曰：'未见好德如好色者，帝即为撤之。'"这种屏一般由多扇组成，每扇之间用钮连接，可以折叠，比较轻便，用则设，不用则收起来。人称曲屏。四扇称四曲，六扇称六曲。还有多扇拼合的通景屏风。

汉代屏风在种类和形式上较前代有所增改，除独扇屏外，还有多扇拼合的曲屏，也称连屏，或叠扇屏。此时，屏风常与床榻结合使用。如山东诸城汉画像石上的屏风，中间放置与之配套的床榻和茵褥。有两面用和三面用的，也有多扇而两面用的。两面用是在床榻后面立一扇，再把一扇折成直角，挡住床榻的一头。三面用是在床榻的后面立一扇，左右各有一扇围住两头。也有多扇两面，即后面由两扇或三扇围护，一扇折成直角，另一扇立在床榻一侧。还有在屏风上安兵器架的。如山东安邱画像石上的屏风，后面右侧安兵器架，用以放置刀剑等兵器。还有一扇的，放在身后，长短与床榻相等。

魏晋至隋唐五代时期，屏风的使用较前代更加普遍。不但居室陈设屏风，就连日常使用的茵席、床榻等边侧都附设小型屏风。这类屏风通常为三扇，屏框间用钮连接，人坐席上，将屏风打开，左、右和后面各立一扇。在东晋顾恺之《列女传图》中还可以看到当时使用屏风的情景。图中屏为三扇，描绘通景山水。这种三扇屏风，无需另安底座，只需打开一扇，便可直立。

这时的屏风，除起陈设作用外，更主要的还是起遮蔽挡风作用。南北朝时，这类屏风开始向高大方面发展，数量也在不断增加。《南史·王远如传》："屏风屈曲从俗，梁萧子云上飞白书屏风十二牒。"折叠屏风的特点主要在于轻巧灵便，独扇屏风却不然，它形体宽大且重，还必须有较重的竖向木座支撑，否则不能直立。由于稳重，它在室内陈设中的位置相对比较固定。

隋唐五代时期盛行书画屏风，史书及当时的绘画中屡有记载。《新唐书·魏征传》中有："帝以旗上疏列为屏障。"还有的屏风双面有图，可以随意陈设。单面就不然，只能靠墙陈设。这种连屏还不受数量限制，可以根据需要随意增加。宁陶榖在《清异录》中说，五代十国时期，后蜀孟知祥作画屏七十画，用活动钮连接起来，随意施展，晚年常用为寝所，喻为屏宫。

唐代历史上最有名的是唐太宗的戒奢屏。隋炀帝因贪暴、生活奢靡成了亡国君，唐太宗李世民对此深有感触，因此，在其执政之初，时时引以为戒，并制定了一整套节俭弃奢的国策，从而为"贞观之治"奠定了良好的基础。然而随着国力的昌盛，唐太宗渐渐露出了"颇好奢纵"的苗头。被他誉为"可以明得失"的一面镜子的魏征，见此情景，无比揪心，遂专门上了一本《十渐不克终疏》的奏疏，唐太宗反复研读，深觉词强理直，于是命人将全文写于屏风之上，朝夕瞻仰，时时提醒自己要善始善终。正因为魏征敢于提反面意见，唐太宗能够虚心纳谏并且闻过即改，君臣同心，才最终成就了"贞观之治"。后人于是将写有这份奏章的屏风称作"戒奢屏"。

无独有偶，明太祖朱元璋也曾专门制作了一面"勿忘节俭屏"，时刻鞭策自己。这面屏风，与唐朝诗人李山甫的《上元怀古》有关："南朝天子爱风流，尽守江山不到头。总为战争收拾得，却因歌舞破除休！尧行道德终无敌，秦把金汤可自由。试问繁华何处有，雨苔烟草古城秋。"朱元璋读罢此诗，百感交集，分外担心奢侈无度重蹈覆辙，于是传旨将该诗文书于自己寝宫的屏风之上，以便朝夕吟咏，提醒自己不忘节俭，力戒奢侈。

关于宋代屏风的文字资料现存甚少，然而形象资料却很多。如宋代绘画《梧荫清暇图》中的屏风，四边较宽，边框内镶里框，以矮佬和横枨隔成数格，格内镶板，浮雕绦线，屏心描绘山水风景。屏下镶裙板，镂雕曲边竖棂，下有墩子木。李公麟《高会学琴图》

中的屏风和范仲淹像中的屏风属同一类型。宽边框，全身素面，不做任何装饰，裙板镂出壶门洞，两侧有站牙抵夹，底座与屏框一木连做。从画面看，都是室外使用的场面。由此推测这类屏风为纸绢裱糊，重量不会太大。

宋代大屏风的形象资料应以宋人《白描大士图》为代表，屏心为独扇，从画面人物比例看，形体庞大，比屏前所设的炕榻还长出许多。宋刘松年《罗汉图》中的屏风为三扇，中扇稍大，边扇稍窄，并向前折成一定角度，呈为"八"字形，可以自行直立。这类实物资料，有山西大同晋祠彩塑中的圣母像。圣母端坐凤纹宝座上，身后立海水纹三屏风。屏风正扇宽大，两边扇稍窄并微向前收，呈"八"字形。这种陈设形式，源于商周时期的"斧依"，直到明清时期，皇宫中还保留着这种形式。实际上，宋代屏风的造型、装饰，尤其是屏框内分割小格的做法，一直到明清时期还在普遍使用，几乎没有什么变化。

屏风的作用很明显，当门设屏，第一可以挡风避光；第二增加了室内的陈设；第三为来客划出一个特殊地段，给人们一个思考准备的场所。制作屏风，一般采用木板，或以木料为骨，蒙上丝织品作为屏面，用石、陶或金属等其他材料做柱基。屏面可以饰以各种彩绘，或镶嵌不同题材的图画，也可以全素。帝王贵族们使用的屏风，用材尤其珍贵，做工精细，画面丰富多彩，瑰丽夺目。据史书记载，在西汉皇室的宫廷里，曾使用过璀璨斑斓的云母屏风、琉璃屏风和杂玉龟甲屏风等。《太平广记·奢侈·赵飞燕》称，西汉成帝时，皇后赵飞燕向以挥霍无度闻名于世，有一次臣下向她进献了35种贡品，其中就包括云母屏风和琉璃屏风。后世还出现有珐琅屏风、象牙屏风等等。这些屏风价值连城，多为统治阶级专用的奢侈品。所以《盐铁论·散不足》说："一杯棬用百人之力，一屏风就万人之功。"

2. 八仙桌——八仙桌边话八仙

八仙桌，其实就是我们日常所用的方桌，特指桌面四边长度都相同的桌子。八仙桌用于吃饭饮酒时可以围坐8个人，故名八仙桌。其实，八仙桌坐8个人是非常拥挤的，一般坐4个人最合适。寺庙里有一种超大的八仙桌，桌子边长大概2米多，一边能坐4个人，16个人围着桌子吃饭。因为僧人是分餐制，所以所有的僧人都能在这张桌子上吃饭。这种极为特殊的例子，恐怕也只能在寺院里看到。

在中国，几案类家具的历史至少可以追溯到有虞氏的时代。当时称为俎，多用于祭祀，案的名称在周代后期才出现，宋高承选《事物纪原》载："有虞三代有俎而无案，战国始有其称。"桌子的名称在五代时方才产生。八仙桌至少在辽金时代就已经出现，在明清时十分盛行，尤其是清代，无论是达官显贵还是平头百姓，几乎家家都可以寻到八仙桌的影子，它甚至成为很多家庭中唯一的大型家具。

八仙桌用材主要是檀木、花梨木、松木，色彩以褐色或棕色为主，檀木的深邃，花梨木的精巧，松木的清透，每一种材料、色彩都有不同的视觉表情，最重要的是它所具有的那股质朴超然的情调。

其实，关于八仙桌名字的由来还有很多传说。相传，八仙过海惹怒龙王，久战难胜，劳累疲惫，退踞海滩休息。此时觉得腹中空空，饥饿难忍，便分头寻食充饥。哪知一眼望去，荒无人烟，结果除曹国舅一人未回，其余个个扫兴而归。曹国舅一人不辞劳苦，腾云驾雾，行至内地，一股奇香扑鼻，不觉垂涎三尺，立即寻香进入凡间一庄上，乔装农家村夫在庄主宅院窥视。只见四方桌旁8人围坐，猜拳行令、开怀痛饮，诱人的菜肴一个接一个地上。曹国舅寻思道：我原乃朝廷国舅，宫廷菜肴我享用得发腻，农家菜肴我未曾见过，何不先让我大饱口福。忽想众仙友腹空我不可独享，继而采带了7样菜肴，又想起仙姑不食荤，所以又为其独带了一盘素菜——青菜豆腐，计8大碗，并留言："国舅为众仙借菜八碗，日后定当图报。"菜肴带回后，八仙狼吞虎咽，觉得奇香无比，酒足饭饱之后精神倍增，再战龙王大获全胜。以后人们为讨吉庆，改方桌为八仙桌，坐八客、食八菜（八冷碟、八大碗菜），一直流传到今。

中国是一个礼仪之邦，在用八仙桌吃饭的时候也讲究一些礼仪。传统上，用八仙桌时，对门为上座，两边为偏座，背门为下座。请客时，年长者、主宾或地位高的人坐上座，男女主人或陪客者坐下座，其余客人按顺序坐偏座。

八仙桌作为一种家具，需要搭配其它家具和讲究摆放形式。由于八仙桌是尺寸较大的一类方桌，在传统堂屋陈设中，往往与条案、太师椅组合，摆放于堂屋中轴线靠北墙的位置。八仙桌桌面四四方方，四个立面的装饰也完全一样，有人认为八仙桌摆放时哪个面朝前都一样，其实这是错的。八仙桌的两条大边有前后之分，这主要看伸缩缝，伸缩缝宽的那一条大边朝后。这不光是图好看，也是由结构决定的。面芯板背面装穿带的带口与穿带的梯形长榫都是一端稍窄，一端稍宽，装穿带时，长榫由宽处推向窄处，这样才能穿紧。还有，装框后，带口窄的那一边所对的大边留伸缩缝，这样季节变化时，面芯板涨缩顺着带口由宽到窄的方向，

伸缩缝的变化就限于带口窄的这一边。当然，装板时选花纹好看的放在前边，不好看的放在后边靠近伸缩缝，这样更便于观瞻。

现代家居中已很少见到八仙桌的身影了，偶尔有一些古董级的八仙桌只会出现在一些中式家具爱好者的家中。其实，无论厅堂装饰得典雅还是简单，甚至粗糙，只要空间不是特别逼仄，摆上一张八仙桌，两侧放两把椅子，就会产生一种非常稳定的感觉，恰如一位大儒似的稳定平和。

3. 座椅——孰知太师未曾临

古代人席地而坐，原没有椅子，"椅"本是木名。《诗经》有"其桐其椅"，"椅"即"梓"，是一种树木的名称。椅子的名称始见于唐代，而椅子的形象则要上溯到汉魏时传入北方的胡床。其实，所谓的胡床就是没有靠背的长凳，由于是从外邦传来的因而得名。唐代以后，由于椅子的使用逐渐增多，椅子的名称也被广泛使用，才从床的品类中分离出来。胡床在魏晋南北朝至隋唐时期使用较广，有钱有势人家不仅居室必备胡床，就是出行时也要由侍从扛着胡床跟随左右，以备临时休息之用。胡床在当时家具品类中是等级较高的品种，通常只有家中男主人或贵客才有资格享用。当时，方人雅士对胡床多有褒词和生动描述，如南朝梁庾肩吾《咏胡床诗》曰：

传名乃外域，入用信中京。
足欹形已正，文斜体自平。
临堂对远客，命旅誓出征。
何如淄馆下，淹流奉盛明。

在众多椅子类别中，太师椅最为有名。太师椅的名称实际是我们后人添加上去的。太师椅就是交椅，是一种旧式的体态比较宽大的椅子，既有靠背，又有扶手，靠背与扶手连成一片，形成一个三扇、五扇或者是多扇的围屏。关于太师椅名称的由来，有两种说法。一是古代这种椅子专供官居相位即太师的人使用，故名"太师椅"。据岳珂《桯史》记载，南宋奸相秦桧，一日宴请宾客，席间有个参军走到秦桧面前，吹捧这位相爷的"功德"，秦桧十分高兴，即命一伶人送交椅赐坐。参军受宠若惊，在拱揖就座时，因举止失措，忽坠其幞头，露出了巾环。伶人即问参军这是什么巾环，参军回答是："二圣环"。伶人一听，便一语双关地对参军说："你只顾自己坐太师椅，却把二圣环丢在脑后，讲得过去吗？"伶人此言，表面上是批评参军的失礼行为，实际上是暗讽秦桧只顾自己做太师，却把宋徽宗、宋钦宗的回归忘得一干二净。伶人所说的"二圣"即徽宗、钦宗，这时已被金人俘虏扣押；"环"谐音"还"，指回到宋朝朝廷。后人除叹服伶人的说话技巧外，从此就把交椅称为"太师椅"。二是由"文太史椅"演化而来。"文太史"指明代才子文征明，"文太史椅"是他日常用的一把交椅。他死后，此椅归文征明的曾孙文震孟所有。文震孟明末曾入内阁为相，系崇祯朝的太师。因"太史"

与"太师"谐音,加上文震孟又官居太师,所以就把这种椅子叫作"太师椅"了。

由于太师椅是古家具中唯一并不是按照外形特征或功能特征来命名,而是用官职来命名的椅子,它的椅形的发展变化便更多地受到当时社会礼制、习俗文化的影响。"太师"是官名,是尊贵、高雅的象征,在同时代的椅类家具中,能被尊称为"太师椅"的,一定是椅类家具中的翘楚。虽然,太师椅的椅形一直在变化,但是它在人们心目中的地位却一直很崇高。

清中期后,广东家具生产业蓬勃发展,原为官家之椅的太师椅走进了寻常百姓家,椅背与扶手常被雕刻得精彩异常,成为一种充满富贵之气的精美坐椅,风靡一时,后来又发展到用榉木等木材制造,成为一种家常坐具。

在清代,太师椅的造型与宋史所载相差甚远,体形硕大、做工繁复,设于厅堂的扶手椅、屏背椅等都称太师椅,以乾隆时期的作品为最精,一般都采用紫檀、花梨与红木等高级木材打制,还有镶瓷、镶石、镶珐琅等工艺。它们的共同点在于椅背基本上是屏风式,靠背板、扶手与椅面间成直角,样子庄重严谨,用料厚重,宽大夸张,装饰繁缛,这些特征都是为了显示主人的地位和身份,其实坐上去并不舒适,而仅仅是代表一种尊严罢了。

第四章　寝室一窥

古代的卧房中，床榻是必不可少的家具。床榻类家具泛指各种卧具及部分大型坐具。床与榻在功能和形式上有所不同，床略高于榻，宽于榻，可坐可卧；榻则低于床，窄于床，有独坐和多坐等。从古老的席到床再到榻，几乎都占据着古人饮食起居的中心，而榻更是被历代文人赋予了睡卧之外的文化内涵。

1. 床榻——藤床纸帐朝眠起

1) 床榻分类

架子床：是古人使用最多的床，在明清两代很流行。因床上有顶架而得名。它的做法通常是在床的四角安立柱，上端四面装横楣板，顶上有盖，称作"承尘"。床的两侧和后面装有围栏，多用小料拼插成几何纹样。有的在正面多加两根立柱，称为六柱架子床。也有在正面多加两根立柱，两边各安方形栏板一块，名曰"门围子"。架子床正中是上床的门户，有的架子床把正面用小木块拼成四合如意，中加十字，组成大面积的棂子板。中间留出椭圆形的月洞门。二面围栏及上横楣板也用同样方法做成。床屉分两层，用棕绳和藤皮编织而成，下层为棕屉，上层为席，棕屉起保护席和辅助席承重的作用。席编为胡椒眼形，四面床牙饰以螭虎龙等浮雕图案。也有单用棕屉的，做法是在大边里沿起槽打眼，把棕绳尽头用竹楔镶入眼里，然后再用木条盖住边槽。这种床屉使用起来比较舒适。

拔步床：所谓"拔步"，顾名思义，就是要迈上一步才能到达的床。从外形上看，它好像是把架子床安放在一个木制的平台上，平台前沿长出床的前沿二三尺。平台四角立柱，镶安木制围栏。床前两侧可放置桌、凳等小家具，用以放置杂物，冬日夜间甚至还要放置马桶、水盆、炭筐等。一架拔步床几乎相当于一个包含卧具、梳妆台甚至卫生间的小房间，只能放到宽房大屋，因此拔步床在历史上一度为有钱人的象征。此床多在南方使用，四面挂帐，既防蚊蝇，又可方便主人起居。

（清代雕花拔步床）

罗汉床：是专指左右及后面装有围栏的一种床。围栏多用小木块作榫拼接各式几何纹样。这类床形制有大有小，通常把较大的叫"罗汉床"，较小的叫"榻"，又称"罗汉榻"或"弥勒榻"，也叫"宝座"。弥勒榻有无束腰和有束腰两种，束腰的牙条比较宽，腿有曲线弧度，俗称"罗汉肚皮"，又称"罗汉床"，供文人和僧人坐禅用的榻，称之为"禅床"。胡德生在《明清宫廷家具二十四讲》中说，罗汉床由汉代的榻逐渐演变而成，经过五代和宋元时期的发展，成为可供数人同坐的大榻，同时具备了坐和卧两种功能。

（素板罗汉床）

美人榻：又称贵妃榻，古时专供妇女憩息，榻面较狭小，有靠背且一侧有枕，制作精美，形态优美，是榻中极为秀美的一种，其用料也极为讲究，与其他榻相比，这种榻的彩绘雕刻更加雍容华贵。清末民国时样式翻新，出现了沙发式的美人榻。

（红酸枝荷花贵妃榻）

2）床榻历史

据李宗山所著《家具史话》记载，最早的成型坐具是席，它出现的时间在我国至少已有八千年。故宫博物院研究员胡德生也表示，席出现在床榻之前，包括毯子、褥子以及草编的席等，"席地而坐"就是这么来的。

新石器时代中晚期，席类编织工艺已相当成熟，不仅编织材料和纺织技巧丰富多样，而且加工工艺更为精良，"神农作席荐"之说当为最早的史书记载。到了大禹时代，开始在席的边缘装饰花纹或用丝麻织物包边，古籍中有"至禹作讲席，颇缘此弥侈矣，而国不服者三十三"，可见当时以丝麻做讲席是非常奢侈豪华的举动。而讲席不仅是古代人们从事礼仪、政事、饮宴活动的中心，同时也是社会地位的象征，以至于在今天的社会生活中，仍有"主席台"、"贵宾席"等名称。

先秦两汉时期的社会生活是以席为中心的。四川成都东汉墓出土的宴饮画像砖上，刻二人或三人同坐一席，席前摆设食案，这是当时人们生活情景的真实描绘，后来人们把招待客人饮食称为设筵，把酒肴称为筵席，便源起于此。筵和席经常同时使用，为了有所区别，便把铺在下面的大席称为筵，使用时，先在地上铺筵，再根据需要在筵上另设小席，人即坐在小席之上，筵席之上的几案，亦由司几筵根据需要负责陈设。

席在古人生活中具有相当重要的地位，周朝礼乐制度对于席的材质、形制有严格的规定。庶人、大夫、天子所铺的席各不相同，以区别其身份。编席子的材料与礼制礼仪、等级有直接的联系，席的陈设方式也按等级身份而各有不同，如果坐席的人数较多，其中长者或者尊者须另设一席单坐，即使有时与其他人同坐一席，长者和尊者也必须坐在首端，并且同席的人还要尊卑相当，不能差距过大，否则长者和尊者就认为是对自己的侮辱。此外，不同质料、颜色和工艺形式的席在使用时也有着严格的规定。

床榻在汉代虽然已经出现，但汉代画像石中有许多宾主席地而坐饮宴、观舞、奏乐的形象。唐代时，人们还用席来招待客人，唐代以后，高足家具逐渐普及，席在一定程度上成为床榻椅凳的附属物，但它依然以其独特的风格和特点存在，始终与其他家具一起伴随着人们的坐卧起居生活。

继席之后的坐卧用具是"床"以及人工堆砌的"土炕"。它们出现的时间约在新石器时代中期前后。从目前所发现的典型床类实物看，年代一般多在春秋以后。其中年代最早、最完美的两件床分别见于战国时期的信阳楚墓和包山楚墓。当时的坐床姿势，与坐席并无不同。无论是跪坐、盘坐、躺坐（箕踞）或是靠坐等，人们的坐姿仍是足不下垂，股不离席，与这些坐姿相应的坐具则普遍以低矮、宽平为特点，体现了席地起居方式对家具形态的深刻影响。

史书中关于床的记载很多，如《诗·小雅·斯干》有"载寝之床"，《商君书》亦有"人君处匡床之上而天下治"等。这时的"床"包括两个含义，既是卧具，又是坐具，可卧的床当然也可用于坐，而专坐的床大都较小，不能用于卧。汉代的"床"不仅指卧具、坐具，还有一些其他的说法，如梳洗床、火炉床、居床、欹床、册床等。还有人把自己所骑的马也称为床，名曰"肉胡床"。而"榻"这一名称出现在西汉后期，汉代以后"榻"成为供休息和待客所用坐具的特定名称，而"床"则一般专指睡觉用的卧具了。

对讲究人际关系的中国人来说，床曾是社交场合的重要道具。自五代南唐《韩熙载夜宴图》以来，通览历朝历代的绘画作品，频频可以见到古人以榻或罗汉床为中心待客的场面。国人待客，如果是宾主都坐于椅上，摆上茶来，说明关系相对普通，主人与客人客客气气谈完事情，茶也未见得尝上一口；而关系亲密的亲朋，主人才会让其"上床"、"上炕"，围坐畅饮，把酒言欢。

到了宋代，床架更像是一个隔开的小房间。它是一个高度与房间相同的隔断，用带窗格的硬木做成。隔断后面放着垂挂帐幔的床，床边留有足够的地方放梳妆台和净桶，隔断前面也用帐幔遮掩着。此时的床已初步具有拔步床的形式，而拔步床曾一度成为某种财富的象征，比如《金瓶梅》中西门庆娶第三房太太孟玉楼时，媒人介绍说，孟玉楼是个有钱的寡妇，有两张南京拔步床，以此来形容孟玉楼的富有。

明清时期，居室陈设有以床榻为中心的习俗。在一间居室中，房中的各类家具都以床为中心，床前放橱，床侧摆桌，还有梳妆台、衣箱、衣架、凳椅等，这些家具往往都是围床而放置。清代床榻相对明代而言，工艺更复杂，形体更高大，功用方面也有变化，有些架子床在床面上增设了抽屉，以存放衣物。

许慎在《说文解字》中直接释榻为"床也"。尽管就其功用和形制而言，榻与床相近，但严格意义上的榻并不是供日常睡卧之用，而更多地用于会客。榻上会放置矮几，几上置茶具、书卷或摆设，几的两侧铺设坐褥、隐枕，放置于厅堂、书斋等高雅场所。榻在各个历史时期的样式和风格各有不同，但是却具有方便实用的特点。汉代的木榻已经相当发达了，样式不一，身份高的有独坐榻，身份稍低的也有连坐榻。木榻一般放在床前，可供上下床和放置鞋子之用，也有放在客厅的。这个时期出现了箱形结构的榻，其中大型木榻可坐多人，在榻上可以侧坐斜倚、品茶饮宴。

据西晋皇甫谧《高士传》记载，汉末魏初时人管宁，归隐后常跪坐于一木榻之上，历时50余年，未尝箕踞而坐，榻上当膝处都被磨穿了，古人称此为"坐穿"。管宁所坐的榻称为藜床，是以藜茎所做的木榻。坐穿藜床的人有一种定性，心如止水，不随世间功名利禄沉浮求名求利，不奔走于权贵之门，是一位世外高人。所以自汉末以来，文人雅士和隐士们都必备一榻，如竹榻、石榻、木榻，以此说明自己的清高和定性，表示自己不被世间功名利禄所吸引。

晋代文人坐在榻上下棋、谈话，既可终日体悟人生，参禅论道，静观世间万物；又可与友下棋手谈，张狂痴语，恣行失态。这种魏晋风度，深为后世文人仰慕，风流余韵已至千载。此外，佛门僧人也有坐榻，又称罗汉床。榻与床的区别除了尺寸和高度以外，还在于床是睡眠之所，只可藏在卧室之中，是俗物；而榻却横陈在厅堂之上与书斋之中，是社交或文人雅聚的坐具，具有更深层的文化内涵。于是，床榻上卧着名士，绣榻上坐着佳人，常常成为历代书画作品中格外引人注目的形象。

到了唐代，木榻逐渐变高，已具备了卧、坐的双重功能，但榻上放物品的习惯仍然保留了下来。唐高祖李渊的第十五子立凤墓中出土了一件三彩唐榻，由此可见唐代的宫廷之中，太子们也坐榻修心。明清时期木榻一般较窄，较多保留了五代和宋元时期的特征。

2. 枕头——与君结发共枕席

1）各式枕头

睡觉大多离不开枕头，对于枕头，古代尤其讲究，单看名称，就要比现代的枕头多很多门道来。皇帝用的枕头，以金丝为面，上等软玉镶框，雍容华贵，乃称"玉枕"。富足人家多以苏绸为面料，内置精选棉花，为方型，称为"帛枕"或"方枕"。大家闺秀们大门不出二门不迈，在闺楼学学刺绣，练练诗画，闲时自然不忘在枕头上做做文章，据说大家闺秀幼时在枕头上绣之以凤，待嫁时再绣鸳鸯，以楠木为框，称之为"楠枕"，因此有"结发共枕席"的诗话。

唐代沈既济《枕中记》里记载：一个光想升官发财的姓卢的书生，千里迢迢出外求取功名。在邯郸（今属河北）的一个小旅店里，他遇到了道士吕翁。卢生唉声叹气，诉说自己命苦。吕翁借给他一个枕头，说枕着它睡觉就能心想事成。卢生刚躺在床上不久，便轻飘飘飞到京城中了状元，当大官娶娇妻，其乐融融。忽然间一声响把他惊醒，却原来是刚才做了个好梦。这时店家做的小米（黄粱）饭还未煮熟，卢生梦想的好事顿然成空。这就是"一枕黄粱"的故事，后人就将痴心妄想称为"黄粱美梦"。

根据这个故事，邯郸郊区黄粱村建了一座卢生祠，祠中有青石刻的卢生头枕方枕的睡像，还有某诗人写的一首《借枕诗》："四十年来公与侯，纵然是梦亦风流。我今做客邯郸道，要问先生借枕头。"清代王鲁之游卢生祠，颇有感慨，就题了一首诗："明知身世总邯郸，尚有人求梦里官。枕头若是许人借，殿前车马是长安。"诗的后两句很幽默地说：如果这宝贝枕头能借的话，那么卢生祠前肯定是车水马龙，人山人海，像繁华的长安一样。这恐怕是和枕头有关的最有意思也最具讽刺意味的故事了。

古代枕头多用木、瓷制作，中凹，形似山。由于枕头是日常生活必备的用品，人们制作了形形色色的枕头，取样不一，用途也多样。古时除了最常用的布枕之外，还有石枕、玉枕、水晶枕，以及具有特殊效用的药枕等。

木枕：枕中贵重之品，一般用黄杨木制成。黄杨生长期长，取材不易，历来被视为高级木料，《酉阳杂俎》卷十八就提到："黄杨木，性难长，世重黄杨以无火……为枕不裂。"唐人张祜还专门写有《酬凌秀才惠枕》一诗，对黄杨木枕垂意颂咏，诗云："八寸黄杨惠不轻，虎头光照篆文清。空心想此缘成梦，拔剑灯前一夜行。"可见，在古代人们常把黄杨木枕作为上乘礼物馈赠给亲友。

（黄花梨木枕）

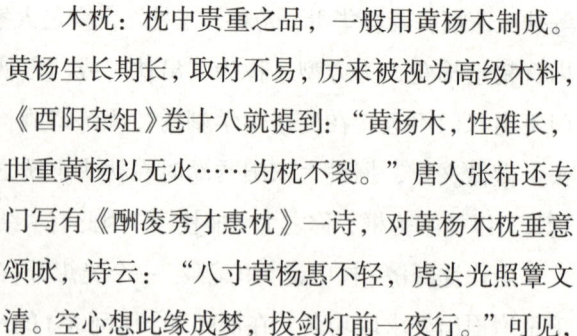

藤枕：用藤篾之条编制而成，做工极为精简，是古代人夏季使用之物。吕舸《藤枕》诗曰："藤枕消闲处，炎风一夜凉。"

（藤枕）

瓷枕：把瓷器制成枕头状，其形色多种多样，造型奇异，富有艺术性。瓷枕最早出现于隋代，唐朝时开始大量生产，两宋及金、元时期最为鼎盛，明清两代渐次衰退。

（瓷枕）

古代瓷枕的装饰手法是不同朝代不同窑口各有差别。总体上说，唐五代以前以模印、细划绞胎等为主；宋金时则以绘画为主，同时出现了更为复杂的剔地留花、珍珠划花等装饰手法。随着制瓷业在工艺技术、造型装饰手法等方面的不断改进丰富，瓷枕作品上的艺术色彩也愈加灿烂。

宋代北方磁州窑系所烧的瓷枕最具代表性，其造型多种多样，如：

· 164 ·

几何形枕、兽形枕、建筑形枕、人物形枕等。仅几何形枕又可细分为长方形枕、矩形枕、长方束腰形枕、圆形枕、瓜菱形枕和扇形枕等等。其纹样多彩多姿，有动物纹、人物纹、山水纹、花卉纹、文字纹等等。瓷枕的造型与纹饰直接或间接地反映了宋代的社会生活、文化习俗、时尚追求。这一点在有文字纹饰的瓷枕上表达得更为明显。

除宋代磁州窑之外，其他如唐代长沙窑、北宋时的定窑、宋辽金时河南的鲁山窑、当阳峪窑、元代的景德镇窑都曾烧制过精美的瓷枕，其工艺造型、胎釉纹饰也各有特色。

明清以后，随着更为优异的制枕材料出现，瓷枕也慢慢地退出了历史舞台。

石枕：用石料做成的枕头，大多使用于夏季，与竹席配伍，为乘凉之物。宋人王安石写有《次韵欧阳永叔端溪石枕蕲竹簟》一诗，就对石枕竹席一并赞之，诗云："端溪琢枕绿玉色，蕲水织簟黄金文。翰林所宝此两物，笑视金玉如浮云。"

（石枕）

玉枕：古人视玉枕为珍宝，用此物自然也显示其富贵荣华。

水晶枕：属于稀世之品，使用者绝非一般人物。有的水晶枕中夹有花枝等装饰物，尤显得光彩照人。

药枕：它把医药和日常起居有机地结合在一起，通过药物和睡眠

（玉枕）

的互导作用，达到保健疗病的目的。早在唐代，著名医学家孙思邈就开始运用保健药枕防病治病，在治疗头颈痛方面取得较好的疗效。

到了宋、元、明、清，研究运用保健药枕防病治病的人更是不乏其人。清朝的慈禧太后对药枕十分钟爱，每年都让人制作药枕供其常年使用，以求清心明目，养神益智。李时珍在《本草纲目》中提到的"明目枕"也即药枕，内装苦荞皮、黑豆皮、绿豆皮、决明子、菊花等，具有明目开窍之效。民间流行的有荞壳枕、芦花枕，可帮助人们清火除热；夏天用石膏枕，可解暑祛热；小儿用米枕，可帮助头部生长发育；将菠萝、奶油、柠檬等香味浓郁的物品放入枕内，可以帮助入睡。

3. 衣架——蟒带罗纱架龙门

衣架是我国较早出现的一种家具，由于周朝开始实行礼制，贵族阶层对衣冠十分重视，为了适应这种需要，就出现了专门用来悬挂衣物的架子。各个朝代的衣架形式各有不同，名称也有所不同。春秋时期，横架的木杆用以挂衣曰"桁"，又叫"木施"。

在宋代，衣架的使用较前代更为普遍，并且有形象的资料——河南禹县宋墓壁画梳妆图中的衣架，由两根立柱支撑一根横杆，横杆两头长出立柱，两头微向上翘，并做成花朵状。下部用两横木墩以稳定立柱，在上横杆下部的两柱之间，另加一根横枨，以起加固作用。

到了明代，衣架整体造型仍保持着传统模式，但用材、制作、装饰更精。衣架下端以两块木墩子作足，里外两面浮雕回纹，墩上植立柱，前后两个镂雕卷草花站牙抵夹。站牙上部和下部用榫与立柱和座墩连接，两墩安装用小块木料攒接的棂格，由于棂格具有一定的宽度，故可以摆放鞋履等物。各个横材与立柱结合部的下侧，都有透雕拐子回纹花牙承托。从选材、设计、雕刻制作，都达到了很高的艺术水平。

明清衣架造型典雅，装饰精美，雕刻细致，漆色光亮。明清官员由于头戴乌纱红缨帽，身着前后缀有补子的盘领马蹄袖长袍，故清代衣架高大，站牙立柱上设有横杆，两端出挑，雕有纹饰，衣袍搭在横杆上，谓龙门架。

清朝实行"易服"政策，推行穿满人服装，满人体魄彪悍而高大，所穿的服装体积大，份量重。因此，也造就了清代衣架的繁华、端庄、巨大。清代衣架又俗称"朝服架"，主要挂置男用官服，因此，所有的衣架主梁都如同两条仰首的双龙，傲气地横卧在那里，象征着官运亨通。其余的各种装饰性花饰，也在强调着这种价值观念。

第五章　闺阁情趣

在中国的传统文化中，未婚女子的住所称作"闺房"，是青春少女坐卧起居、修炼女红、研习诗书礼仪的所在。闺阁生活是女子一生中极为重要且最最温馨、美好的阶段，就像美丽的蝴蝶在鼓翼凌飞之前曾经静静成长在一只玲珑的茧中。

"闺房"又被古人称作"香闺"。古代女子在15岁要举行笄礼，又叫上头、上头礼，即改变幼年的发式，把头发盘起来，插上簪子，从此代表成年了。等到出嫁的时候，丈夫就要给她取一个"字"。有了"字"，就表示已经嫁出去了。所以在古时候，"字"就有了出嫁的意思。女子到了出嫁的年龄而还未出嫁就叫作"待字闺中"。

传统的闺房作为古代家庭建筑中的一个特别的空间，在设计上始终

（女子闺房）

有两个特点：一是私密，要有高隐蔽性；二是感性，要具有极强的温馨感。闺房的另一别称是绣楼，通过这个名称也能看出闺房的重要功能就是古代女子要在其中做女红。在当代人看来，绣楼简直是古代女子的变相监牢，但事物都是一分为二的，至少一个女孩子能够安安静静地置身绣楼，肯定衣食无忧，可以修炼出温和、平静、柔美等女子特有的美好性情。闺阁生活也是有其别样情趣的。古代的很多文人雅士就曾不吝笔墨地描绘过这种闺阁情趣。如温庭筠的《菩萨蛮》就详细地描绘了温婉娴静的闺阁生活：

小山重叠金明灭，鬓云欲度香腮雪。懒起画蛾眉，弄妆梳洗迟。

照花前后镜，花面交相映。新帖绣罗襦，双双金鹧鸪。

在女子的闺房中，总有一些必不可少的闺中妙物，陪伴着它的主人度过梦幻寂寞的闺中岁月。

1. 妆奁、镜奁——钗在奁中待时飞

妆奁又叫"妆匣"，是一个已经消失的语词，不易为今日的年轻人理解。然而它却伴随中国女性数千年，成为古代女性最贴身、最钟爱的常用物。"妆匣"用今天的话来说就是"首饰盒"。古人的首饰盒主要用于梳妆打扮，从古到今，小小的"妆匣"富集了多少女性的喜怒哀乐！其中最动人的故事当推明代传奇《杜十娘怒沉百宝箱》。

江南名妓杜十娘，为了争得人身自由，在皮肉生涯中，悄悄用妆匣储存珠宝首饰，终于觅得如意郎君，得以赎身出嫁。岂知在起航归家途中，见利忘义的丈夫却把她转手卖给富商做小妾，把她再

次推入火坑。多年来被侮辱、被损害的命运，积蓄起的对自由的强烈渴望，苦心的等待，一朝全被负心汉击得粉碎。悲愤之极的她端出妆匣，站在船头，把价值连城的珠宝一一抛入河中，随后纵身跳入河中，被滔滔的浊流吞没。这故事就起于妆匣，终于妆匣。

中国的妆奁文化历史可谓久矣。镜奁同妆奁文化是一对与生俱来的孪生姐妹，也是妆奁文化的重要内容。镜奁，俗称梳妆箱，旧时宁绍一带也有叫梳头婆的。妆奁的出现最早可追溯到殷商之前的新石器时代，而最古老的铜镜也已经距今四千多年了。

春秋战国时期，漆器制作已有相当水平，至汉更臻完美。著名的汉代九子方漆奁，外黑里红，周有三道鎏金铜箍，盖为铜皮平脱柿蒂纹，内藏丝织物包裹铁镜，下有九子小盒，分藏梳篦、铜刷、毛笔、胭脂、首饰等用品，精美绝伦，充分体现了古代工匠对妆奁文化的理解和卓越的设计才能。

（方漆奁）

镜奁在明清两代演绎派生出繁多款样，有镜台、镜架、镜箱、镜袋、官皮箱等等，其做工精细，雕刻华丽繁复，镶嵌包铜缀玉，玲珑可爱，极具艺术观赏性，成为明清妇女闺房小姐的终日伴侣。用材之优，前所未有，有的甚至用紫檀黄花梨等名贵木材来制作。故宫嫔妃寝室里就陈列着一个长高约40×30厘米的满地浮雕象牙镜箱，可以设想它的原材料必定是一根长达几米的巨型

（镜奁）

象牙，令人叹为观止。

2. 镜子——晓镜但愁云鬓改

古书中描写的闺中女子多半是自恋的，在她爱上一个人以前，先迷恋的人是她自己，她最好的闺友是镜子。镜子历史悠久，黄帝时代，先民们经常面对一盆水，或者站在平静的河边、水边，整理一番自己的面容。所以，那时候把这种"镜子"叫"鉴于水"，后来人们便把盛水的铜器称作为"鉴"，直到汉代始改称鉴为镜。

镜子多由铜制成，铜镜在古代用以梳妆照面和照妖辟邪，现存最早的铜镜出土于殷墟的妇好墓。在西汉年间，人们就开始用铜镜作为男女爱情的表记、信物，取"心心相映"之寓意。生前互相赠送，"朝夕相伴"，死后随之埋入墓中，以示"生死不渝"。

关于镜子的故事中，最著名的莫过于"破镜重圆"。南北朝时期，陈国公主乐昌美丽且有才华，与丈夫徐德言感情深厚。但当时，隋朝正入侵陈国，乐昌公主和徐德言都预感到他们的国家将被入侵者占领，他们也会被迫离开王宫，背井离乡。战乱中，他们可能失去联系。于是，他们将一枚象征夫妻的铜镜一劈两半，夫妻二人各藏半边。相约在第二年正月十五元宵节那天，将各自的半边铜镜拿到集市去卖。期盼能重逢，并将两面镜子合而为一。

不久，乐昌公主在战乱中与丈夫失散，并被送到隋朝一位很有权势的大臣杨素家中，成了他的小妾。在第二年的元宵节上，徐德言带着他的半边铜镜来到集市上，渴望能遇见他的妻子。碰巧，有一名仆人正在卖半面的铜镜。徐德言马上认出了这面镜子。他向那名仆人打听妻子的下落。当他得知妻子的痛苦遭遇后，不禁泪流满面。他在妻子的那半面铜镜上题了首诗："镜与人俱去，镜归人不归。无复嫦娥影，空留明月辉。"那个仆人把题了诗的铜镜带回来，交给了乐昌公主。一连几天，乐昌公主都终日以泪洗面，因为她知道丈夫还活着而且想念她，但他们却无法再相见了。后来，杨素终于发现了这件事，他也被两人的真情所打动，觉得自己已不可能赢得乐昌的爱。于是，他派人找来了徐德言，让他们夫妻团圆。

根据用途不同，镜子的式样分为镜台和手镜。镜上的花纹除几何图形外，还有鸟兽、人物等。东汉中期至魏晋时，出现了浮雕的画像镜，精美绝伦。唐代，制镜艺术尤为讲究，打破以往圆形镜的

（八棱镜）　　　　　　　　　　（盘龙纹镜）

模式，创造了八棱、菱花、海棠花等式样的镜子，还创造出平脱镜、螺钿镜等新颖别致、富丽堂皇的镜子。其中盘龙纹镜在唐代十分流行。在中国古代，龙是帝王的象征，所以盘龙纹镜又称"天子镜"，许多唐诗中对它都有咏颂，如孟浩然的《同张明府清镜叹》："妾有盘龙镜，清光常昼发。"白居易的《新乐府·百炼镜》中也有"背有九五飞天龙，人人呼为天子镜"的说法。

美轮美奂的镜子还是古代女子抒发感情时不可替代的物品，面对镜子，古代女子抒发着对美好爱情的无限向往，和深闺寂寞时的

绵绵幽怨。梳洗的时候，"双鸾开镜秋水光，解鬟临镜立象床"（李贺《美人梳头歌》）；寂寞的时候，"灯前再览青铜镜，枉插金钗十二行"（施肩吾《收妆词》）。

3. 亵衣——锦绸裁得贴心暖

古代女子的内衣最早被称为"亵衣"，后来又演变成近代所见的"肚兜"。"亵"意为"轻浮、不庄重"，可见古人对内衣的心态是回避和隐讳的。古代女子的肚兜一般是用一整块棉布或者绸缎做的，没有袖子，没有后幅，一般加以精美装饰，上面会绣上各种花鸟图案。形状菱形，遮盖体前从胸骨到小腹的部位。也有的用来遮盖胸腹部和阴部，上半部是正梯形，下半部一般成菱形或者椭圆形。四边有带子，上端的两根带子套在颈后，左右端的带子束于腰后。

肚兜有保护腹部，防止着凉生病的作用。汉代刘熙《释名·释衣服》解释了肚兜的这一作用："抱腹，上下有带，抱裹其腹，上无裆者也。"

明代之后，妇女已普遍有使用肚兜的习惯，当时叫"兜子"，俗称抹胸。是用交料两块，斜裁，上尖下平而成。清代的抹胸有两种款式，一种是短小贴身的，缚于胸腹之间，俗称"肚兜"；另一种是束于腰腹之间的，称为"抹胸肚"。徐珂《清稗类钞》服饰类记载："抹胸，胸间小衣也，一名抹腹，又名抹肚；以方尺之布为之，紧束前胸，以防风寒内侵者，俗称兜肚。男女皆有之。"

清代将女子内衣直接称"肚兜"。

一般做成菱形，上有带，穿时套在颈间，腰部另有两条带子束在背后，下面呈倒三角形，遮过肚脐，达到小腹。材质以棉、丝绸居多。系束用的带子并不局限于绳，富贵之家多用金链，中等之家多用银链、铜链，小家碧玉则用红色丝绢。"肚兜"上有各类精美的刺绣。红色为"肚兜"常见的颜色，因而有了"一抹春红胸前花，遮香掩芳肤如霞"的经典描述。

肚兜独具文化特色，它前圆后方，前短后长，这是应和天地人合一的传统理念；过腰、胸、肩等分别系带，是为了在流动中达到不同的"塑身修形"效果。袋口的拼接处，必须绣上小幅图案来遮住线的结点，保持画面完整，这便是所谓"出境生情"，且汇聚了绣、缝、贴、补、缀、盘、滚等几十种工艺，用以表达不同的主题。

4. 梳篦——长发绾君心无怨

"若君为我赠玉簪，我便为君绾长发。"古代的女子都留有一头青丝，梳篦是修饰容颜时的重要物件，自然也成为女儿家闺房里的必备品之一。

梳篦的造型，多上圆下方形似马蹄。隋唐时期，弧背的箕形梳篦十分流行，平背的梳篦已很少见了。唐代中叶以后，开始出现弧背的半圆梳篦。五代伊始，半圆形的梳篦发展趋势迅猛，很快便取代了箕形梳篦。到了两宋时期，传统的箕形已经走到了尽头，半圆形的梳篦完全占据了主导地位，同时又涌现出椭圆形、抹角长方形等造型新颖的梳篦。明清时期的梳篦样式则基本保持宋制。

箕形梳篦，在造型上虽然继承了马蹄形梳篦的衣钵，但在形制上却明显地朝横长的方向发展。半圆形梳篦，宽度显著加大，器体更加扁平，属于名副其实的横长形态了。当然，箕形梳篦和半圆形梳篦的差别，不仅在于整体的形状上，更在于齿根的形态上。前者的齿根平齐，梳齿的长度相等；后者的齿根弧曲，梳齿的长度由中央向两侧依序递减。这种变化，反映了梳篦加工技术的进步。

早在四千年前，我们的祖先便有插梳的习惯。秦汉之际，人们十分注重装束，梳妆用栉已成惯例。晋代伊始，妇女插梳之习开始兴起。这一阶段的梳篦，通常是组合配套使用的，有的一套为两件，即一梳一篦；有的一套为三件，即一梳二篦或二梳一篦，这些梳篦大都盛于专门为其量身定做的梳妆奁、梳篦盒以及栉袋之中。自隋朝以来，梳篦往往被用作妇女的首饰，女性头上的插栉，业已成为一种社会风尚。隋唐时期，插栉主要是贵族妇女时兴的装束。到了两宋时期，无论都市妇女，还是乡村的妇女，皆时兴戴插梳的装束。唐、五代时期，流行插小梳，插多梳，前额的上方、一侧和两鬓及后脑皆可插之。两宋时期，流行插大梳，通常在后脑插一把大梳。当时插戴于发髻上的还有金、银、珠、玉、角等做成的各种簪、钗、步摇等，反映了人们不同的审美情趣。

由于妇女头上插饰之习盛行，以至于社会奢靡之风横行，中国梳篦的发展进入了一个奢华的时代。为了限制这种奢华趋势，朝廷不得不颁布禁令。唐文宗曾专门对公主宣旨："今后每遇对日，不得广插钗梳。"不过，五代时期"广插钗梳"的风潮似乎有增无减。北宋时期，宫中尚白角冠梳，人争相仿之，梳子的长度有的逾尺，甚至影响乘轿和走路。皇祐年间，宋仁宗曾下诏规定："妇人所服冠，高毋得逾四寸，广毋得逾一尺，梳长毋得逾四寸，毋以角为之。"但仁宗以后，奢靡之风又盛，将白角改作鱼魷，又易作象牙、玳瑁。北宋晚期，又盛行"太妃冠"，以金或以金涂银饰之，或以珠玑缀之。尽管从北宋的太宗到南宋的宁宗，都颁布过奢侈禁止令，但有宋一代，侈靡之风始终未能禁。这一阶段的中国古代梳篦的发展，可以说进入了一个奢华时代。梳篦也成为追求美丽的古代女子发丝间那一抹动人的绚烂。

5. 手帕——好与情郎怀袖中

古代的手帕是一尺见方的素绢制成的帕子，是春闺梦里女儿家的贴身之物。它还有一种称呼——鲛绡，在古人的诗词中，常有对"鲛绡"的描写。如"春如旧，人空瘦，泪痕红浥鲛绡透"，"尺幅鲛绡劳解赠，叫人焉得不伤悲"。古人还习惯在手帕上题诗寄情，称为尺素。渐渐地，尺素成为了爱人之间书信的代称。"尺素如残雪，结成双鲤鱼。要知心中事，看取腹中书。"

中国古代在先秦时代就有了"巾"，这是我国最早出现的手帕。手巾经历了漫长的历史岁月，至汉朝的东汉时期才演变为手帕。在东汉建安末年，著名的汉乐府民歌《孔雀东南飞》中写道："阿女默无声，手巾掩口啼。"此处的手巾显然是用于擦眼泪的手帕。唐朝是我国服饰文化发展的鼎盛时期，手帕的名称此时被正式推出。如唐初著名的宫廷词人王建在《宫词》中就有"缠得红罗手帕子，中心细画一双蝉"的著名诗句。随着时代的变迁和人类文明的发展，手帕除了原有的功能之外，还具有了浓郁的审美情趣。自明朝中叶

以后，人们常把一些女子结成深交称其为"手帕姐妹"，清朝孔尚任所著传奇剧本《桃花扇》第五场《访翠》中就有这样的叙述："相公不知，这院中名妓，结为手帕姐妹，就像香火兄弟一样。"

现在已经没有多少女孩子用手帕了，而手帕于古代的女子是首饰一样的闺私，通常被叠好掖在臂钏里。手帕是体己而温暖的，因此古代女子结拜金兰姐妹也称"手帕交"。在手帕的一角缀上圆环其余三角从中穿过，即称"穿心合"，里面装着的或许就是一场女儿家的心事。古代，手帕是男女常见定情信物之一。《红楼梦》中就有宝玉赠黛玉旧帕以及贾芸小红手帕传情的情节。唐代李节度姬在《书红绡帕》中写道："囊裹真香谁见窃，鲛绡滴泪染成红。殷勤遗下轻绡意，好与情郎怀袖中。"在贞顺自守、寂寞无声的闺阁时光里，尺素绫帕承载了古代女性绵长的相思和离愁。

自古男女有别，这种有别不仅仅指生理上的，也包括心理上的。古人生活的方方面面均体现出阴阳的道理，男子强调阳刚、智勇，女子强调娴静、贞洁，闺阁就是帮助女孩修炼这种美好品性的地方。古时的女子，多温柔端庄，即使是红拂、红玉这样的奇异女子，亦不失女人特有的美好品性。她们儿时的闺阁生活或多或少在这种品性的修炼过程中起到了关键的作用。

6. 扇子——轻罗小扇扑流萤

扇子，最早称"翣"，在我国已有 3000 多年历史。人们起初不是用它取凉，而是把它当作一种装饰品。据晋崔豹《古今注》记载，最早的扇子是殷代用雉尾制作的长柄扇，但并不是用来拂凉的，而是一种仪仗饰物。在周代，王和后的车子上都有"扇"，用来遮蔽风尘，叫"障扇"；后来的封建皇帝和高官出行的仪仗中，都有大障扇，由持者高擎着为帝王障尘蔽日和显示其威风。扇子以羽扇最老，羽扇就是鹅毛扇。由于三国时期蜀国丞相诸葛亮常手执羽扇，羽扇就成为足智多谋和智慧的象征。苏东坡的名句"羽扇纶巾，谈笑间，樯橹灰飞烟灭"更使羽扇变成智慧的化身。

到了汉代以后，扇子被普遍用来取凉，形式也逐渐增多。《西京杂记》一书曾记载：当时长安有个技术很高的工匠名叫丁缓，曾经制出过一种很大的"七轮扇"，只需由一个人操纵运转，就能使满厅堂的人感到凉爽。看来，这种扇子可能就是现在生活中的吊扇、台扇的鼻祖。

1）团扇

西汉时期，最流行的是对称类型的"合欢扇"，因为是用绢制成的，故又称为罗扇、纨扇。团扇形如圆月，暗合中国人团圆如月、合欢吉祥之意，故又称为合欢扇。合欢扇的特点是面素白色，以扇柄为中轴，左右对称似圆月。汉时还十分流行纨扇，纨扇以竹木为架，面成圆形或椭圆形，用薄丝绢糊成。当时以中原一带所制纨扇最为考究，有"齐纨楚竹"之说，即指用山东绢和湖南竹制作扇面的纨扇。西汉成帝时班婕妤因赵飞燕入宫而失宠，故作诗云："新裂齐纨素，鲜洁如霜雪。裁为合欢扇，团团似明月。出入君怀袖，动摇微风发。"

唐代王建《调笑令》词曰:"团扇,团扇,美人并来遮面。"于是,扇子也就有了并面、便面、障面等雅称。团扇多为"圆如满月"的样式,但也包括了各种"方不应矩,圆不中规"的方圆形、腰圆形、梅花形、葵花形等多种样式。
团扇的出现打破了羽扇的单调格局,使扇形更加丰富了。

2)折扇

折扇,以其收拢时能够二头合并归一而得名,它是11世纪从日本经高丽传入我国的。北宋邓椿在一部关于中国画史的著作中提到,当时北方有一种高丽扇,用鸦青纸做成,可以折叠,上面还绘有图画。这里所说的高丽扇,实际上就是从日本传过去的日本扇。

折扇在日本被称作蝙蝠扇,传入中国后很快就被中国人所接受,并根据其形状称之为折叠扇、聚头扇或撒扇。江苏武进一座南宋墓中出土了一件黑漆奁,上面画着一个手持折扇的仕女,扇子有五档扇骨,白色的扇面上还绘有花鸟。南宋吴自牧的《梦粱录》中说,当时都城临安已设有专门卖扇子的"周家折叠扇铺",说明宋代已经能够自制自销折扇了。不过宋元间使用折扇的人还不多,所以,明代陈霆在《雨山墨谈》中说:"元初东南使有持聚头扇者,人皆讥笑之,我朝永乐初始有持者。"

明代折扇广泛流行,据说这与明成祖朱棣的大力提倡有关。明代制扇作坊遍布各地,其中最有名的有杭扇、吴扇、川扇、歙扇、青阳扇、溧阳扇、武陵夹纱扇、金陵柳氏扇等等。这时的扇骨、扇面制作精良,各有名家,扇面书画广泛流行,深受文人墨客喜爱,还衍生出扇袋、扇坠、扇盒等附属扇子的工艺品。折扇携带方便，出入可以藏在袖中，故有"怀袖雅物"之称。故宫博物院藏有一把明代第五个皇帝朱瞻基画的折扇，共有15根扇骨，扇骨外露的部分全以湘妃竹皮包镶，扇面为纸本设色人物画，一面是柳荫赏花图，一面是松下读书图，落款为"宣德三年春日武英殿御笔"。

清代是折扇大发展的时期，折扇在此时不仅仅是一种用以生风取凉的工具，还是一种艺术品，一种身份、地位、品位的象征，一种社会角色的道具。不仅男性使用折扇，还出现了专供女性使用的秋扇。从文人书画扇这一主流中又分化出黑纸扇、香木扇和各种工艺扇。折扇还流传到欧洲，成为西方贵妇们喜爱的把玩之物。

3）扇画

扇面的面积虽然有限，但也给人们开辟了一块题诗作画的小天地。人们在扇子上绘画、雕刻，或是青山绿水、虫鱼鸟兽、花草树木，或是仙人、仕女、孩童……在小小的方寸之间，营造着一个多彩的世界。富贵平庸之人爱工笔画的花卉仕女，散淡之人爱泼墨山水，端方之士景仰圣贤画像，高洁之士题诗以明志。小小一方扇，可见持有人的审美情趣和境界。

晋朝大书法家王羲之见一位卖六角竹扇的老妇，就在每个竹扇上各写5个字，老妇很不高兴。王羲之说："但言是王右军书，以求百钱可也。"老妇拿出去叫卖，果然人们争相购买。最迟到唐代，绘画作书的团扇已经相当流行，新疆阿斯塔那的一座唐墓出土了一把木柄绢质团扇，扇面上就绘有花鸟，唐代画家周昉的名画《簪花仕女图》中也画有一位手执绘

有牡丹花的团扇的仕女。到宋代,在团扇上绘画作书达到了顶峰,至今仍有不少宋代的绢本团扇扇面被保存下来。

苏东坡到钱塘就职时,有人告状说有个叫张二的人欠购绫绢的钱两万不还。公差把那人招来询问,他说,我家以制扇为生,正好父亲亡故,而自今年春天以来,连着下雨,天气又冷,做好的扇卖不出去,并非故意欠他钱。苏东坡凝视他许久说,暂且把你做的扇拿过来,我来帮你卖。片刻扇送到,东坡取空白的夹绢扇面20把,拿起判案笔书写行书、草书并画上枯木竹石,一挥而就,交给张二,让他快去外面卖了还钱。张二拿扇刚出府门,就有好事者争相用千钱购扇,手里拿的扇子马上卖完了,张二因此还清了欠款。一件难办的案子就这样被苏东坡轻易地解决了,"东坡画扇结案"的故事也不胫而走,很快传遍了杭州城的大街小巷。由于张二膝下无子,只有一个女儿,他死后,他的女婿继承岳父遗志,决心重振扇业。在苏东坡的帮助下,不断请社会名流在扇上写诗作画,开创了杭州在扇面作书画之风气。

我国历史上有不少有名的画扇佳作,如明代周之冕的竹雀扇、唐寅的枯木寒鸦扇、沈周的秋林独步扇,清代恽寿平的菊花扇、王武的梧禽紫蔽扇等。一般来说,扇面之书画创作,以美态愉悦于人;而制作裱糊之时,却以精妙工艺潜化自身。苏州檀香扇、杭州绫绢扇、新会火画扇、自贡竹丝扇,江苏麦秆扇,都因工艺精湛而闻名遐迩。

4)扇情

扇子本是寻常物,却因三千多年的文化积淀变得不寻常。运筹帷幄之士手执扇子指点江山,文人墨客在扇子上用笔墨寄情抒怀,宫中美女用扇子传情达意,道士用扇子驱邪灭妖,连普通百姓也常在家中挂扇子,把扇子视为镇宅之宝。扇子有时还被看作是官职的象征,这大概是因为古代官员多为文人出身,而文人又常随身携带一把扇子，在各种交往场合中行持扇揖让礼。

因八仙之一的钟离权以扇子为法器，扇子又跻身于"暗八仙"之中。既然仙人都用扇子，古人便认为扇子可以驱妖逐邪，常将扇子挂在室内墙上。方外之士所用之扇称为道扇。明代文人高濂说："道扇，其扇有二：有纸糊者，有竹编者。近日新安置扇，其竹篾如纸，编织细密，制度精佳，但不宜漆，轻便可携，何扇胜此？纸糊如此式样亦佳，但得竹根紫檀妙柄为美。"一把小小的扇子，折射出传统文化的丰富多彩。

扇子还可以表现人的某种心理状态。苏东坡用"雄姿英发，羽扇纶巾"之句，描写周瑜的风度。杜牧以"轻罗小扇扑流萤"的诗句，描写少女们的活泼姿态和欢乐情绪。唐人王建的《调笑令》云："团扇，团扇，美人并来遮面。"描写美人以扇遮面的卑怯心理。《水浒传》第十六回："赤日炎炎似火烧，野田禾稻半枯焦。农夫心内如汤煮，公子王孙把扇摇。"一把扇子，把不劳而获的剥削者的可憎面目入木三分地刻画出来。

扇常常被作为爱情的信物。古代女子将自己美好的愿望寄托在自己贴身的物件上。汉班婕妤所作的《怨歌行》，不仅是后妃对君恩短如朝露的感慨，也是在男尊女卑、一夫多妻的社会里对执着爱情的渴望。东晋时的桃叶，对不计名位，深情爱恋她的书法家王献之写下《团扇歌》："七宝画团扇，灿烂明月光。与郎却喧暑，相忆莫相忘。"那是对爱人朴素而深情的盟约啊！

最凄美的莫过于《桃花扇》了。秦淮河边的名妓李香君在媚香楼里邂逅了前来参加会试的侯方域，22岁的侯方域风流倜傥，是一翩翩才俊。二人因一幅《寒江晓泛图》而结缘，越谈越投机，彼此引为知己。按当时的风尚，如果哪位客人中情于一个妓女，只要出资举办一个隆重的仪式，再给妓院一笔重金，这个妓女就可以专门为这一位客人服务了，这套手续称为"梳拢"。侯方域有心想梳拢李香君，只是他这次是出来赶考的，没带太多的银子，有心无力。

正在他犯难之时，友人杨龙友雪中送炭，给了他大力的资助。当时他一心急着办事，并没仔细考虑杨龙友为何送钱给他，只说日后一定还他。有了资本，梳拢仪式很顺利地办了下来。当夜，侯方域将一柄上等的镂花象牙骨白绢面宫扇送给了李香君作定情之物，扇上系着侯家祖传的琥珀扇坠。

（桃花扇）

一日，侯方域偶然想起杨龙友家中并不富裕，哪里来得那一笔重金资助自己呢。他与李香君说起此事，香君也觉得事出蹊跷，便让侯方域去问个明白。经过一番追问，终于弄清了缘由。原来那笔钱并不是杨龙友拿出来的，而是阮大铖通过杨龙友赠送给侯方域的一个人情。

阮大铖阴险诡诈，祸乱朝纲。李香君当即把那些银钱衣饰又经杨龙友之手退给了阮大铖，阮大铖大感脸面丢尽，咬牙切齿地道：看老夫将来有朝一日一定要给他们点颜色瞧瞧！在阮大铖的迫害下，侯方域不得不远走高飞，逃避此难。自侯郎去后，李香君征得李大娘的同意，洗尽铅华，闭门谢客，天天凝视着那把定情的绢扇。

不久，阮大铖逮住机会，想把李香君送给田仰为妾，他派人携带重金前往媚香楼行聘，李香君毫不犹豫地一口拒绝。谁知阮大铖定下了强娶之计，让娶亲的人直冲进媚香楼里，大有不抬走人决不罢休的劲头。李香君被逼得无路可走，便一头撞在墙上，撞得头破血流，昏死过去。

杨龙友闻讯赶来，只见侯方域送给李香君的那把扇子掉在地上，上面沾了香君的鲜血。杨龙友拾起绢扇，端视良久，深为李香君的贞烈品性感慨，立刻找来毛笔，就着扇面上的血迹稍作点染，血迹便成了一朵朵鲜艳欲滴的桃花，再以墨色略衬枝叶，画成了一幅灼灼动人的桃花图，又在扇面上题下3个小字——桃花扇，准备等李香君伤愈后还给她。可怜的李香君伤愈后，阮大铖立即打着皇上圣谕的幌子，将她征入宫中充当歌姬。李香君怀里紧紧抱着那把鲜血写成的桃花扇，带着对侯方域的无限眷念和遗憾，被迫进了皇宫，直到她身染重疾去世，那把血染的桃花扇一直陪伴在她的身边。

扇子还关乎另一种洒脱、幽默或辛酸。诸葛亮轻轻挥动洁白的羽毛扇就挥来了蜀国的一分江山。汉钟离坦胸露腹，摇着一把芭蕉扇，怡然自得，大俗即大雅。济颠和尚背插着一把破蒲扇，腰悬酒葫芦，似醉亦醒。恐怕，扇子已经成为他们形象的一个特征，彼此不能分离了。传说中的唐伯虎放荡不羁，流连美色，真实的他却是落魄而不得志。看他的《秋风纨扇图》，那种自觉不合时宜又不肯俯就的情绪，通过秋风里的纨扇和悲戚的美人便表露无遗了。

衣饰之美

第一章 织绣

1. 丝织刺绣——织金锦缎尽奢华

相传四千多年前，中国有一位名叫黄帝的部落首领，他率部众统一了四方。在举行天下会盟的庆功会时，一位美丽的姑娘从天而降，手中捧着一束金色的蚕丝。黄帝命人把蚕丝织成轻软如云的绢绸，用绢绸制成自己的王冠和袍服，黄帝最终成为中华民族的始祖神。这就是历史上"蚕神献丝"的故事。

中国是蚕丝的故乡，也是丝织刺绣的发源地。遥远的上古时期，先人就把自然界的日月星辰、动物活动，以及日常生活中的作物器具绘在服饰上，形成最初的刺绣图案。其中，比较有代表性的有：

乘云绣：整个幅面上以各色丝线刺绣出流云、卷云、如意云、翅云、爪云等形态各异的云纹，线条流转，动感强烈，在这些复杂缭乱的云雾中，还偶尔显露出伸出头部的神兽，神兽一只眼睛暴张，造型颇为奇特。乘云绣的名称由来，似乎取的便是神兽乘云升腾飞翔的意思。

长寿绣：它的图案由花蕾、叶瓣以及云纹组成，学者们推测，这些意象应该象征着长寿，所以古人将之命名为长寿绣。也有一些学者认为，这些花蕾、叶瓣应该是一种叫作茱萸的作物，史书记载，汉代人对茱萸颇为推崇，认为佩戴茱萸可以驱邪避难。

在古代丝织物中，锦是代表最高技术水平的织物。织锦中最高贵的是"南京云锦"，因为云锦外观富丽华贵、色彩绚烂如云霞而得名。这种精美的织造技艺，从它诞生之初，似乎就注定它将成为皇家的宠儿。古代帝王们的服饰，大部分就是用这种光彩夺目的南京云锦缝制而成的。

（长寿绣）

在中国封建社会，美丽华贵的织绣品日益成为标志身份地位的某种象征。根据记载，唐代玄宗年间（712-756年），宫廷中仅仅为"回眸一笑百媚生"的美人杨贵妃一人织造锦缎、刺绣衣裙的工人就多达七百人。在清代，江宁织造与苏州、杭州织造并称为三大织造。他们的主要功能是为朝廷提供御用织绣。宫廷御用的刺绣品，大部分均由宫中造办处如意馆的画人绘制花样，经批核后再发送三大织造照样绣制。由于织绣工作主要服务于宫廷，所以工匠们在织绣过程中有很多独特的工艺，这些工艺可谓极尽奢华。在织锦刺绣中使用金线的织法叫作织金，在明清两代江宁官办织局生产的织金，金银线都是用真金和真银。制作金线的方法，是把金叶夹入乌金纸内，锤打成金箔，金叶要经过千百万次的锤打，工人靠手的感觉调换角度，凭练就的技巧使金叶慢慢伸展，经过默契的配合，金叶终于成为金箔。制好的金箔只有0.12微米厚，轻微的呼吸就可以将它吹走，再经过背光、切丝，就成为了可以织进云锦的圆金线和扁金线。

清代时，如果在织绣品的尾部织有某某织造真金库金的字牌，就说明所使用的金线材料货真价实，字牌的内容通常为织造官员的名字，或织造这种贡品的机纺牌号，表示织造官员或织造机纺对督造的贡品或织造的产品质量负责。从这些传世的织金锦缎来看，由于金线材料考究，制作严谨，织物虽然经过几百年的岁月侵蚀，至今仍是金光灿烂，光彩夺目。

"男耕女织"是中国三千年封建社会百姓生活的一个真实写照，中国历代的巧女充分发挥她们的聪明智慧，把织绣这种日常的手工活计牵引到了神奇瑰丽的艺术殿堂之上，使其成为一门独立的艺术门类。

晋唐以来，文人士大夫嗜爱书法绘画，书画风格直接影响到刺绣的风格。刺绣所用图案，也与绘画有了密切关系。唐代绘画除了佛像人物，山水花鸟也日渐兴盛。因此佛像人物、山水楼阁、花卉禽鸟也成为刺绣图样，构图活泼，设色明亮。以各种色线和针法之运用，替代颜料描写绘画，形成一门特殊的艺术。

明代顾绣名家韩希孟在刺绣界占有举足轻重的地位，她的作品极力追求绘画效果，以名家手笔为蓝本绣画，所绣山水人物无不生动逼真，所绣花卉草虫无不生机盎然，达到画绣水乳交融的艺术境界。所以，韩希孟的作品也被称为"绣画"、"顾秀"。书画家董其昌对韩希孟的绝技大为吃惊，惊叹："此非人力也！"遂称韩希孟为"针圣"。韩绣传世之作中的代表作品《洗马图》现收藏于北京故宫博物院。此作品完全模仿绘画的笔法用针刺绣而成，雄健的白马以顾绣中最擅长的擞和针顺其肌肉的纹理绣成，逼真写实。

清代满人入关后，清人皇族仿学汉人礼制，对品服规定极其详尽，乘舆仪仗规模盛大，内室均配帘、垫、衣罩之类，无不用绣，使清代刺绣盛极一时，成为中国刺绣史上的一个最鼎盛时期。顾绣曾经一度风靡天下，甚至还出现用"顾绣"之名指代"刺绣"的盛况。受顾绣技法的影响，在民间先后出现了许多地方绣，著名的有粤绣、湘绣、苏绣、蜀绣等，这就是今天我们所说的"四大名绣"。直到嘉庆年间（1796-1820年），随着顾氏家族的没落，顾绣的手艺真谛并没有真正流传到民间，逐渐失传，所以真正的顾绣手艺我们也许只能从当年的遗作中寻找了。

2. 织绣面料——绫罗绸缎绣锦心

1）丝

丝即蚕丝，中国早在4700多年前就有了丝织品。缫丝织绸是中国人民的伟大创造，丝也是迄今流传下来的最成熟的制作成衣的面料。中国丝绸种类多，绣工巧，织造技术高超，图案花纹精美，在世界上一直享有盛誉。西汉汉武帝时期，中国开始向外输出蚕丝和丝织品，"丝绸之路"因此得名。古代希腊人和罗马人称中国为丝国。《山海经·海外北经》："欧丝之野在大踵东，一女子跪据树欧（呕）丝。"唐杜甫《白丝行》："缫丝须长不须白，越罗蜀锦金粟尺。象床玉手乱殷红，万草千花动凝碧。已悲素质随时染，裂下鸣机色相射。美人细意熨帖平，裁缝灭尽针线迹。"宋庄绰《鸡肋编》卷上："定州织刻丝，不用不机，以熟色丝经于木桩上，随所欲作花草禽兽状。以小梭织纬时，先留其处，方以杂色线缀于经纬之上合以成文，若不相连，承空视之，如雕镂之象，故名刻丝。"

2）锦

锦是用彩色丝线织成图案花纹的织品，常在织造前将纬丝染好颜色，颜色一般在3种以上。特点是色泽鲜艳，质地厚实，常用以缘边。

中国织锦业一向发达。春秋战国时期就有菱花织锦、深棕地红黄菱纹锦、朱条间花对龙对凤纹等品种。秦汉以后，锦的品种更加繁多。唐代锦以组织细密、设色精良为特点。宋代三大名锦为苏州宋锦、南京云锦和四川蜀锦。清代壮族的壮锦和瑶、傣等族的棉锦也很著名。

其中最为著名的便是蜀锦。蜀锦为四川成都所产的美锦，以染色熟丝织造，质地坚韧，图案多样，五彩缤纷。三国时，为蜀汉主要手工产品，行销魏、吴。宋时被列为贡品，南宋时朝廷垄断其买卖，以筹资购买军马，为此曾严禁私贩。因其价格昂贵，后来成为向宫廷进贡的面料。许多古代典籍中对蜀锦都有记载，如《渊鉴类函·布帛·锦》引南朝宋山谦之《丹阳记》："历代尚未有锦，而成都独称妙。故三国时魏则市于蜀，吴亦资西蜀，至是始乃有之。"唐杜甫《白丝行》："缲丝须长不须白，越罗蜀锦金粟尺。"元人费著《蜀锦谱》："蜀以锦擅名天下，故城名以锦官，江史以濯锦。"

锦在古代除了作为一种织品，还承载了传递感情的重任。古人有时把信件称作"锦书"，多用以指妻子给丈夫的表达思念之情的书信，有时也指丈夫写给妻子的表达思念的情书。"云中谁寄锦书来？雁字回时，月满西楼。"（李清照《一剪

（蜀锦）

梅》）"山盟虽在，锦书难托，莫、莫、莫！"（陆游《钗头凤》）一个锦字，便让人觉得这种感情光华灿烂，令人神往。此外，锦书也用来指华美的文书。如南朝梁沈约的《华山馆为国家营功德》有"锦书飞云字，玉简黄金编"唐代王勃《七夕赋》有"上元锦书传宝字，王母琼箱荐金约"，说的便是此种文书。

3）素

素指白色生绢，它除了做衣料，还与中国艺术有不解之缘。历史上许多书画作品，清代顾、湘、苏、粤四大名绣都是以白色生绢为依托创造出来的。许多古籍中对"素"都有记载，如《诗·唐风·扬之水》："素衣朱绣，从子于鹄。"《太平御览》卷八一四引《范子计然》："白素出三辅，匹八百。"又卷八一九引同书："白纨素出齐鲁。"古人用绢帛写信，常用"尺素"一词来作为书信的代称。据说唐代人用一尺长的白色绢帛写信，故而得名"尺素"。尺素在寄的时候要叠成两个鲤鱼的形状，所以也用"鱼素"、"鱼书"、"双鲤"来指写信。

4）缬

缬是指染花的丝织品或织物上的印染花纹。中国印花技术发明于战国，至西汉即有金银加彩三色套印染缬，魏晋南北盛行蜡染印花锦布。近年新疆于阗也有绞缬织物出土。唐代普遍流行蜡缬、夹缬和绞缬三种方法。蜡缬，即蜡染，或起始于西南少数民族，是透过镂空的花版，将蜡融化后印于织物之上，经过浸染处理，再将蜡迹洗净，显出轮廓清晰的花纹。夹缬是用两块相同花纹的版模将织物折叠夹紧，然后再行浸染，染出的图案工整对称，能套染多种颜色，是一种直接印花的方法。绞缬则适合于染印散点状的花纹，染时根据需要先将织物依次撮缬起若干组，再用细线扎紧，浸染时将线拆除,织物上便会出现一组组浑厚而有规则的花纹。晋陶潜《搜神记》卷九记载:"淮南陈氏于田中种豆,忽见二女子,姿色甚美,著紫缬襦青裙,天雨而衣不湿。"给这种面料蒙上了一层神秘的色彩。

5)罗

罗属于质地轻软稀疏的丝织品,其经纬组织显椒眼纹。未练者称生罗,已练者称熟罗。起花纹者称纹罗,无花纹者称素罗。自先秦以来,历代都有生产。三国魏曹植《洛神赋》曾记载:"披罗衣之璀粲兮,珥瑶碧之华琚。"唐代有透额罗,即以一小方马尾罗遮住前额,为妇女装饰之一。宋代公私服多用罗,妇女成婚用以蒙头的盖头,即以五尺见方的皂罗制成。清代苏州生产的罗有花罗、素罗、刀罗、河西罗等名目。罗除用作衣料外,历史上还常用作扇面、床帐、屏风等。《红楼梦》第四十回讲到一种叫作"软烟罗"的:"那个软烟罗只有四样颜色:一样雨过天青,一样秋香色,一样松绿的,一样就是银红的。若是做了帐子,糊了窗屉,远远的看着,就似烟雾一样,所以叫作'软烟罗'。"

6)绮

绮是在素地织纹起花的丝织物,它质地柔软,质理疏朗。绮和罗常常被放在一起来称呼,通常作为女子的夏季服装面料。用经线、纬线错综地在织物上织出凸出的图案的工艺,在商代就已经发明了,安阳殷墟出土的铜器上粘有织成规矩纹样的绮、绢等丝织物残迹。战国楚简上也出现了"绮"字。而后各朝都有织造,规格和花样愈益丰富。锦绮,一向被视作是高级织品,不少朝代对它的服用对象都做了限制。唐白居易曾写过《庾顺之以紫霞绮远赠,以诗答之》:"千里故人心郑重,一端香绮紫氛氲。开缄日映晚霞色,满墙风生秋水纹。为褥欲裁怜叶破,制裘将剪惜花分。不如缝作合欢被,寤寐相思如对君。"

7）绫

绫，俗称绫子，是一种有彩纹的丝织品，光如镜面，像缎子但比缎子薄。最早的绫表面呈现叠山形斜路，"望之如冰凌之理"，故而得名。绫有花素之分，《正字通·系部》："织素为文者曰绮，光如镜面有花卉状者曰绫。"绫采用斜纹组织或变化斜纹组织。传统花绫一般是斜纹组织为地，上面起单层的暗光织物。绫质地轻薄、柔软，主要用于书画装裱，也用于服装。绫在汉代以前就有了，汉代的散花绫用多综多蹑机织造。三国时马钧对绫机加以改革，能织禽兽人物等较复杂的纹样。唐代绫得到了很大发展，名目繁多，公私衣服皆用其作料，其中尤以蜀中锦彩、吴越异样纹绫纱罗和河南北纱绫最为著名。在白居易的《杭州春望》中对绫曾有描写："红袖织绫夸柿蒂，青旗沽酒趁梨花。"宋代在唐的基础上又增加了狗蹄、柿蒂、杂花盘雕和涛水波等名目。在明代出土的丝绸纹样中也发现了落花流水花绫。

8）绸

绸亦称茧绸，是用家蚕粗丝或野蚕茧丝纺织成的平纹织物。汉代即为人重视，汉桓宽《盐铁论·散不足》说："茧绸缣练者，婚姻之嘉饰也。"南北朝以白绸作为馈赠礼品，唐宋的土贡中既有花绸、绵绸和平绸，明代以山西潞绸为最佳。清代叶梦珠《阅世编·食货六》中对山东茧绸有详细的描写："山东茧绸，集蚕茧为之，出于山东椒树者为最佳，色苍黑而气带椒香，污秽著之，越岁自落，不必浣濯而洁，在前朝价与绒等，用亦如之。"

第二章 服饰

每个民族都有属于自己的特色服装。从三皇五帝到明朝，汉民族所穿的服装被称为汉服。汉服是汉民族传承千年的传统民族服装，是最能体现汉族特色的服装。汉民族凭借自己的智慧，创造了绚丽多彩的汉服文化，发展形成了具有汉民族自己独特特色的服装体系——汉服体系。汉服的主要特点是交领、右衽，不用扣子，而用绳带系结，给人洒脱飘逸的印象。这些特点都明显有别于其他民族的服饰。汉服有礼服和常服之分。从形制上看，主要有"上衣下裳"制（裳在古代指下裙）、"深衣"制（把上衣下裳缝连起来）、"襦裙"制（襦，即短衣）等类型。其中，上衣下裳的冕服为帝王百官最隆重正式的礼服，袍服（深衣）为百官及士人常服，襦裙则为妇女喜爱的穿着。普通劳动人民一般上身着短衣，下穿长裤。而某些历史阶段时汉族人所穿的汉化服装，如旗装、旗袍、马褂等不可以被称作"汉服"，因为它们与真正的汉服没有正常的演变衔接过程。

1. 女子衣衫——鬓影衣香媚千年

根据有关数据记载，我国在先秦时期就建立了服制，并对以后各个历史朝代产生了很深远的影响。先秦时代，华夏族服饰的特点是上衣下裳，宽衣博带，《说文解字》说："上曰衣，下曰裳。"下身穿的裳实际是裙，而不是裤。如周天子赏赐给属下的"赤带"就是一块红色的布，在腰间垂于腹前，它是贵族身份的标志，又叫韦。这时的衣服是右衽窄袖长衣，长度在膝盖上下，领袖是襟，裙都用花边装饰，没有纽扣。

秦代服制与战国时无大差别，保持了中国服饰深衣的基本形制。西汉服装仍沿袭深衣形式。不论单、绵，多是上衣和下裳分裁合缝连为一体，上下依旧不通缝、不通幅；外衣里面都有中衣及内衣，其领袖缘一并显露在外，成为定型化套装。下着紧口大裤，保持"褒衣大裙"风格。

身穿大袖宽衣，下着长裙，脚穿高头丝屐，这是秦汉以前女子服装比较普遍的风格。贵族女子的肩臂上缠巾帼，裙、襦上外用丝绣，丝屐上绣花。庶民女子臂上不缠巾帼（围巾），只用一块布覆上，衣袖没有贵族女子的那样宽大，裙也没有那么长，为了劳动方便，裙外还要架一条围裙。到了秦汉，女子服装有了一些变化，

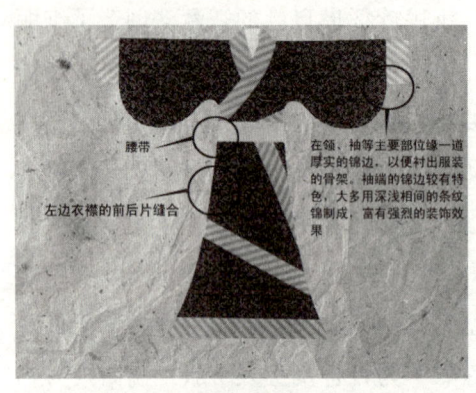

（战国时期女性服饰）

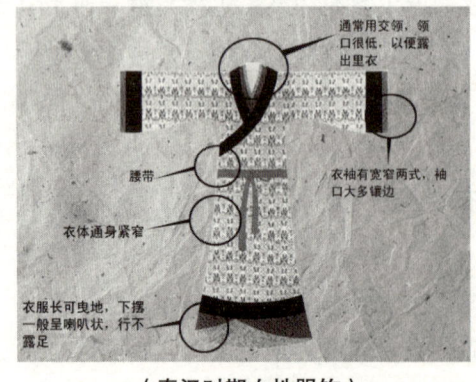

（秦汉时期女性服饰）

"上短下长",上衣之裙只到胸部并且窄小,袖子仍宽大,即所谓"窄衣大袖"。下裙长到曳地,尤其贵族女子的裙更长,甚至走路时要由两个婢女提携。秦汉时,女子服装既有衣裙两件式,也有长袍,裙子的样式很多,最有名的是"留仙裙"。相传汉朝赵飞燕被立为皇后以后,十分喜爱穿裙子。有一次,她穿了条云英紫裙,与汉成帝游太液池。鼓乐声中,飞燕翩翩起舞,裙裾飘飘。恰在这时大风突起,她像轻盈的燕子似的被风吹了起来。成帝忙命侍从将她拉住,没想到惊慌之中却拽住了裙子。皇后得救了,而裙子上却被弄出了不少褶皱。可是说来也怪,起了皱的裙子却比先前没有褶皱的更好看了。从此,宫女们竞相效仿,这便是当时的"留仙裙"。

魏晋南北朝时期基本上处于分裂状态,各个朝代的服装有所不同。女子服装从式样来说,受胡服的影响比较大,衣袍外为左襟,并且上短下长。"下衣"是指裤服到胸,裙长曳地,贵族女子的裙长要曳地

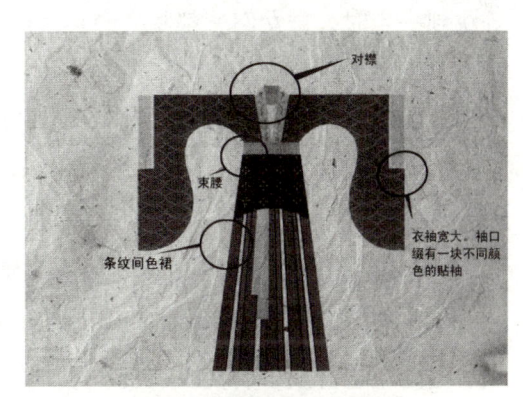

(魏晋南北朝时期女性服饰)

五尺。一般庶民或奴婢等女子,上穿开领大袖衫,衣长仅覆腰,下着长裙,裙长至足,腰系长带。

唐时期妇女的服饰显示出一种与众不同的风格,这也与当时的审美观有关,当时以体态丰腴为美,小女子喜欢穿男装。当时妇女的服饰很丰富。女子与男子一样也穿"背子",款式是对襟式。由于"背子"穿着比较方便,所以宫中的宫女多喜欢穿用,而且定为当时的

（隋唐时期女性服饰）

礼服。平常女子也多穿"背子"，但在服饰面料、装饰和做工上大为逊色，领子袖口和下摆处只有深色的厚质面料作款式，服色一般用白色。当时另一种没有袖子的服饰与"和尚"服相似，穿在衣衫的外面，在唐俑中常能见到这种装束。还有一种穿在衣服外面的服饰叫"缦衫"，它的形制特别短小，一般是舞乐女子穿的，据说舞女刚露面时，多穿着缦衫，等跳到一半时，舞女们就都脱去缦衫露出里面穿的有绣纹的美丽衣裙来，令宾客们眼前焕然一新。

总体看来，隋唐妇女的服饰花样繁多，五光十色，具有艳丽、华美、自由、潇洒的艺术风格。通过这些服饰把隋唐美人秀美丰满的风姿显露得淋漓尽致。

窄、瘦、长、奇是宋代妇女服装的主要特征。

宋代贵妇的便装时兴瘦、细、长，与以前各个时期都不太相同。衣着的配色也打破了唐代以红紫、绿、青为主的惯例，多采用各种间色，如粉紫、黑紫、葱白、银灰、沉香色等。色调淡雅、文静，合理地运用了比较高级的中性灰色调，衣饰花纹也由比较规则的唐代图案改成了写生的折枝花纹，显得更加生动、活泼、自然。

宋代一般平民女子，尤其是劳动妇女或婢仆等，仍然穿窄袖衫襦。只是比晚唐、五代时的更瘦更长，颜色以白色为主，其他也有浅绛、浅青等。裙裤也比较瘦短，颜色以青、白色最为普遍。

宋代妇女的衫多半用刺绣为装饰。大多是圆领、交领、直领、对襟，腰身清秀苗条,下摆多,有较长的开气,衣料一般是用罗、纱、绫、缣等轻软的料子。

襦与袄是相似的衣式,襦的造型短小,一般到腰部,对襟,侧缝下摆处开气,袖端细长,衣身也比较窄。襦有单襦、复襦,单襦与衫相近,复襦与袄相近。通常,宋代贵族妇女

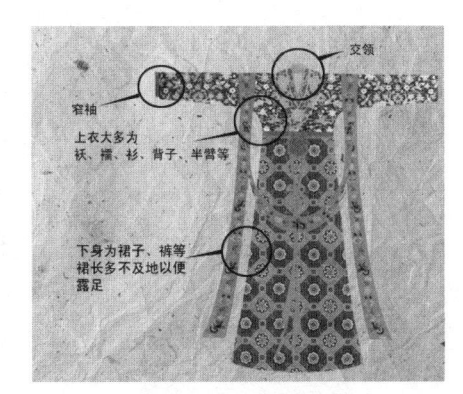

(宋朝时期女性服饰)

的服色以紫红、黄色为主,用绣罗并加上刺绣。平民妇女多以青、白、褐色为多,上了年纪的妇女也喜欢穿紫红色的襦。而袄大多是有里子或夹衬棉絮的一种冬衣,对襟,侧缝下摆开气,又叫"旋袄",可以代替袍。宋代对袍的穿用是有限制的,除命妇可以穿外,其余大多数的民间女子是不准穿的。后规定命妇的袍色,三品以上是紫色,绣着仙鹤和芝草,三品以下一律用黄色,并不绣花样。至于袄的服色,除了白色规定作为"凶服"外,其余的没有什么限制,可以随各人的喜好来选择。

窄袖衣是宋代女子中普遍流行的一种便服。式样是对襟、交领、窄袖、衣长至膝。特点是非常瘦窄,甚至贴身。由于这种服装式样新颖又省料,既便于行动,又夸张了女性的曲线美,所以很快就流行了起来,不但贵族女子喜欢穿,一般的女子也喜欢穿。

元代妇女服饰包括蒙古妇女和汉族妇女的服饰。汉族妇女仍保持宋代的服制,上衣有比较瘦俏的背子、衫襦、云肩等,下身多穿褶裙,头上一般梳顶心髻。后来受蒙古族妇女服饰的影响,穿左衽、窄袖、腰束大带的长袍的人渐渐多起来。另外,这一时期在妇女中还流行

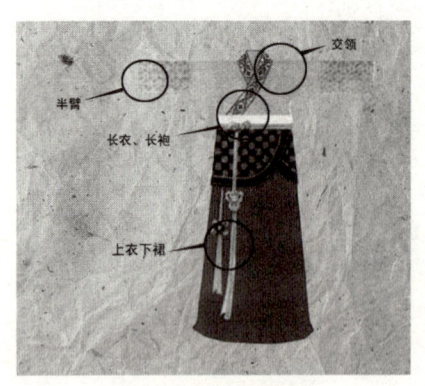

（元朝时期女性服饰）

各种单、夹棉的对襟衣和半袖袄，这是与唐宋时期的服饰不相同的。而蒙古族妇女的服饰是以袍为礼服，袍式宽大而长，右衽交领，袖子大，但在袖口处较窄，式样类似于现在的蝙蝠衫。

明代女装时兴窄袖的衫襦、背子、长裙等。"背子"是明代贵族妇女的礼服之一，又称"披风"，与前代的背子、背心相似，一般在秋冬季节穿。一般妇女也把"背子"作为礼服穿，式样是大袖宽身。"比甲"本来是元代的服饰，但在明代受到北方地区妇女的喜欢。"比甲"对襟、盘领或交领，无袖或短袖，长至臂部或至膝部，有些更长，离地不到一尺。自从元代有了纽扣之后，"比甲"上也有用纽扣的，这样穿起来更方便、快捷、系结严紧。"比甲"一般穿在大袖衫、袄子之外，下面穿裙，所以"比甲"与衫、袄、裙的色彩搭配能显出层次感来。长袄、长裙是明代的一种便服。长袄的式样是盘领、交领或对襟，领子上用金属扣子系紧，窄袖，领袖和下摆都有缘边，与明代前的袄不同的是，一般长到膝下，所以叫"长袄"；服色多用紫色、绿色；衣料一般是罗、缎，袄上的花纹与大袖衫相似，一般都是刺绣。明代还有一种妇女内衣，叫"腰子"，是围在妇女胸前，露出肩臂和乳胸上部的一种衣服，它与肚兜不同，是用宽幅的纱绫横缠在胸前，有的还使用纽扣并加刺绣。

明代由于妇女盛行裹足，又追求"行不露足"，所以贵族妇女都穿长裙来掩饰金莲小脚。裙上绣着折枝花纹，或在裙幅下边一两寸的位置绣上花边，作为压脚。最初裙幅用六幅，这是遵循古代仪礼，所谓"裙拖六幅湘江水"。到了明代末年，裙幅变成了八幅，腰间的细褶也多了起来，走起路来这些细褶好像粼粼的水纹一样。

（明清时期女性服饰）

清代，汉、满族女装发展的情况不一。汉族妇女在康熙、雍正时期还保留明代款式，时兴小袖衣和长裙；乾隆以后，衣服渐肥渐短，袖口日宽，再加云肩，花样不断翻新；到晚清时，都市妇女已去裙着裤，衣上镶花边、滚牙子，一衣之贵大都花在这上面了。清代妇女服饰中最为显著的变化是纽扣的使用。纽扣成为清代各种衣服上不可缺少的衣饰，纽扣最初只装饰在领子上，使自古以来的交领、盘领、直领等领一改而成了高领。原来脖子总露在外面，有了纽扣就可以不露了。

旗袍是满族妇女中很流行的一种长袍，后来也成为汉族妇女主要的服饰之一。清代满人穿的旗袍与后来称为旗袍的服装是有着很大的区别的，但后来的旗袍是在满人这种长袍基础上发展而来的。旗袍，最初极为宽大，腰身为筒式，后来渐渐变小。圆领、右衽、高领或低领，清末时高领能高达二寸半左右。旗袍有单、夹、棉、皮之分，都按季节的变化来区分。袍色一般浅淡居多。满族妇女穿旗袍时，大多喜欢在旗袍外面罩上一件坎肩。

清代汉族妇女的服饰大多沿袭明代，一般是上着袄、衫、下着裙，后来不穿裙，改穿裤。袄衫多是圆领，右衽，大襟，对襟，琵琶襟，大袖，且锦绣镶边。袄的质料多用棉、缎，衫多用纱、罗、绸等，也有舍织蜡染的花布，颜色以天青、湖蓝、粉、白、红等为多。冬天也用貂、狐之类的皮毛。镶边也是极为复杂、精美，当时有"十八镶"的说法。

一般好的裙，式样较多。如苏州妇女的"白褶裙"，整幅裙多达上百个褶，裙前面有类似蔽膝，左右打褶的"马面裙"，又叫"月华裙"，因为裙的每个褶中，五色俱全，好似皎洁的月亮晕耀光华而得名；又有"弹墨裙"，是用墨弹在裙口子上，雅素而别具风格，像一幅水墨画，渲染出千姿百态的变化。此外还有"凤尾裙"、"鱼鳞百褶裙"、"洋印裙"、"金泥簇蝶裙"、"绣凤凰裙"、"满花裙"、"一块玉裙"、"鬼子栏杆裙"、"饰件镶滚裙"、"叮当裙"等等，这些裙各具特色，不仅突出了妇女修长的身段，又显示了华丽而丰富的装饰美。

清代未成年女子都穿裤。裤式为高腰、合裆、裤长至脚，造型不像男子的裤那么肥阔。穿的时候用一条长带系腰，余下的部分作为装饰。女子的裤比男子的色彩鲜艳，花纹丰富，可以按自己的喜欢选用。另外女子的裤口还有一个共同点，即在裤脚上饰有各种镶边。光绪时，裤口要做好几层镶边，第一道最宽，二、三道就窄了。到了宣统的时候，裤管时兴细窄，镶边便比以前减少了。

2. 男子服饰——衣袂飘飘真贤士

商周时期人们穿的多是分为上、下两部分的衣裳，这是当时男人的常服。春秋战国时期，男人们开始穿着一种上衣下裳连在一起的新衣裳——深衣，使分为上下两截的衣裳变成了妇女的专用品。

深衣在当时确实有不少优点。它缝制容易，穿着方便，既利于活动，又能严密地包裹住身体，还可以充分利用布料。因此很快流行开来，无论文人、武夫、官员、平民，全都把它作为日常服装，甚至作为礼服穿用。

战国时期，南北各国的文化出现了明显的不同，深衣的式样也出现了明显的不同。北方的深衣衣袖窄长，上衣紧贴身体，显露出胡人服式的一些特点；下面的衣裾宽大。而在南方可以看到3种以上的不同深衣。一种深衣的式样很特别，衣袖肥大而下垂，在衣袖口处突然收紧，衣裾长可拂地，人们称它为"垂胡形衣袖"。这种衣袖可以兼作口袋使用，香袋、手巾、零钱等都可以放在里面。这是当时贵族妇女穿用的常服。另一种服式的肩部、腋下比较宽松，衣袖从肩往下逐渐变窄，形成

（楚墓中战国中期男子服饰）

细长窄小的袖口。衣裾拂及地面，使足部不外露。还有一种深衣式样显得很简陋，它衣袖宽松，像一只圆筒，衣服上下宽窄相近，衣裾较短，露出了双脚。前襟下面还露出了下垂的右内襟。这种形式简陋、裁剪方便、适宜劳作的服装是社会中下层劳动人民的日常衣着。

（汉代男子服饰）

（南北朝男服）

汉代，上身穿短襦，下身穿裤子或在腿上缠绕斜幅的服装集合更为广泛地流行开来。当时劳动人民赤裸身体，仅穿一条下裳劳作是很常见的。当时的那种短裤与今日的中式短裤相近，汉代人称之为"裈"，是劳动人民常穿的。"犊鼻裈"是劳动人民穿的另一种短裤。它十分短小，只是一块三尺长的布帛围在腰胯间。关于"犊鼻裈"，还有一些与当时的名人有关的故事：

汉代文学家司马相如琴挑富家卓王孙新寡的女儿卓文君，文君私奔，与相如在临邛卖酒，"文君当垆，相如身自着犊鼻裈，与保庸杂作，涤器于市中"。

三国魏阮籍、阮咸叔侄俱名列竹林七贤。阮族所居，在道北的都是富户，在道南的都是贫家。俗有七月七日晒衣之习，是日，居道北诸阮盛陈纱罗锦绮，居道南之阮咸"以竿高挂大布犊鼻裤于中庭"。人多怪之，他说："未能免俗，聊复尔耳！"用以调侃世俗。

到了唐代以后，男子的服装就逐渐简单起来。长袍成了最常见的衣着。这种袍服与标榜正统汉族礼仪文化的官员礼服不同，吸收了比较多的北方游牧民族服装因素。日常穿用的袍服，袖子较细窄，襟裾也较短，仅及踝部，甚至有些短袍仅过膝部。衣身较紧凑，采用圆领或大翻领。这样的袍服节省原料，活动起来也方便，很快便在社会上流行开来。与此同时，广大劳动阶层中，短衫、短袍也一直流行着。它们和长袍的式样大体相似，只是衣襟较短，更加紧身，有对襟的，更多是掩襟的，一般是将前襟掩到右侧，在腋下用纽绊束住，和它配合穿用的是长裤和靴子。

（宋代官服）

在唐代，人们还会在袍服外加穿一件无袖的半臂，这种衣着在宋代及后世流行得更普遍，还有了不少改进。晚唐五代时期，有过一种圆领缺胯短衫。它在衣服的两侧开出较高的胯缝，可能是劳动人民便于劳作的衣式。

宋朝时期，在程朱理学"存天理、去人欲"的鼓吹下，封建统治者有了尽力压低人民物质条件的借口。宋代帝王在大力搜刮民财享用的同时，却多次宣布平民服饰要"务从简朴"，"不得奢僭"。当时的社会舆论也顺应这些欺骗，主张衣着简朴洁净，不提倡华丽奢侈。因此，宋代的服装显得朴素简单，日益世俗化。但当时人们对服装的质料、颜色、纹饰还是很注重的。相比之下，穿着短衫的各种劳动者就随便得多，衣式变化也较大。

宋代当时的士大夫阶层还爱穿宽大的长袍，叫作道袍，也叫作直裰或直缝，这是由于它的背面分成左右两个衣片，中间用一道直线缝合。直裰多用素纱、素绢、麻布及棉布等衣料制作，颜色以官方规定百姓平民可使用的黑色、白色为主。有趣的是，当时的文人士大夫中又风行起古代的幅巾，式样和名称有近百种，如所谓程子巾、山谷巾、华阳巾、高士巾、仙桃巾、云巾、葛巾等等。

元人以白、蓝、褐色最为流行。蒙古人尚白色，以白为洁；蒙古人崇拜天，所以也尚青色。质孙服是蒙古族的衣冠之一，汉话译为"一色衣"，与周代的深衣近似。衣袖较紧、窄，而且下裳较短。衣长至膝下，腰部有无数褶裥，造型像现在的百褶裙，在裳腰部加横裥，领式多是右衽交领、方领、盘领。下身是小口裤，脚穿络缝靴，腰间开始时用毡氎革作装饰，后来用拧丝金线或用红紫帛捻成线，横缠在腰上，这样骑在马上，束紧腰围就显出了体型的轮廓。

衣饰的纹样有日、月、龙、凤等纹。质孙服用青、红色绵做的较多，在衣的肩背间缀以大珠作为装饰。

此外，元代一般男子穿宋代圆领袍和交领袍，头戴宋式幅巾。贫苦的劳动人民则是短衣，披蓑衣，窄裙或赤足裹腿，腰系大带，

（蒙古族服饰）

（明代官服）

衣式多为右衽、交领，插簪或戴斗笠。

明朝立国不久，就下令禁穿胡服，恢复了唐朝衣冠制度，法服与常服又得以并行。法服大体同于唐朝。官吏戴乌纱帽，穿圆领袍。袍服除了品色规定外，还在胸背缀有补子，并以其所绣图案的不同来表示官阶的不同。不仅如此，官员的腰带也因品级的不同而在质地上有所不同。故有明一代的服饰特点主要体现出等级限制的严格。明代的男装，有官阶者日常多穿青布直身的宽大长衣，头上戴四方平定巾，书生多穿直裰或曳撒，戴巾。一般平民穿短衣，戴小帽或裹头巾。在这个时候，出现了一种六瓣、八瓣布片缝合的小帽，看起来很像剖成半边的西瓜。本来是仆役所戴的，但是因为戴起来很方便，所以就普遍流行起来，它就是清代"瓜皮小帽"的前身。

清代男装主要是长袍和马褂，袖端呈马蹄形，是历代不曾见过的。长袍造型简练，立领直身，偏大襟，前后衣身有接缝，下摆有两开衩（古时称"缺胯"）、四开衩和无开衩几种

（清琵琶襟马褂）

类型。皇室贵族为便于骑射，着四面开衩长袍，即衣前后中缝和左右两侧均有开衩的式样，平民则着左右两侧开衩或称"一裹圆"的不开衩长袍。

在《红楼梦》第九十四回"宴海棠贾母赏花妖"一节中，记述了一段内容："那日宝玉本来穿着一裹圆的皮袄在家歇息……忽然听说贾母要来，便去换了一件狐腋箭袖，罩一件元狐腿外褂。"这里说明"一裹圆"是休闲衣服，不可登大雅之堂，所以贾母到来，贾宝玉必须换掉便装，改着正式穿戴。清朝时长袍外面的马褂身长不过膝，袖宽且短。衣服上的佩饰比较繁琐，一个金银牌上垂挂着数十件小东西，如耳挖子、镊子、牙签，还有一些古代兵器的小模型，如戟、枪之类。

男装中以褂最为盛行，马褂是清代男子四种制服之一。四种制服为礼服、常服、雨服和行服，马褂即行服。马褂自康熙年间进入富家后，军服也用此制。清赵翼《陔余丛考·马褂》记："凡扈从及出使，皆服短褂、缺襟及战裙。短褂亦曰马褂，马上所服也。"

马褂作为外用，有单、夹、棉几种不同做法，一般采用石青、绀色、黑色等较素的颜色，习惯上不用亮纱原料。在乾隆年间，有翻毛皮马褂，为贵族服用；官职人员着褂在胸前背后缀有补子叫"补褂"。清初马褂采用天蓝色，乾隆时以玫瑰紫为佳，清末深绛（赤、大红）最流行，民国时期流行浅灰和浅驼颜色。

（清代男子日常装束）

第三章 冠冕

1. 冠冕——玉冠金冕天下知

在中国，据说是华夏始祖黄帝首先发明了帽子。奴隶社会时期，帽子只是在官僚统治阶层中普遍使用，它的作用不是为了防热御寒，而是装饰和标志。这时的帽子应该叫"冠"和"冕"，只有帝王和文武大臣可以戴帽子，以标示其地位和权力的大小。《释名》曰："二十成人，士冠，庶人巾"，可见只有士以上的人才可以戴帽子，其他平民百姓都没有戴帽子的权利。最初的时候，皇帝戴的叫"冕"，士大夫戴的叫"冠"，后来互用，皇帝戴的一律叫"通天冠"。春秋战国时期，像孔子、孟子这样的大学者也不能戴帽子，而是用"帕头"裹头，他们教育学生要树立"轩冕之志"，轩是车子，冕是帽子，就是要学生立志当官走仕途，可见当时坐车子和戴帽子是官员的特权。一般平民老百姓只可以用"巾"把头发束起来，穷人则只能披头散发或者用麻绳把头发束起来。

随着社会的发展，到魏晋南北朝时期，社会动乱，冠冕开始流行于民间的儒人雅士。晋人陆机《幽人赋》中有"弹云冕以辞世，披霄褐以延伫"的句子。这时北方的胡人带来一种真正的帽子——皮帽，但是并没有流行起来。隋唐时期，社会生产力发展，社会风气逐渐开放，帽子虽然还是一种地位的象征，但权力象征意义逐渐淡化，逐渐在民间流行。一般的读书人和有钱商人可以戴帽子，但是仍有规定的样式，分为书生帽和商人帽，一般老百姓还是用布把头发束起并包裹起来。元朝时期，北方游牧民族的皮帽毡帽开始逐渐流行中原，连元朝皇帝戴的帽子也是用珍贵的皮毛做的，上面镶有珍珠。明朝建立后，恢复了汉人的"冠冕"制度。满族入主中原以后，帽子才真正流行起来，上至皇帝，下至贫民都可以带帽子，帽子的实用价值才真正体现出来。

（唐代戴帷帽女子陶俑）

在古代，女子15岁便束发插笄，用"巾帼"在后面挽头发或者把头发包扎定型，一般是不戴帽子的。古代戴帽子的女人有两种：一是皇后贵妃和公主之类、有戴"凤冠"、"花冠"特权的贵族妇女。二是一些有官位的侍女也可以戴帽子。这表明女人的帽子也是权力和地位的象征。唐朝时曾在上层贵族妇女中流行过从胡人那儿传过来并经过改进的帽子，叫"帷帽"，它四周有纱幔围绕，用来防沙、遮脸，防止陌生男人偷看自己。

中国女人普遍带帽子是从清末开始的，当时，流行的是西洋款式的凉帽、挡风帽，起初也可以说是一种地位的象征，后来体现的便是彻底的装饰性和实用性。

2. 冠礼——弱冠经年始成人

冠礼是古代嘉礼的一种，为汉族男子的成年礼。成年礼起源于原始社会，古代贵族男子成年时要举行加冠（帽子）仪式。《礼记·曲礼上》："男子二十，冠而字。"又《冠义》："已冠而字之，成人之道也。"就是说，男子到了20岁，行加冠礼，同时起个字（别名），表示他已是性成熟的成人，可以婚嫁了。古人很重视冠礼，《仪礼》共17篇，第一篇就是《士冠礼》。杨宽《冠礼新探》称，氏族社会男女青年到达成熟期，必须参加"成丁礼"才能成为氏族公社的正式成员。这种"成丁礼"后来演变为冠礼。据《仪礼·士冠礼》载，冠礼在宗庙里举行，由父或兄主持。在此之前，先要筮日，即受冠者要先以蓍草占卜，选定加冠的吉日，日期为二月，冠前十天内，卜筮吉日，十日内无吉日，则筮选下一旬的吉日。冠礼的前三天筮

宾，宾是负责加冠的人，一般是父兄的僚友。宾选定后，要一再敦请，直到宾答应为止。冠礼进行时，宾给冠者加冠三次。先加缁布冠（即用黑麻布做成的冠），表示从此有治人的特权；次加皮弁（用白鹿皮制作，由几块拼接而成，形似后代的瓜皮帽），表示从此要服兵役；最后加爵弁（赤中带黑色的平顶帽，因其颜色与雀头相似而得名，用极细的葛布或丝帛制成），表示从此有权参加祭祀。每加一次冠，宾都要对冠者致祝词。如在初加缁布冠时说："令月吉日，始加元服（元服，即"头衣"，即冠）。弃尔幼志，顺尔成德。寿考惟祺，介尔景福。"大意是加冠之后，你要去掉小孩子脾气，按照成人的规矩办事，愿你寿命长，福气大。三次加冠后，主人设酒馔招待宾赞等人（赞是宾的助手），叫"礼宾"。"礼宾"后，冠者入家拜见母亲，然后由宾取"字"，依次拜见兄弟和赞者，入室拜见姑姊。这以后，冠者要脱下最后一次加冠时所用的帽子和衣服，换上玄色的礼帽礼服，带着礼品，去拜见国君、乡大夫（在乡而有官位者）和乡先生（退休居乡的官员）。这种拜见，主要是说明冠者已是成人。最后，主人向宾敬酒，赠送礼品，冠礼告成。

所谓成人之礼，并不是说经过这些仪式节目之后，就像变戏法似的，一个童子一下子就可以变为成年人。人的成长有一段过程，而初步的成熟则更需要循序渐进的教育培养和生活历练，不可能是点铁成金、一蹴而就的。所以与其把冠礼看作是一种表示成人的形式，不如把它看作是家庭教育的毕业典礼。在这一天之前，从穿衣纳履，行坐姿态，言语动作，仪表风度，生活意识，行为道德，以及一般做人处事的基本原则等，家中的父老长辈们都会以身作则，耳提面命，不断地教导孩子。十几年的生活教育，到这时候可以告一段落了，可以为孩子举行成人的加冠大典了。

冠礼的举行一直延续到宋代。在元代时，在宫廷中不举行冠礼，但民间的汉人家庭依然要举行冠礼。冠礼在明代非常盛行，在《明史》、《明会典》、《明集礼》等史料中，都有朝野遵行冠礼的记载。满族入关之后，宫廷内不行冠礼；民间则仍有参照《士冠礼》而行者，但已经相当零散。到清末民初，西风东渐，冠礼全亡。

3. 官帽——乌纱白发西台卿

帽子是古代"头衣"的一种，并且是最古老的一种"头衣"，古代"头衣"包括帽子、巾、幞头、冠、冕、弁等。《说文解字》未收"帽"这个字，可见帽是出现于东汉以后的字。

汉代戴长冠。长冠，汉高祖刘邦先前戴之，用竹皮编制，故称"刘氏冠"，后定为公乘以上官员的祭服，又称斋冠。

据南朝梁陈之间的顾野王所撰《玉篇》

（汉代长冠）

载："巾，佩巾也。本以拭物，后人着之于头。"在古代，巾是用来裹头的，女性用的称为"巾帼"，男性用的称为"帕头"。到了后周时期，出现了一种男女均可用的"幞头"，"幞头"原来是人们在劳动时围在颈部用于擦汗的布，相当于现在的毛巾。后来，人类在田地里劳作，由于大自然的风、沙、日光等对人类的侵袭，于是人们为了用来防风沙、避严寒、免日晒，便将巾从围在颈部改为裹到头上，由此渐渐地演变成各种帽子。

冠帽幞头是一种包头用的巾帛，分为软脚幞头和硬脚幞头。早在东汉时就已流行,魏晋以后巾裹更加普及,成为男子的主要首服。隋代幞头较简便。初唐幞头巾子较低,顶部多呈平型,即为"平头小样"巾子。以后巾子渐渐增高,陆续出现"英王踣样"巾子、"官样"巾子、"开元内样"巾子等。

长翅帽的发明人是宋朝开国皇帝赵匡胤。赵匡胤坐上龙椅后很不放心当年一起闯天下的同僚,尤其讨厌文武大臣在朝堂中交头接耳,评论朝政。一天,赵匡胤上早朝,在听取某个大臣的奏章时,发现两侧有不少官员窃窃私语。赵匡胤心里有点恼火,但不露声色。退朝后,他想出个办法,传旨属官在幞头纱帽后面分别加上长翅。长翅用铁片、竹篾做骨架。一顶帽子两边铁翅各穿出一尺多(以后越来越长)。戴上长翅帽后,官员想要并排坐着或站着谈话很难,因为帽上的长翅使彼此的距离加大,听不清对方的话,只能面对面交谈。长翅帽除了在朝堂上和官场正式活动时必须戴上,在一般场合是不戴的。因为戴上它在街上行走、与人交谈,实在太不方便,

元朝的官帽称为顶戴,但是其式样却和汉人的有很大的区别。

明朝时,由于官员们特别爱戴乌纱帽,朝廷遂正式将它列为王

(宋代长翅帽)

公百官上朝及处理公务的必要配备，并规范其制式为：以藤丝或麻编成帽胎，涂上漆后，外裹黑纱。呈前高后低式，两侧各插一翅。

清代男子的官帽有礼帽、便帽之别。礼帽俗称"大帽子"，其制有二式：一为冬天所戴，名为暖帽；一为夏天所戴，名为凉帽。暖帽的形制多为圆形，周围有一道檐边，材料多为皮制，也有用呢制、缎制及布制的。颜色以黑色为多。最初，皮毛以貂鼠为贵，其次为海獭，再次为狐，其下则无皮不用。后来，由于海獭价格昂贵，改用黄狼皮染黑代替。康熙年间，一些地方出现一种剪绒暖帽，色黑质细，宛如骚鼠。由于此帽价格低廉，一般学士都乐于戴用。清代官帽的最高部分装有顶珠，材质多用红、兰、白、金等色宝石。按照清朝礼仪：一品官员顶珠用红宝石，二品用珊瑚，三品用蓝宝石，四品用青金石，六品用砗磲，七品用素金，八品用阴文镂花金，九品阳文镂花金。顶无珠者，即无品级。如果清朝官员犯法，在革去官职的同时，必须将帽上的顶珠取下，表示已不带官职。

（元朝官服与顶戴）

（乌纱帽）

（清代官帽）

第四章　饰物

1. 佩玉——蓝田日暖玉生烟

　　玉在中国的文明史上有着特殊的地位。《五经通义》说玉"温润而泽，有似于智；锐而不害，有似于仁；抑而不挠，有似于义；有瑕于内必见于外，有似于信；垂之如坠，有似于礼。"孔子说："玉之美，有如君子之德。"他认为玉具有仁、智、义、礼、乐、忠、信、天、地、德、道等君子的品节。《诗经》里也有"言念君子，温其如玉"之句。古人给美玉赋予了那么多人性的品格，以至于到现在人们仍将谦谦君子喻为"温润如玉"。

　　在《诗经》中，有很多以玉喻人的句子，例如《卫风·淇奥》："有匪君子，如金如锡，如圭如璧。"《魏风·汾沮洳》："彼其之子，美如玉。美如玉，殊异乎公族。"《召南·野有死麕》："白茅纯束，有女如玉。"诗句与意境最为优美的是《郑风·有女同车》：

　　　　有女同车，颜如舜华。将翱将翔，佩玉琼琚。彼美孟姜，
　　洵美且都。

　　　　有女同行，颜如舜英。将翱将翔，佩玉将将。彼美孟姜，
　　德音不忘。

　　"有女如玉"，古代人们通常以玉赞美容貌美丽，心地善良的

女子。但有时被比喻成玉的人，也可能是男人，例如《世说新语》说嵇康："嵇叔夜之为人也，岩岩若孤松之独立；其醉也，傀俄若玉山之将崩。"以后就有了典故"玉山倾倒"或者"玉山倾颓"。而一对容貌人品皆出众的夫妻往往也被喻为"一双璧人"。《礼记·玉藻》："古之君子必佩玉"，因为"君子于玉比德焉"，即君子以玉象征高洁的德行。国人历来以佩玉为美——帝王将相的冠冕上嵌着玉珠，达官贵人的腰带上镶着玉片，文人骚客的衣服上系着玉，就连曹雪芹创作《红楼梦》时，也不忘给他偏爱的主人公脖子上挂块"通灵宝玉"。杜甫《春望》诗："白头搔更短，浑欲不胜簪。"古代男子留长发，需束于头顶用簪子别住。想那老杜使用的簪子，一定是玉制的吧。如果他头上顶着黄灿灿的金簪，嘴里吟着"朱门酒肉臭，路有冻死骨"的诗句，恐怕会让人感到别扭。

战国、秦汉时期的玉佩繁缛华丽，甚至把数十个小玉佩，如玉璜、玉璧、玉珩等用丝线串联结成一组杂佩，用以突出佩戴者的华贵威严。

魏晋以后，男子佩戴杂佩的渐少，以后各朝都只是佩戴简单的玉佩，而女子在很长时间里依然佩戴杂佩，女子通常把杂佩系在衣带上，走起路来环佩叮当，悦耳动听，因此"环佩"也渐渐成了女性的代称之一。环佩在样式和佩戴方式上是不断变化的，清代学者叶梦珠《阅世编·内装》解释说："环佩，以金丝结成花珠，间以珠玉、宝石、钟铃，贯串成列，施于当胸。便用则在宫装之下，命服则在霞帔之间，俗名坠胸，与耳上金环，向惟礼服用之，于今亦然。"

可知清代女性的环佩已经从古时只系于衣带的腰饰，而转为坠于胸间的项饰了。

宋代是中国手工业和工商业空前发达兴盛的时代，国富民强，文化发达。民间用玉也较前朝为盛，大量出现各种玉佩饰、玉用器。宋代内廷专设有玉作，用西域诸国进贡的玉料制作各种宫廷用的玉器。宋代玉器通常构图复杂，多层次，形神兼备，有浓厚绘画趣味，文人情趣甚浓。

明清是另一个玉文化繁荣的时代，这时民间盛行佩戴各种玉佩饰。有钱的人上到帽檐前饰，中至玉腰牌、玉挂件，下至玉鞋扣，几乎全身上下都是玉。一般平民百姓也常会佩戴玉手镯、玉耳环、玉扳指等。所用玉料大多为青玉、白玉、青白玉、黄玉等。其中特别以产于新疆和田的羊脂白玉最为名贵。翡翠也是在清早期流入中国的，但由于翡翠石料一般较为细小，所以多用来做介面、耳环等小件器。我们现今看到的大部分玉佩饰都是明清两代的产物。

2. 佩剑——手持三尺定山河

1）剑之传说

远古时便有许多奇异的关于剑的传说，如湛卢之剑之神奇，庄周止剑士的丝丝入扣，干将、莫邪剑故事的惨烈。而仅在关于春秋战国的史料记载中，我们就很容易找到许多关于佩剑的故事和传说。

履及剑的故事。据《左传·宣公十四年》记载，公元前595年，楚庄王因为宋国杀了自己的使臣，气得鞋也忘了穿，剑也不带了，一甩袖子飞跑出宫，准备亲自远征，他的随从人员连忙捧着这些必需品追去,这说明剑在当时对于奴隶主贵族已是不可须臾离身的佩饰。

"季札挂剑"的故事。据《史记·吴太伯世家》、《新序》等记载,公元前544年,吴国的公子季札出使中原,途经徐国(在今安徽泗县北),徐君见了季札的佩剑,很是羡慕。季札想送给他,但考虑到出使之需要,当时没有送,归途重经徐国,徐君已死,季札就把剑挂在徐君墓旁的树上离去。这则故事在称颂古代君子之间诚信友谊的同时,亦说明了剑在当时是使节出使时必备的佩饰。出使时必佩剑,一则表示了佩戴者身份的高贵,所言话语的分量;一则在当时可能亦作为出使别国觐见的一种凭证或信物。

"弹剑而歌"的故事。据《战国策》、《史记》载,齐国有个叫冯谖的人,曾寄食于孟尝君门下,左右以为孟尝君贱之,便使他"食以草具"。谁知他"居有顷,倚柱弹其剑,歌曰:'长铗归来乎!食无鱼。'左右以告。孟尝君曰:'食之,比门下之客。'居有顷,复弹其铗,歌曰:'长铗归来乎!出无车。'左右皆笑之,以告。孟尝君曰:'为之驾,比门下之车客。'于是乘其车,揭其剑,过其友,曰:'孟尝君客我。'后有顷,复弹其剑铗,歌曰:'长铗归来乎!无以为家。'左右皆恶之,以为贪而不知足。孟尝君问:'冯公有亲乎?'对曰:'有老母。'孟尝君使人给其食用,无使乏。于是,冯谖不复歌。"从这则故事我们不难看出,战国时礼崩乐坏,剑之礼仪地位已大大下降,佩剑者之身份在外人眼里已不被看重,而且佩剑之风已盛行,不局限于上层贵族阶级,社会上已有了专门的剑客。

荆轲刺秦的故事。《史记·刺客列传》记载:"秦法,群臣侍殿上者不得持尺寸之兵,诸郎中执兵陈殿下,非有诏召不得上。"于是荆轲刺秦王政时,"左手把秦王之袖,而右手持匕首揕之未至身秦王惊,自引而起,袖绝。拔剑,剑长,操其室。时惶急,剑坚,故不可立拔……左右乃曰：'王负剑！'负剑，遂拔以击荆轲，断其左股，荆轲废"。情急中的秦王嬴政竟难以拔出长剑以自卫，由此可以知道，作为最高统治者，其佩剑很长又佩于身后，使用很不便，也许平时仅仅是作为一种装饰而佩戴。

"**刻舟求剑**"**的故事**。据《吕氏春秋·察今》载："楚人有涉江者，其剑自舟中坠于水。遽契其舟，曰：'是吾剑之所从坠。'舟止，从其所契者入水求之。舟已行矣，而剑不行，求剑若此，不亦惑乎！"这则故事在讽喻楚人的拘泥固执、不知变通的同时，亦说明战国末期佩剑已成为普通人之装饰，不仅为贵族阶级所独享。

此外，伍子胥逃亡渡江欲赠船夫以佩剑来报答救命之恩；秦末汉初时，高祖以佩剑斩蛇、项庄舞剑等，都是广为流传的关于剑的经典故事。

2）剑之功用

佩剑作为礼仪佩饰，最初只局限于上层贵族统治阶层使用。到了春秋战国时期，由于诸侯争雄争霸，僭越之事已成经常事，故而佩剑作为一种等级的礼仪制度，也同其他礼制一样，已日渐衰落，佩剑在下层贵族官吏和富裕人家的子弟中也成为一种风尚时俗，这从秦汉时的一些文献记载以及秦国颁布的一些法令可以得到证明。《史记·六国表》："简公六年，初令吏带剑。"我们知道，一道法令的制定往往是社会发展的需要，简公所以要颁布此令，表明当时已有一些人越界佩剑了。到了秦末汉初，则游闲公子、平民布衣

亦带剑，《史记·淮阴侯列传》："淮阴侯韩信者，淮阴人也。始为布衣时，贫无行……淮阴屠中少年有侮信者，曰：'若虽长大，好带刀剑，中情怯耳。'……及项梁渡淮，信仗剑从之。"可见，到了汉代，佩剑已成为时尚。以至于《后汉书·舆服志》描述为：自天子以至百官，无不佩剑，"公卿以下至县三百石长导从，置门下五吏、贼曹、督盗贼、功曹，皆带剑"。这些从汉代画像石中也不难看到，汉画中的佩剑者，有的是达官显贵，有的是武士门吏。

剑是一种用于佩戴的兵器，但它本身并没有设置用于佩戴的构件，其刃部很长，如果不把其包装起来，佩于身上亦不安全，所以从剑开始作为佩饰，其必带鞘。早期的剑鞘有铜质的、象牙的（河南洛阳市西工区凯旋路北侧的战国中期墓出土了一个剑用象牙作鞘，花纹镂饰繁复精细），也有皮革质的。而战国秦汉时的剑鞘多为木质，由两片夹合而成，呈上宽下窄的不规则长方形，截面为扁椭圆形，外裹布或缠丝麻，然后髹漆、彩绘。如秦陵铜车马上御手俑所佩剑之剑鞘，上宽下窄成不规则的长方体，截面呈枣核形，剑鞘纹样为：先平涂一层白色作底，再用细如发丝的墨色和朱色相间线条，勾勒出一条条宽约0.35厘米的条带形的界域，每个界域内再用纤细的墨线和朱色的双勾线绘出不规则的几何形图案纹样。而剑茎的中脊和五道束匝上，在白色的底色上，用墨线和朱色绘出绦形的交结缠扎纹，纹样精致，精工细描，风格写实，好像剑茎和剑鞘的外侧用丝绦缠扎。此外，还有专门放剑的剑椟，多为长方形木盒，有盖，盖中部一般隆起，髹黑漆，有的还彩绘纹饰。

至于剑的佩戴方法，起初因为剑短，是直接插于腰带上的，或在身左，或在身后，亦有佩于右侧者（侍臣佩于右）。后来由于剑体逐渐加长，直接插于腰间已十分不便，故大约在东周初期，在剑鞘外置，以孔穿过腰带而佩于背后或身侧，但前者易于滑脱，而后者因剑紧贴腰身，固定较死而不便抽取，便改为另佩剑带。剑带至迟在春秋时已是普遍的服饰，《左传·襄公二十一年》有所谓"衣裳剑带"的记载，它是以丝、韦或革穿孔而过，将剑佩挂于腰间、背后或左侧，以便抽取。若为丝带，则将其两端绾结于腹前，这样可使带稍稍向下拖垂，为拔剑留一些活动的余地。而革质剑带两端相连的则有剑钩勾括，因剑带较腰带细，故剑钩也因其形制较小而有别于带钩。

3. 簪钗——宝钿花钗饰秀发

《战国策》云："士为知己者死，女为悦己者容。"古代女子除相貌外，最注重头发的修饰。传说汉武帝第一次见到卫子夫，就是被她的秀发吸引住了，"上见其美发，悦之，遂纳于宫中"。汉明帝的马皇后初入宫时，以一头绝好的秀发使后宫粉黛失色。她是伏波将军马援的女儿，从当皇后到太后都不骄纵，真正做到了母仪天下，得享天年，但后世的声名倒不如横死的飞燕姐妹响亮，大约还是应了"自古美人如名将，不许人间见白头"那句话吧！

古代文献中记载的女子发式很多，但对发饰的记载也浩如烟海。因为，发饰也是美发的重要部分，梳好的发髻要用花和宝钿花钗来装饰。这宝钿花钗指的就是发簪、华盛、步摇、发钗、发钿等。

簪的本名称"笄"（《说文》："笄，簪也。"），是古人用来绾定发髻或冠的长针。可用金属、骨头、玉石等制成。在古代，汉族的结发方式无论是辫发盘髻，还是束发着冠，均须以簪钗约束固定。女子年满十五岁时，如已许嫁，便将头发绾成一个髻，即以簪插定发髻，以示成人，即"年以及笄"。古代，簪钗还常被用于男女间定情的信物。皇宫贵族的女子可以用珍奇的材料做发饰，而一般小户人家只能戴荆钗（荆条编织的发钗），我们在文言文中所读到的"拙荆"，便是古代男子对外人称自己的妻子的谦词。

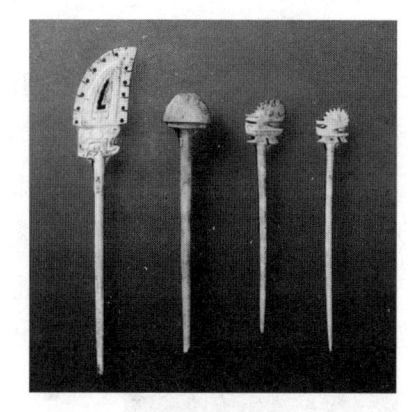

（鸟形头笄）

钗是由两股簪子交叉组合成的一种首饰，用来绾住头发，也有用它把帽子别在头发上的。五代五缟《中华古今注·钗子》："钗子，盖古笄之遗象也，至秦穆公以象牙为之，敬王以玳瑁为之，始皇又金银作凤头，以玳瑁为脚，号曰凤钗。"钗与簪是有区别的，发簪作成一股，而发钗一般作成两股。

就形制而言，单股笄称"簪"，双股笄为"钗"，笄首有垂珠坠饰者则称为"步摇"。《释名》曰："步摇，上有垂珠，步则动摇也。"因步摇上有垂珠，再加以翡翠金玉之饰，益显女子行步的动态之美。步摇是古代妇女插于鬓发之侧以作装饰之物，同时也有固定发髻的作用，是自汉以来中国妇女中常见的一种发饰。因步摇所用材质高贵，制作精美，造型漂亮，故而非一般妇女所能使用，簪插步摇者多为身份高贵之妇女。步摇的制作工艺复杂，能充分体现出这一时期的金银首饰加工制作水平。

华胜，即花胜，古代妇女的一种花形首饰，通常制成花草的形状插于髻上或缀于额前。《释名·释首饰》："华胜，华，象草木之华也；胜，言人形容正等，一人著之则胜，蔽发前为饰也。"《汉书·司马相如传下》："暠然白首戴胜而穴处兮。"唐颜师古注："胜，妇人首饰也，汉代谓之华胜。"汉时在华胜上贴金叶或贴上翡翠鸟毛，使之呈现闪光的翠绿色，这种工艺称为贴翠。

（金累丝凤钗）

梳篦。在古时，梳是人手必备的工具，尤其是妇女，几乎梳不离身，时间一久，便形成插梳的风气。篦是一种比梳子密的梳头工具，初时用以去除发垢。唐李贺《秦宫》诗："鸾篦夺得不还人，醉睡氍毹满堂月。"王琦汇解："篦，所以去发垢，以竹为之，鸾篦必鸾形象之也。"后来，也同梳一样被人们插在发上作头饰。

钿花，用金、银、玉、贝等做成的花朵状头饰。明宋应星《天工开物·玉》："凡玉器琢余碎，取入钿花用。"钟广言注："钿花，用贵重物品做成花朵状的装饰品，如金钿，螺钿，宝钿，翠钿，玉钿等。"

第五章　履袜

鞋子是人类服饰文化的重要组成部分,在古代被泛称为"足衣"。鞋子对推动人类服饰改革、发展,曾立下汗马功劳,它不仅注重于实用,同时有着审美装饰的功能;有些鞋子还代表了等级的标志和礼仪的规范,并且深刻反映了历代人们的良好祝愿,具有浓厚的文化内涵。从制作工艺本身来说,鞋子还是一种艺术品,具有较高的文化价值、历史价值和艺术价值,并与民俗学、工艺学、美学、考古学等学科密切相关,它是一个国家、一个民族的物质文明和精神文明的表现。中国鞋子的发展经历了从无到有,从简到繁,从粗到精的过程,历史十分悠久。从古到今,中国鞋子不仅样式多彩,而且在造型、色彩、技巧上都有丰硕的成果。

在我国旧石器时代,原始人类以各种简单的石制工具捕获动物。在得到动物后,就带到自己的洞穴里,"食其肉而用其皮",这就是历史上"茹毛饮血"、"食草木之实,衣禽兽之皮"的猿人时期。为了不受外界的气候条件以及地面条件的影响和威胁,他们不仅制作兽皮衣来抵御风寒,并且知道用兽皮简单地将脚裹住,达到保护脚,使其不受冻、不被刺伤的目的。

古代把人类身上的服饰分作首衣、上衣、下衣和足衣。足衣,就是古人对鞋与袜的总称。当时,社会生产力极其低下,没有发明纺织。"妇人不织，禽兽之皮足衣也。"(《韩非子·五蠹》)据专家研究，人类经历过赤足时期，后来才发明了鞋子。在比较寒冷的地区，当时的原始人用一种小皮条将割成整块的兽皮包扎在脚上，实际上是一种兽皮袜。这是最早的"足衣"，已有数万年以上的历史。因用于裹脚，亦有"裹脚皮"之称。据推断，它是最古老的原始鞋，也是今天鞋子的原始形态。

1. 履——足下丝履五文章

1) 鞋子分类

在我国青海大通县孙家寨一座属于马家窑文化的墓葬中，出土了氏族时期的一件陶器，上面有一人足上已穿鞋，而且鞋尖上翘(鞋翘是中国古鞋最典型的特征之一)。马家窑文化属于新石器时代，据测定，其具体年代为5000或5800年前，约相当于我国传说中炎帝到黄帝时代，即原始社会向奴隶社会的过渡时期。由此判断，中国鞋翘最迟在新石器时代就已出现。那么，中国古代人们穿的鞋及鞋翘究竟是什么原料制作的呢？是皮靴还是草鞋、木屐？具体形状是什么样子的呢？

履是自汉以后对鞋子的总称。古代称鞋为履，履本为动词，是"践"、"踩"或"穿鞋"的意思，但称鞋为履后，履也就有了名词的属性。古代的履种类繁多，以质料来分，有布帛、草葛和皮甲三种。布帛履是以丝、麻、绫、绸等织物制成的履。草葛履是以蒲草为原料，经碾搓编织而成的履。皮甲履有生皮和熟皮之分，以生皮制成的称革踏，以熟皮制成的称革干。

我国古代鞋子款式都鞋头上翘，称"翘头履"。此外还有重台履、高墙履、勾履、芴头履等名称。翘头履多以罗帛、纹锦、草藤、麻葛等面料为履面，其履底薄，履帮浅，较轻巧便利，翘头做成凤头、虎头等，生动逼真。

屐是一种鞋底装有双齿的鞋子，它主要以木料为主，称木屐。木屐是由面、系、齿三个部分组成。面即为鞋面，鞋面上系有鞋带，即系。齿在屐的底部前后，呈直竖式。

（木屐）

汉代末年，女子出嫁多穿木屐，屐上彩画十分美观。晋朝有一种木屐，面、帮、齿全部用整块木头制成，帮代替了原来的系。还有一种，它的双齿可以任意拆卸，据说，这种木屐为南朝诗人谢灵运所创，称"谢公屐"，为登山旅游时穿用，可以在上山去前齿，下山去后齿，以便保持人体平衡。

舄，古代一种材料为绸缎，加有木底片，用五彩带系之的鞋子。在古代的诸鞋中，以舄为贵。舄只限于朝觐、祭祀时穿用，而履随时可用。舄是双底，木制或注蜡，以防潮湿。周代君王之舄为白、黑、赤三种颜色，以紫色为上服，其次是白舄与黑舄；而王后之舄为赤、青、紫三色，以紫色为上服，其次是青舄和赤舄。在隆重的庆典上，君王穿赤舄，王后穿紫舄。

靴，一种高度在踝骨以上的长筒鞋，原为北方游牧民族穿用，多为皮革制成。我国在3800多年前，已有皮

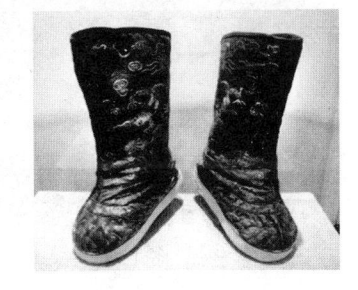

靴出现。战国时期，赵武灵王提倡"胡服骑射"，靴才开始流入中原。南北朝时期，妇人常在冬至日添置履袜及靴。而靴流入中原作为礼服配套时，造型更为完美，这时，开始有六合靴出现（用6块皮革拼合缝制而成）。到唐代，官庶普遍着靴，靴有长筒、短筒、圆头、平头、尖头等多种款式。宋代初期制鞋工艺仍沿用唐、五代。宋后期，用黑革为其面加以靴筒，里面衬毡子，靴高8寸，文武官员按其品级服色来饰其靴边缝滚条。宋、辽、金、元时期，靴的式样较多，有鹅头靴、云头靴、花靴、颔嘴靴、旱靴、革翁靴、高丽式靴等。

自明代起，朝廷开始禁止庶民穿靴，穿靴已有等级制度。到了清代，男子穿便装时以鞋为主，但穿公服时仍需要穿靴子。靴子的面料多为黑缎，式样初期为方头，后改为尖头，但和朝服配套的靴子仍是方头靴。民间的尖头靴，贫富式样相同，只是用料有严格区别，富者在春秋时可穿青素缎靴，冬季可穿青绒靴。贫者只能穿青布靴。在官场，牙缝靴为高级官员所穿，其他官员所穿大都是黑色缎料方头靴；而武弁、公差所穿的靴子又称"爬山虎"，也就是轻便短筒薄底靴。

（旗鞋）

旗鞋，俗称"花盆底鞑"，是清代满族旗人妇女穿的一种高底鞋，鞋子为木底，跟在中部。由于满族妇女习惯穿这种鞋，所以称为"旗鞋"。旗鞋的木跟镶装在鞋底中间，一般有3寸多高，整个木跟用白细布包裹，也有外裱白绫或涂白粉的，俗称"粉底"。

旗鞋的面料为绸缎，上绣五彩图案。随着年龄增长，鞋底高度也逐渐降低，一般老年或劳动妇女，多穿稍矮的或平底鞋，如"船形高底鞋"等。

2）三寸金莲

三寸金莲既指女人的小脚，又特指缠足女人所穿的鞋。缠足风俗在中国历史上到底在什么时代开始，至今也没有确切的说法。

关于缠足来历，流传最多的是一个隋朝的民间故事，而就是这个故事使得很多人认为三寸金莲出现于隋朝。隋朝时，昏君隋炀帝经运河去扬州游玩，别出心裁地用百名美女为他拉纤。一位姓吴的铁匠的女儿吴月娘被选中去拉纤，由于吴家父女非常痛恨隋炀帝，因此商议后准备借此机会刺杀隋炀帝。为此，吴父专为女儿打制了一把三寸长、一寸宽的莲花刀。吴月娘将刀用布裹在脚底下，同时把脚也尽量裹小，又按裹小的脚做了双鞋，鞋底上刻上莲花，十分漂亮。隋炀帝在龙船上见到吴月娘后，非常喜欢，就下旨召见吴月娘近身，想看看缠足。吴月娘说其秀足只能让皇上一人欣赏，于是隋炀帝喝令左右退下。吴月娘等隋炀帝身边无人时，这才慢慢解开裹脚布，突然抽出莲花刀刺向隋炀帝，隋炀帝一闪身，被刺中了手臂。此时，隋炀帝一边大叫"来人抓刺客"，一边拔刀向吴月娘砍去。尽管吴月娘没有被砍中，但自知事已败露，便投河自尽了。这件事对隋炀帝刺激很大，他当即就下了一道圣旨："女子再美，裹足者不选。"此事传到民间后，人们为了纪念吴月娘，竟鼓励女人裹起脚来，缠足风俗由此而来。

不过传说毕竟是传说，大多数研究鞋文化的学者认为根据现有历史资料来看，缠足应当始于南唐（937—975年）。据考证，南唐皇帝李后主喜欢美色及音乐，他用黄金制成莲花台，高6尺，令宫女舞娘用帛缠足，使脚纤小弯曲，成弓形如新月状，缠足的舞娘在金制莲台上面跳舞时，回旋有凌云之状。于是，宫女舞娘的小脚以及所穿的鞋就被称为"三寸金莲"。此后，宫内外皆仿效之，形成妇女纤足以小、瘦、尖为美、为贵的民俗。缠足风俗自南唐开始一直沿袭到清朝末期，不过民国年间此风俗并未杜绝，甚至在新中国成立后，仍有极少地区还有缠足习俗。

中国土地辽阔、人口众多，形成了具有地方特色的三寸金莲款式。大体讲，三寸金莲分南北两大类，南方以浙江的舟山、宁波、绍兴、嵊州及安徽的黟县为代表；北方以北京、天津、青岛为代表。相对讲，南方的三寸金莲较别致、细腻。北方的三寸金莲较粗犷、大方。

在缠足风俗鼎盛的清朝年间，缠足女子为了衬托其三寸金莲，以博得男人欢心，还喜欢穿用腿带、藕覆、套裤。

腿带，指缠足女子用于缠束在小腿上的带子，质料有棉织及丝、缎等，考究的在腿带上绣上图案。

藕覆，膝裤的别称。指用布帛制成的桶状物缚于踝间，前遮足面，后蔽足根。分两种，一种似脚管形状，是套在裤脚外面的；另一种是一块长方形棉布或绸缎，有夹里，是卷扎在踝骨上部、裤脚外面的。两种藕覆的上面均绣着五彩图案，用途都是覆盖踝骨的畸形，增加脚部美感。

套裤，清代女子喜欢穿套裤，套在腿上至踝骨部；套裤上有系，用时系在腰部，目的是为了御寒及增加脚部美观。

2. 袜——罗袜生尘洛浦东

古代中国的"袜子"一词最早见于《中华古今注》，曰："三代及周著角韈，以带系于踝。""三代"是指我国最早有记载的夏、商、周时期，距今已有三四千年历史。"角韈"应该是用兽皮制作的原始袜子，所以写作"韈"。后来，随着纺织品的出现，袜子由兽布发展到用布、麻、丝绸制作，"韈"也相应地改为"襪"，最后步步简化为今天我们所说的"袜"。

古代袜子的形制大约可以分为筒袜、系带袜、裤袜、分趾袜、光头袜和无底袜等六种。其中有筒袜的袜筒长短不一，有的长至腹部，有的仅至踝间；系带袜为的是穿着时不易脱落；分趾袜是将拇趾与另外四趾分开，形如丫状；光头袜和无底袜多用于古代缠足的妇女，俗称半袜。

夏商周时期的袜子呈三角形，属于系带袜，只能套在脚上，然后再用绳子系在踝关节上。这种袜子一直延续到汉代，《韩非子》中曾记述："文王伐崇，至凤黄（凰）墟，袜系解，因自结。"意即为周文王征讨崇国，在凤凰墟自己手扎袜带。直到东汉末年和三国时期，三角袜才开始被新型的袜子代替。自纺织品出现后，人们虽然开始用纺织品制作袜子，不过皮袜仍然存在，特别是在寒冷的冬天，皮袜往往比布帛之袜更加保暖实用。周时人们着袜有着极为严格的礼仪规范。臣下见君主时，必须先将履袜脱掉才能登堂，不然就是失礼。《左传·哀公二十五年》就记载了这样的故事。脱袜上堂是当时的一般常识，对于平辈和身份相称之人来说，脱履之后，在室内是否脱袜子，悉听尊便。但如果是长辈或身份比自己高的人和自己在一起，则不能穿袜子，只能脱袜。这种情况在民间也有反映，比如当时的妇女在服侍翁姑时也不能穿袜子，以跣足为敬。

秦汉时期的袜子是用熟皮和布帛做成的，富贵人家可穿丝质的袜子。袜高一般一尺有余，上端有带，穿时用带束紧上口，其色多白，但祭祀时着红色的。魏晋南北朝时期的袜子多用麻布、帛、熟皮制成。传说魏文帝曹丕有个美丽聪明的妃子，她觉得角袜粗拙，样子难看，穿着不便，就试着用稀疏而轻软的丝编织成袜子，并把袜样由三角形改成了类似现代的袜型。于是，袜子由过去的"附加式"换成了贴脚的"依附式"。当然这样的故事未必可信，但此时确实出现了丝织的袜子，叫作罗袜。曹植的《洛神赋》中就有关于这种袜子的描写："凌波微步，罗袜生尘。"

唐代贵族的袜子多用锦织成，唐冯贽《记事珠》中曾记述杨贵妃死后在冯嵬遗落锦袜一只："杨贵妃死之日，冯嵬媪得锦袜一只。"

（汉代素绢夹袜）

宋代出现了裤袜，从江西德安出土的裤袜来看，这种袜子一般呈圆头形，勒后开口，并钉有两根丝带，袜脚下缘缝有一周环绕的丝线，中间用丝线织成袜底。元代棉花广泛种植后，袜子多用棉布制作。明朝嘉靖年间，流行镇江毡袜。万历以后，男子开始着油墩布袜。随着手工业的发展，又出现了供贵族使用的白色羊绒袜，平民则穿旱羊绒袜。清代民间的袜子一般也用棉布制成，贵族则用绸缎制袜。故宫所藏皇帝的袜子多以金缎为边，通绣纹彩。

以食为天

第一章　饮食之道

1. 饮食源流——玉盘珍馐值万钱

民以食为天，从人类诞生之日起，食物便是伴随人类生存发展的重要物品，是人类赖以延续的最基础的保障。从新石器时代直到殷商时期，人们对谷物的加工一直比较原始简单。先民们通过碾盘、碾棒、杵臼等对谷物进行粗加工，难以提供大量去壳净米来满足饭食需要，只能连壳一起进食，只有少数贵族才有权享受去壳谷物。到了周代，"硙"的出现是谷物初加工方法的一次飞跃。"硙"，即石磨，《世本·作篇》云："公输班作硙"，其原理是"合两石琢其中为齿相切以磨物"。谷物的初加工，由以碾舂为主变为以磨为主，随着石磨的普及，周人的饮食状况有了很大的改善。

与谷物加工相比，周代的肉类加工更为考究，有了主食和副食之分。周人已完全懂得选择无病、无特殊腥臊异味而又健壮的畜禽，并辨别畜禽各部位，然后施行宰割。这一方面是为了解剖牲体，另一方面也是为了牲肉分类，便于烹调，同时还具有礼仪性的意义。在进食时，各式各样的菜肴都有固定的位置，取食也按一定程序进行，这些都是由肉类被切割成不同形状所决定的。

周代从进食方式到筵席宴飨，都对等级之别有着严格的规定。

当时盛行的青铜饮食器具是鼎，它便是衡量社会身份等级的标志物：国君用九鼎，卿用七鼎，大夫用五鼎，士用一鼎或三鼎。豆也是如此，《礼记·礼运》载天子之豆三十有六，诸公十有六，诸侯十有二，上大夫八，下大夫六。食品的消费是有严格限制的，《国语·楚语下》载观射父语："天子食太牢，牛羊豕三牲俱全，诸侯食牛，卿食羊，大夫食豕，士食鱼炙，庶人食菜。"《尚书·洪范》述："惟辟作福，惟辟作威，惟辟玉食。"这就是说只有君主才能作威作福，独享玉食，只是"作威作福"一词流传到后世便走样了。

夏商时期的烹饪方法非常少。到了周代，生产力快速发展，烹饪方法已非常多样，主要有煮、蒸、烤、炙、炸、炒等。其中，炸、炒是周代青铜文化进入鼎盛时期后所出现的崭新烹饪方法。周代的烹饪方法以蒸煮食物为多，当时用于煮食物的炊具主要是釜、鼎、鬲等。釜主要用于煮谷物或蔬菜，如《诗经·采苹》中云："于以湘之？维锜及釜。"鼎则用于煮肉，因为鼎在周代已不再单纯是一种炊器，而是成为了一种礼器，是各级贵族的专用，被视为权力的象征，广大平民百姓不能使用铜鼎。作为炊器时，贵族们也主要用铜鼎来盛放肉类和其他珍贵食品，如《周礼·天官·亨人》云："亨人掌共鼎镬以给水火之齐。"

周代时，饮食因被贵族归为礼仪的一个重要组成部分而颇受重视，并为此多有明文定制。如《礼仪·内则》将饮食分为饭、膳、羞、饮四部分；《周礼·天官》所记"膳夫"的职责为"掌王之食、饮、膳、羞，以养王及后、世子。凡王之馈食用六谷，膳用六牲，饮用六清，羞用百二十品。"这四部分，简而言之，就是饭（主食）、菜（副食）和汤饮，这标志着中国传统烹饪方法的初步定型。

秦统一六国后，我国最有影响的地方菜，后称"四大菜系"的鲁菜（包括京津等北方地区的风味菜）、苏菜（包括江、浙、皖地区的风味菜）、粤菜（包括闽、台、潮、琼地区的风味菜）、川菜（包括湘、鄂、黔、滇地区的风味菜）雏形已经形成。

时节的变化对汉代普通人的生活状况有着不小的影响。如汉末人徐干说：在"炎气酷烈"的夏季，即使是贵族也感到"身若点漆，水若流泉，粉扇靡效，宴戏鲜欢"。然而季节对饮食生活的限制在皇帝和其后妃那里却被降至当时的最低程度。在冬天，皇帝可以享用春季才生成的葱、韭黄等蔬菜，而这些蔬菜是耗费大量钱财，由太官"覆以屋庑，昼夜蕴火，待温而生"；在炎热的夏季，皇帝与后妃则是"坚冰常奠，寒馔代叙"。汉代末年最负盛名的文士，同时也是皇室成员的曹植曾经制作过一道"七宝羹"，其原料是野驼蹄，一瓯就价值千金，曹植似乎对这种生活推崇备至，在他流传下来的诗文里就有："归来宴平乐，美酒斗十千。脍鲤臇胎鰕，寒鳖炙熊蹯。"他对食物的赞赏充满了豪爽之气，却依然掩藏不了奢侈的作风。

少数民族的饮食从汉代起开始传入中原，到魏晋南北朝时，已逐渐在黄河流域普及开来，受到广大汉族人民的青睐，其中尤以"羌煮貊炙"的烹饪方法最为典型。所谓"羌煮"即为煮或涮羊、鹿肉；"貊炙"类似于烤全羊，《释名》卷四"释饮食"中说："貊炙，全体炙之，各自以刀割，出于胡貊之为也。"正是由于"羌煮貊炙"鲜嫩味美，受到广大汉族人民的青睐，因而逐渐成为胡汉饮食文化交流的代名词。

唐代外来饮食最多的是"胡食"，"胡食"是汉代人对从西域传入的食品的称呼。《新唐书·舆服志》说："贵人御馔，尽供胡食。"唐代的胡食品种很多，面食有馎饦、毕罗、胡饼等。馎饦是用油煎的面饼；毕罗一语源自波斯语，一般认为是指一种以面粉作皮、包有馅心、经蒸或烤制而成的食品。唐代长安有许多经营毕罗的食店，有蟹黄毕罗、猪肝毕罗、羊肾毕罗等；胡饼即芝麻烧饼，中间夹以肉馅。唐代卖胡饼的店摊很多。据说安史之乱的时候，唐玄宗西逃至咸阳集贤宫时，正值中午，没有进食任何食物而饥肠辘辘，杨国忠亲自到集市上买了胡饼献玄宗。

西域的名酒及其制作方法也在唐代传入中国。唐初就已将高昌的马乳葡萄及其酿酒法引入长安，唐太宗亲自监制，酿出8种色泽的葡萄酒，"芳辛酷烈，味兼缇盎。既颁赐群臣，京师始识其味"，并由此产生了许多歌咏葡萄酒的唐诗。如："葡萄美酒夜光杯，欲饮琵琶马上催"（王翰《凉州词二首》），"浅倾西国蒲萄酒，小嚼南州豆蔻花"（陆游《对酒戏咏》）。唐代还从西域引进了蔗糖及其制糖工艺，使得中国古代饮食平添了几分甜蜜，其意义不亚于葡萄酒酿法的引进。

盛唐在美食方面亦是一大盛世，烧尾宴正是此中的最高代表。何谓"烧尾宴"呢？据《旧唐书·苏环传》："公卿大臣初拜官者，例许献食，名曰烧尾。"这就是说，大臣初上任时，为了感恩，向皇帝进献盛馔，叫作"烧尾"。烧尾宴奢侈到什么程度呢？仅举一例，烧尾宴上有一种主要是用来装饰和观赏的工艺菜，叫看菜。其中有一道看菜叫"素蒸音声部"，是用素菜和蒸面做成一群蓬莱仙子般的歌女舞女，共有70件。可见，仅这一个工艺菜就得花费不少的时间与精力。《清异录》中记载了韦巨源设烧尾宴时留下的一份不完全的食单。食单中共列菜点58种，糕点20余种，从取材上看，有北方的熊、鹿、驴，南方的狸、虾、蟹、青蛙、鳖，还有鱼、鸡、鸭、鹌鹑、猪、牛、羊、兔等等。这58种菜点还不是"烧尾宴"的全部食单，只是其中的奇异者。由于年代久远，记载简略，烧尾宴确切的整体规模和奢华程度是我们今天无法真正了解的。

宋代的宫廷饮食,以穷奢极欲著称于世。如皇帝就"常膳百品"、"半夜传餐,即须千数"。至于宴会,更是奢侈到了惊人的程度。如神宗,晚年沉溺于宴饮享乐中,往往"一宴游之费十余万"。又如仁宗,有一次内宴,"十合分各进馔",仅蛤蜊一品二十八枚。当时蛤蜊一枚值一千,这样仁宗"一下箸二十八千"。

相对南方而言,辽金的饮食水准是粗劣的。以肉食而言,"炙股烹莆,以余肉和綦菜,捣臼中糜烂而进,率以为常"。即使给有身份的人吃的肉粥,也是"以肉并米合煮之","皆肉糜"。平日里所吃的半生米饭,竟要"渍以生狗血及蒜"。在通常认为的"以雁粉为贵"的盛馔之席上,也"多以生葱蒜韭之属置于上"。

辽国契丹民族认为好的食品,宋朝人不一定能接受。徽、钦二帝被囚于金国时,恰逢金帝生日,金人将金帝所赐酒食给他们吃,结果他们吃完后又全部呕吐出来。过后他们才知道这是"蜜渍羊肠",即掺着马肠子煮熟的一种食物,是一般囚禁者吃不到的,乃是金国的"珍味"。这样的食品和中原地区所流行的炒爆熘蒸、炖鲊卤炙等烹调风味相去甚远,更和那高雅清淡、新奇滋补等香味形器俱佳的宫廷食膳有天壤之别,这怎么能不引起宋人"腥膻酸薄不可食"的感慨呢?

到了元朝,帝国的疆域发展到前所未有的广大,也带来了饮食文化的广阔发展。这一时期,涮羊肉在忽必烈的推捧下诞生;月饼也成为中秋不可少的一道点心;元大都成为有史可考的第一家烤鸭店的发源地;还产生了至今众人都愿意品尝的名菜——烤全羊。

明代的宫廷饮食奢靡无度。如正月十五日宫中的元宵节,其元宵制作就十分精细:先将糯米磨成细面,再用核桃仁、白糖、玫瑰作馅,然后用酒水滚成，大小如核桃般。十六日，宫中赏灯活动更盛，据《明宫史》载："天下繁华，咸萃于此。"这一时节，宫中的菜蔬有滇南的鸡㙡，五台山的天花羊肚菜，东海的石花海白菜、龙须、海带、鹿角、紫菜等海中植物，江南的蒿笋、糟笋，辽东的松子，蓟北的黄花、金针，中都的山药、土豆，南都的苔菜，武当的莺嘴笋、黄精、黑精，北山的核桃、枣、木兰菜、蔓青、蕨菜等，其他各种菜蔬、干鲜果品、土产特产等，应有尽有。

清代时，全国各地的风味菜在北京汇集、融合、发展，形成独特的京菜。北京王公贵族、达官贵人、巨商大贾、文人雅士聚集，为了满足他们社会交往及日常餐饮的需要，各色餐馆在北京应运而生。同时，宫廷、官府、富贵的大宅门内都设有厨师。这些厨师来自四面八方，把中华饮食文化和烹饪技艺充分施展发挥。而其中，将中华饮食文化和烹饪技艺发展到极致的，则非满汉全席莫属。

满汉全席是满汉两族风味肴馔兼用的盛大筵席，是清代皇室贵族、官府才能举办的宴席，一般民间少见。满汉全席规模盛大高贵，程式复杂，满汉食珍，南北风味兼用，菜肴达300多种，有中国古代宴席之最的美誉。北京御膳饭店曾将满汉全席分为6种：蒙古亲潘宴、廷臣宴、万寿宴、千叟宴、九白宴、节令宴。如蒙古亲潘宴即是清朝皇帝为招待与皇室联姻的蒙古亲族所设的御宴。一般设宴于正大光明殿，由满族一、二品大臣作陪。又如廷臣宴，于每年上元后一日即正月十六日举行，是时由皇帝亲点大学士、九卿中有功勋者参加，宴所设于奉三无私殿，宴时循宗室宴之礼，皆用高椅，赋诗饮酒，每岁循例举行，蒙古王公等也皆参加。皇帝则借此施恩来笼络属臣，同时也是廷臣们功禄的一种象征形式。

满汉全席聚天下之精华，用材不分东西南北，飞禽走兽，山珍

（满汉全席一角）

海味，尽是口中之物。清代的满汉全席有所谓山、海、禽、草"四八珍"：山八珍指驼峰、熊掌、猩唇、猴脑、象鼻、豹胎、犀尾、鹿筋；海八珍指燕窝、鱼翅、大乌参、鱼肚、鱼骨、鲍鱼、海豹、狗鱼（大鲵）；禽八珍指红燕、飞龙、鹌鹑、天鹅、鹧鸪、彩雀、斑鸠、红头鹰；草八珍指猴头、银耳、竹荪、驴窝蕈、羊肚蕈、花菇、黄花菜、云香信。乾隆甲申年间(1746年)，江苏省义征县有位叫李斗的人，著了一本《扬州画舫录》，其中记有一份满汉全席食单。此食单汇集满汉众多名馔，择取时鲜海错，搜寻山珍异兽。全席计有冷荤热肴196品，点心茶食124品，总计肴馔320品。

满汉全席可谓是中国极权主义引导下的饮食文化在几千年的演练中结成的硕果，可说是达到了人类在口福方面所能享用的高峰，至今仍无物能逾越。

2. 君子远庖厨——治大国若烹小鲜

古代有这样一个比喻，说自古有君必有臣，就像有吃饭的人一定应有厨师一样。要吃，就要有制作食物的人。古代将以烹调为职业的人称为庖人，也就是现在我们所说的厨师。庖人是中国古代饮食文化的主要创造者之一。厨师在古代有时地位较高，受到社会的尊重；有时也挣扎在社会的最底层，受到极不公平的待遇。有人喜欢美味，离不开厨师，可又看不起厨师，有时还拿出"君子远庖厨"作为挡箭牌，来替自己辩护，似乎只要远离庖厨，自己就是君子了。

其实，这是对"君子远庖厨"一语的误解。我们知道，在古代，特别是在遥远的上古年代，厨师的地位相当高，是普遍受到社会尊重的。《史记·三皇本纪》中说，太昊伏羲"养牺牲以庖厨，故曰庖牺"。即是说传说的人类初祖伏羲是一个与庖厨有职业联系的人物。此语出自佚书《帝王世纪》，不是司马氏的杜撰。我们的初祖是厨人出身，说明在史前时代，庖厨是相当高尚的事情，不至于被人瞧不起。

（汉代庖厨俑）

商王武丁想得到傅说这个有才华的人，赞美他"若作酒醴，尔惟曲蘖；若作和羹，尔惟盐梅"。便令人四处访求，举以为相。武丁将傅说比为酿酒的酵母、调羹的盐梅，既说明他对傅说的欣赏，也表明他对烹调的重视程度。历史上，不仅有傅说这样因才德如绝美烹调而得到嘉许的，还有因厨艺高超而得到高官厚禄的。《宋书·毛脩之传》说，毛脩之被北魏擒获，他曾做美味羊羹进献尚书令，尚书"以为绝味，献之武帝"。武帝拓跋焘也觉得美不胜言，十分高兴，于是提升毛脩之为太官令。后来毛氏又以功擢为尚书，封南郡公，但太官令一职仍然兼领。又有，后梁的孙谦精于厨艺，常常给朝中显要官员烹制美味。在谋得供职太官的机会后，皇上的膳食都由他亲自烹调，他不怕劳累，深得赏识，"遂得为列卿、御史中丞、两郡太守"。另外，北魏洛阳人侯刚也是由厨师进入仕途的。侯刚出身贫寒，年轻时"以善于鼎俎，得进膳出入，积官至尝食典御"，后封武阳县侯，晋爵为公。

庖人进入仕途的现象，在汉代曾一度成为普遍的事实。据《后汉书·刘圣公传》说，更始帝刘玄时所授功臣官爵者，不少是商贾

（汉代庖厨图）

乃至仆竖，也有一些是膳夫庖人出身。由于这一做法不合常理，引起社会舆论的关注，所以当时长安传出讥讽歌谣，所谓"灶下养，中郎将；烂羊胃，骑都尉；烂羊头，关内侯"。这说明庖人做官还没有得到社会的广泛认可。庖人立身处世，靠的还是自己的技艺。身怀绝技，才能在社会上受到尊重。庄子津津乐道的解牛庖丁，就是以纯熟的刀法受到尊重的。厨师在社会上受到尊重，还体现在战乱时，他们是属于重点保护对象这一点上，《新五代史·吴越世家》载，身为越州观察使的刘汉宏，被追杀时"易服持脍刀"，而且口中高喊他是个厨师，一面喊一面拿着厨刀给追兵看，因此蒙混过关，免于一死。另有，唐末王仙芝起义军逮住郯城县令陆存，陆诈言自己是庖人，因此捡回一条性命。

　　厨师能否受到尊重，名人的作用也是很重要的。据焦竑《玉堂丛语》卷八说，明代宰相张居正父丧归葬，所经之处，地方官都拿出水陆珍馔招待他，可他看不上那些食物，总是说没地方下筷子。恰巧有一个叫钱普的无锡人，他虽身为太守，却做得一手好菜，而且是地道的吴馔。张居正吃了，觉得特别香美，于是大加赞赏说："我到了这个地方，才算真正吃饱了肚子。"此语一出，吴馔身价倍涨，有钱人家都以有一吴中庖人做饭为荣，结果使"吴中之善为庖者，召募殆尽，皆得善价以归"。吴厨的地位因此提得很高，吴馔也因此传播得很广。

　　既然厨师在古代广受尊重，那么，孟子为什么要说"君子远庖厨"呢？其实，这句话最早见于《礼记·玉藻》中的："君子远庖厨，凡有血气之类弗身践也。"有人把这句话中的"凡有血气之类弗身践也"忽略了。这句话是孟子与齐宣王在谈到君子的仁慈之心时，说君子对于飞禽走兽，看到它们活着就不忍心看到它们死去，听到它们临死前的悲鸣声，就不忍心吃它们的肉了，所以君子应该住在远离厨房的地方，不让他们看到宰杀禽兽的场面，不让他们听到禽兽死前惨烈的叫声。"君子远庖厨"说的是在祭祀杀牲时，君子不要亲自去操刀，以免让身体染上牲血，"庖厨"在这里指的是厨房，而不是指厨师。

3. 美丽厨娘——脆美馨香出素手

唐宋时代曾经出现过较多的女厨，她们中为皇上烹调的称为"尚食娘子"，为官吏当差的称为"厨娘"。唐代房千里写的《投荒杂录》便记述了岭南人争相培养女厨的事。岭南无论贫富之家，教女都不以针线为基本功，却专意培养她们下厨做饭的本领，如果一个女子能做得一手好菜，那便是一个"大好女子"。有时婚聘讲的条件也是以厨事为优，尽管是"裁剪补袄一点儿也不会，可是修治水蛇黄鳝却一条必胜一条"，这样的女子是不愁嫁不出去的。唐代宰相段文昌的家厨就是由老婢女膳祖掌管。训练过百名婢女厨艺，其中人最精。

宋代廖莹中的《江行杂录》记录了京都中下之户，并不看重生男孩子，生了女孩爱如捧珠。待她们成长之时，随资质教以不同本领，其中一些便被培养为厨娘。厨娘被认为是"最为下色"，但非极富贵之家别想请她们去做饭。有一位老太守宴客时想雇一位厨娘，费了很大的劲，方才请到。厨娘年方二十，颇具姿色，红裙翠裳，举止文雅，随身带着璀璨耀目的白金餐具、精致奇巧的刀砧杂品。未及进府先要四抬暖轿接她，厨娘做出的菜品更是馨香脆美，清新细腻。筵宴结束，厨娘对太守说："今日试厨，您也非常满意，按照规矩您得犒赏我绢帛百匹，钱二三百千。"太守吓了一跳，勉强照付，赶紧"善遣以还"。

很多厨娘都是从小便养在府里的。清朝大才子兼美食家袁枚写过一本《随园食单》，可以说是古今美食的顶峰之作，受他的熏陶，他家中的婢女在饮食烹调上也很有一套。袁枚家里有一位叫招姐的年轻貌美的厨娘。招姐精于烹饪，而且善解人意，凡是袁枚想要的，她都会无声无息地预备好。遇到袁枚家里临时有客来，她也能随机应变，到园中摘蔬菜，到池子里捉鱼，很快就能做成宴席。到了23岁，袁枚大概觉得再把这个大姑娘留着不嫁就不像话了，无奈之中想把招姐嫁掉，又很舍不得，惋惜之情溢于言表，他说："我的口福，要被其夫强行分去一大半了！"听到的人都大笑。袁枚在快七十岁时收了个年轻貌美的学生，叫刘霞裳。刘霞裳聪明有文才，颇得袁枚看重，袁枚就将招姐嫁给了刘霞裳。将最得意的厨娘嫁给最得意的门生，袁枚心里虽然老大不舍，但还算有点成人之美的君子之风。

古代声名远播的厨娘有很多，真正能够记录在册的大概只有以下6位了。

（1）膳祖，为唐朝一代女名厨。唐代宰相段文昌对饮食很讲究，曾自编《食经》五十章。膳祖烹调技艺原本精湛，对原料修治，滋味调配，火候文武，无不得心应手，具有独特本领，后又得段文昌的调教，如虎添翼，身手更加不凡。段文昌把自己府中厨房题额为"炼珍堂"，出门在外，住在馆驿，段文昌便把供食的厨房叫"行珍馆"。主持"炼珍堂"和"行珍馆"日常

（膳祖）

工作的都是膳祖。膳祖在段府40年间，从段府的100名女婢中只选了9名女婢传艺。她烹制的名食，后来大多记载在段文昌的儿子段成式编的《酉阳杂俎》里。

（2）梵正，为五代时尼姑、著名女厨师。她文化修养颇深，厨艺超群，以创

（膳祖擅长的金线油塔）

制"辋川图小样"风景拼盘而驰名天下。"辋川图小样"将菜肴与造型艺术融为一体，使菜上有山水，盘中溢诗歌。"辋川图"，指的是唐代著名诗人王维晚年隐居之地"辋川别墅"的画图。辋川别墅包括有辋水、华子岗等20处景所。梵正拼"辋川图小样"实非易举。据宋陶谷的《清异录》载："比丘尼梵正，庖制精巧，用鲊臛脍脯，醢酱瓜蔬，黄赤杂色计成景物，若坐及二十人，则人装一景，合成辋川图小样。""辋川图小样"是一种大型风景冷拼盘，梵正不仅要拼20个独自成景的小冷盘，且彼此都要有机地构成"辋川别墅"的迷人风光。再是要用的原料是腌鱼、干肉等物，没有精巧的艺术构思和精湛的刀工，是做不到的。

（辋川小样）

（3）刘娘子，为南宋高宗宫中女厨，历史上第一个宫廷女厨师。据《春渚纪闻》载，高宗继位之前，刘娘子就在他的藩府做菜了，宋高宗想吃什么菜，她就在案板上切配好，烹制成熟后献食，高宗总是十分满意的。按照宫廷规定，主管皇帝御食的负责官员叫尚食，只能由男人担任，而且是个五品官。刘娘子身为女流，不能担当此官，然而皇宫里的人都称她为"尚食刘娘子"。

（4）宋五嫂，为南宋著名民间女厨师。她从河南开封逃难至杭州，因丈夫姓宋排行老五，人们就称她为宋五嫂。当时从北方逃难来杭州的中原人很多，有官有民，大家思乡难归，很想尝点乡味以解乡思。宋五嫂在杭州钱塘门开了一个小食店，她家卖的鱼羹正是传统汴京风味，颇能招徕异乡之客。有一日，高宗也闻名想品尝宋五嫂的鱼羹，特叫宋五嫂做了鱼羹送进宫，高宗吃后连连称好。从此，宋五嫂的鱼羹名声大振，身价百倍，被奉为脍鱼之"师祖"。清人方恒泰《西湖》诗云："小泊湖边五柳居，当筵举网得鲜鱼。味酸最爱银刀鲙，河鲤河鲂总不如。"他赞的五柳居醋鱼，有人说即是当年的宋五嫂鱼羹。

（宋五嫂鱼羹） 　　　　　　（董肉）

（5）董小宛，本名董白，字小宛，一字青莲，明末"秦淮八艳"（亦称"金陵八绝"）之一。名与字均因仰慕李白而起。她聪明灵秀、神姿艳颜、窈窕婵娟，为秦淮旧院第一流人物，又称"针神曲圣"。位列中国古代十大名厨的董小宛，善制菜蔬糕点，尤善制桃膏、瓜膏、腌菜等，名传江南。

董小宛经常研究食谱，看到哪里有奇异的风味就去访求它的制作方法。现在人们常吃的虎皮肉，即走油肉，就是她的发明，因此，它还有一个鲜为人知的名字叫"董肉"，和"东坡肉"相映成趣。董小宛还善于制作糖点，她在秦淮时曾用芝麻、炒面、饴糖、松子、桃仁和麻油作为原料制成酥糖，切成长五分、宽三分、厚一分的方块，这种酥糖外黄内酥，甜而不腻，人们称为"董糖"，现在的扬州名点灌香董糖（也叫寸金董糖）、卷酥董糖（也叫芝麻酥糖）和如皋水明楼牌董糖都是名扬海内的土特产。

（6）萧美人，只知她年轻时娇媚动人，像花像玉，年届五十而艳姿不减，是清朝著名女点心师。萧美人以善制馒头、糕点、饺子等点心而闻名，袁枚倾慕萧美人的技艺，经常购买她精制的糕点馈赠亲友。乾隆五十二年（1787年）重阳节，年逾古稀的袁枚特地请人在仪真代购8种花色、共3000只由萧美人亲手制作的点心，运至南京，分送亲友品尝，亲友盛赞不已，袁枚在《随园食单》中盛赞其点心"小巧可爱，洁白如雪"。著名诗人吴煊还为萧美人特赋诗一首："妙手纤纤和粉匀，搓酥掺拌擅奇珍。自从香到江南日，市上名传萧美人。"

第二章　特色厨具

1. 炊具——钟鼎馔玉不足贵

1）灶

最原始的灶是在土地上挖成的土坑，直接在土坑内或再于其上悬挂其他器具进行烹饪。这种灶坑在新石器时代广为流行，并发展为后世的用土或砖垒砌成的不可移动的灶，至今仍在广大农村普遍使用。新石器时代中期发明了可移动的单体陶灶，为商周秦汉各代所继承，并发展出了铜或铁铸成的炉灶，较小的可移动灶称为灶或镟，实际就是炉。进入秦汉以后，绝大多数炊具必须与灶相结合才能进行烹饪活动，灶因此成为烹饪活动的中心。

（仰韶文化单体陶灶）　　（东汉绿釉灶）

《汉书·五行志》谓:"灶者,生养之本也。"在古人心目中,灶的重要性是不言而喻的,而且把灶的发明归功炎黄二帝或帝颛顼。在此基础上,古人构造出了灶神这一重要的神仙。灶神是中国古代神话传说中的司饮食之神,是由原始的火崇拜发展起来的一种神祇崇拜。在晋朝以后就列为督察人间善恶的司命之神,自然,崇拜灶神也就成为诸多拜神活动中的一项重要内容了。

每年的腊月二十三或是二十四,人们都会为灶王爷摆放好供品,供其享用。明代的百姓会在这一天摆上炒豆、糖饼、枣栗等食物祭祀灶神。在祭祀的时候,麦芽糖和酒是必不可少的食物,酒是为了让灶王爷喝得高兴,忘乎所以。而麦芽糖是又甜又粘的,一来灶神嘴吃甜了,就不好再恶言恶语,只能说好话;二来麦芽糖粘住嘴巴,想说坏话也张不开口,只能说个含含糊糊。老百姓已经把民间的这些人生经验用在了对待神灵的身上了。宋代范成大在《祭灶诗》中写道:"古传腊月二十四,灶君朝天欲言事。云车风马小留连,家有杯盘丰典祀。猪头烂熟双鱼鲜,豆沙甘松粉饵团。男儿酌献女儿避,酹酒烧钱灶君喜。婢子斗争君莫闻,猫犬触秽君莫嗔。送君醉饱登天门,杓长杓短勿复云,乞取利市归来分。"从中可以得知,祭祀神灵的过程似乎也是一个贿赂神灵的过程。

民间流传着这样一则故事:朱元璋小的时候,家里很穷。一天,朱元璋的母亲正在做饭,突然有一只喜鹊闯进来,叫道:"朱家天下万万年!朱家天下万万年!"朱母生气道:"什么万万年,不要开我们的玩笑。我看哪,有个276年就不错了。"朱母一边说,一边生气地用勺子敲打灶台,赶走喜鹊。这时,被朱母敲得鼻青脸肿的灶神现身了。他无奈地对朱母说:"老天爷让你们朱家天下万万年就是万万年了,你干吗还生气呀?现在好了,你说276年就只有

276年了。"后来，明朝果然只存在了276年。虽然这只是一个供人娱乐的故事，但从中可以体现出灶王神与人们的生活是非常贴近的，并且时刻保佑着每家每户的生活。

2）鼎

在新石器时代，鼎均为圆形陶质，是当时主要的炊具之一。商周时期盛行青铜鼎，有圆形三足，也有方形四足。因功能的不同，又有镬（音获）鼎、升鼎等多种专称，主要是用来煮肉和调和五味的。青铜鼎多在礼仪场合使用，进而成为国家政权的象征，而日常生活所用主要还是陶鼎。秦汉时期，鼎作为炊具的意义已大为减弱，演化成标示身份的随葬品。秦汉以后，鼎变为香炉，完全退出了饮食领域。有关鼎的许多典故诸如一言九鼎、问鼎中原等说明了鼎在传统文化中的重要。

最有代表性的鼎是温鼎。温鼎这一精美异常的饮食用具为人们营造出一种"佳肴必用美器"的饮食文化氛围。作为温食器，它最早出现在商代晚期，西周时得到发展，到春秋战国时却销声匿迹了。它们均属于小型鼎，有着使用方便、易于移动、边煮边食、可涮可食的优点。

各地的温鼎器形相差较大，有方形温鼎、圆形温鼎、带托盘温鼎。从火膛所置的位置看，有内置式和外置式两种。

内置式火膛有方鼎和圆鼎，其构造分三个部分：用夹层把鼎内容积隔成上下两部分，上层空间作为盛羹用；中层有屋形空间

（兽面纹青铜温鼎）

作为火膛放燃料，周围有开窗。前面有火门，火膛底板有通气的箅眼，火膛周围有挡火墙和溢烟口，可以防止火焰窜出灼伤用餐者；下层有足，用于抬高火膛，隔离垫衬物体，使高温不易传递，起到安全保护作用。外置式的就

（晋侯托盘温鼎）

是带托盘的温鼎，也分三个部分组成：上部分是盛羹的圆鼎；中部分是放燃料的托盘，托盘是独立的火膛，设置在三个鼎足的中间；下部分是鼎足。从加工的工艺看，内置式比外置式难度要大，铸造技术要求高，外观及纹饰比较复杂。

3）釜

古代写作䥑，实际上就是圆底的锅。它产生于新石器时代中期，商周时期有铜釜，秦汉以后则有铁釜，带耳的铁釜或铜釜叫鍪（音谋）。釜单独使用时，需悬挂起来在底下烧火，大多数情况下，釜是放置在灶上使用。"釜底抽薪"一词，已表明了它作为炊具的用途。

（铁釜）

4）甗（音眼）

这是一种复合炊具，上部是甑，下部是鬲或釜，下部烧水煮汤，上部蒸干食。陶甗产生于新石器时代晚期，商周时期有青铜甗，秦汉之际有铁甗，东汉之后，甗基本消亡，所以现代汉语中没有相关的语汇。东周之前的甗无论是陶还是铜，多是上下连为一体的，东周及秦汉则流行由两件单体器物扣合而成的甗。鬲、鼎与甑相合的

甗可直接用于炊事，而釜、甑相合而成的甗仍需与灶相配才能使用。汉代有时径直将甗称为甑。

5）鬶（音规）

将鬲的上部加长并做出流，一侧再安装上把手就成了鬶，这是中国古代炊具中个性最为鲜明独特的一种，只流行于新石器时代晚期的大汶口文化和山东龙山文化，其他地域罕有发现。同鬲一样，鬶也是利用空袋足盛装流质食物而烹煮的，但它因有可以外泄的流和錾而显得功能更齐全。

（玉方甗）

（陶鬶） 　　　　（青铜斝）

6）斝（音甲）

外形似鬲而腹与足分离明显。陶斝产生于新石器时代晚期，当时也是空足炊具之一。进入夏商周时期，斝变为三条实足，且多用青铜制成，但已是酒具而不是炊具了，作为炊具的陶斝只存在于新石器时代晚期的几百年间，作为酒具的斝则盛行于商周两代。

2. 盛食具——公庭锡宴挥金碗

上古时候，我们的祖先以肉食为主食，烹调的方法以烤、熏为主，这些都是拿食物来和火直接接触，但是有一些食物是不适合拿来直接在火上烧的，比如谷物、蔬菜、动物内脏等等。于是，人们就想到制作一个东西来盛放这些不能烤熏的食物。盛食具就这样诞生了。

1）皿

皿是碗、碟、杯、盘、盆一类用来盛放或洗涤东西的用器的统称，其中，以盆体积最大，最具代表性。盆这个字以皿为部首，声旁是分，分这个声旁有大的意思，比如"颁"在古代就是大头的意思。

盆用来盛放菜肴，意味着菜肴量较大，在古代和现代都不常见。但粤菜里有一种著名的盆菜，至今却依然流行，它的缘起据说和文天祥有关。

宋末大将文天祥率麾下被元兵追杀，过零丁洋逃至现时深圳市（当时的东莞）的滩头（通常会有文章写成是新安县，其实新安县设于明万历元年，即1573年，别说宋，即使元时都还未出现此县）。当时，文天祥登陆滩头时天色已晚，部队只有随身携带的米糕，缺少菜肴。"惶恐滩头说惶恐，零丁洋里叹零丁"，文天祥的心境可想而知。船家们同情忠臣，把自己储备的猪肉、萝卜，加上现捕的鱼虾，但船上没有那么多碗碟，只好将就些，放在木面盆里，端出来解文天祥军队的一时之急。

2）碗

碗这个字最早是说屋子里的草自相覆盖，本义是弯曲的意思。作为人们日常必需的饮食器皿，碗的起源目前不可考，不过可追溯到新石器时代泥质陶制的碗，其形状与当今无多大区别，即口大底小，碗口宽而碗底窄，下有碗足，高度一般为口沿直径的二分之一，多为圆形，极少方形。一般用途是盛装食物，因为其体积较锅、盂小而可用手端盛。其实，碗上阔下窄，放在平地上是不太稳定的，由此推测，古人可能最初是把碗放在地上挖出的坑中来使用的。后来碗的质料、工艺水平和装饰手段不断变化，用铜、铁、玉、金等材质制造的碗陆续出现，很多文人也将碗描述进他们的作品中，如"兰陵美酒郁金香，玉碗盛来琥珀光"（李白《客中行》），"一碗清汤诗一篇，灶君今日上青天"（宋·吕蒙正《祭灶诗》）。

（古代玉碗）

3）豆

盛食器和礼器。源于新石器时代的同名陶器，出现于商代晚期，盛行于春秋战国时期。最早用于盛放黍稷，后演变为专门盛放腌菜、肉酱等调味品的器物。豆的造型类似高足盘，上部呈圆盘状，盘下有柄，柄下有圈足。商周时豆多浅腹，粗柄，无耳，无盖。春秋战国时豆的形制较多，有浅盘、深盘、长柄、短柄、附耳、环耳等各种形状，上有盖可仰置盛放食物，亦有方形的豆。使用时，豆也常以偶数出现，按尊卑长幼，亦有数量多少之分。

豆

第三章 筷子礼俗

1. 良箸背后——染指琼筵众瘦兵

1）箸文化

中国人使用筷子的历史可追溯到商代，已有3000多年的历史。《史记·微子世家》中有"纣始有象箸"的记载，"箸"便是筷子，因为"箸"与"住"谐音，有停止之意，古人认为不吉利，就反其意称"快"，又因它大多竹制，故称为"筷子"。

筷子结构简单，方便灵活，能拨能挑能搛。它是手的延伸，又比手更无畏，它不惧冰块，敢下火锅，在世界各国的餐具中独树一帜，被西方人誉为"东方的文明"，更是中国的"国粹"。中国的筷子不仅仅是一种餐具，它还作为一种与文化有关的器物，在历史上留下过许多记载。如：楚汉相争年代，高阳酒徒郦食其向刘邦献"强汉弱楚"之策，谋士张良听说后即顺手拿起刘邦刚放下的筷子，在餐桌上以箸为图，说出郦食其的错误，并献出自己的"剪楚兴汉"的战略良策。有意思的是，这个典故在1500年后竟被另一位名人所借用：相传，刘伯温初见明太祖时，太祖方食，即以筷为题让他作诗，以观其志。刘见太祖所用筷子乃湘妃竹所制，即吟曰："一对湘江玉并肩，二妃曾洒泪痕斑。"他见太祖面露不屑之色，遂高声续吟："汉家四百年天下，尽在留侯一箸间。"诗借张良"借箸"替刘邦筹划战局的典故，道出自己之政治抱负，最终博得太祖赏识。

古往今来，文人雅士写下了许多咏筷的诗词，多姿多彩、情趣盎然。唐代大诗人杜甫《丽人行》云："犀箸厌饫久未下，鸾刀缕切空纷纶。"诗中的"犀箸"，当指犀牛角制的筷箸。宋代女诗人朱淑真写有《咏箸》："两个娘子小身材，捏着腰儿脚便开。若要尝中滋味好，除非伸出舌头来。"宋代文人程良规的《竹箸》诗，歌颂了筷子为人民服务的精神："殷勤问竹箸，甘苦尔先尝。滋味他人好，乐空来去忙。"清代文人袁枚有一首诗《咏筷子》："笑君攫取忙，送入他人口。一世酸咸中，能知味也否？"以箸自况，显现自己生活之"酸辣"。前两句嘲笑筷子忙碌夹饭菜送入他人口，有自嘲之意，使人想起晋时罗友为鬼揶揄之事。罗友为桓温掾吏，抑郁不得志。一次桓温设宴送人赴郡守任。罗友遇一鬼揶揄自己说："吾但见汝送人作郡，何以不见人送汝作郡耶？"后两句是说筷子本竹木所制，终不会有人类的情感，因而也不怕嘲笑，也无从知晓食物之酸辣了。作者寓情于物，用筷子喻示自己一生中苦滋味尝得太多了，已不知其苦，近于麻木了。

民间还有运用双关手法的咏筷诗，句句说的是竹筷，又句句歌颂同甘共苦的恩爱夫妻：如"雪压霜欺气质刚，我两相爱配成双。不论日子穷与富，酸甜苦辣共品尝。"句句说的是竹筷，又句句歌颂同甘共苦的恩爱夫妻。另外，民间流行的筷子谜也形象生动，诙谐有趣："眠则同眠，起则俱起。贪如豺狼，赃不入己。""姐妹二人一样长，厨房进出总成双。千般苦辣酸甜味，总让它们第一尝。"此外，民间还有以筷子为内容的歌谣，称为《筷子歌》，如年轻人谈情说爱，往往以筷子来表达爱慕之情，小伙子唱："你家门前有蓬竹，青枝绿叶好茂盛。讨根金竹做筷子，答应不答应？别处竹子我不讨,你家竹子讨一根。讨得金竹做金筷,合做一家人。"姑娘和道:"好久不到这边来,这边竹子长成材。不知金竹有无主,真话说出来。有主你就说句话,无主你就跟我来。讨得金竹做筷子,与金碗做成伴。"

在民间,还有一些与筷子相关的有趣民俗:在喜庆宴席上,主人双手敬筷,唱筷子歌,以示尊敬:"一张桌子四四方,八大碗菜摆中央,八双筷子四边摆,八人坐四方。主人我来谢大家,感谢乡亲来捧场,说说笑笑莫忘吃,请动筷品尝。"在东北新婚洞房花烛之夜,就有从窗外扔进一把筷子的习俗,为的是讨个"快生贵子"的口彩。云南阿昌族娶亲接新娘时,新郎官在丈人家吃早饭用的"筷子"必须要用足足有五六尺长的细荆竹特制,梢子上还带着一簇簇绿叶,并拴上鲜花之类的东西。当新郎拿起这双"筷子"时,手常常抖得很厉害,有时还要用肩膀扛起来。有趣的是,新郎吃的菜也全是特制的,如油炸花生米、米粉、豆腐、水菜之类的东西,不是细得夹不起,就是滑得夹不住,或是软得一碰就碎。这顿饭常常把那些身强力壮、神气十足的新郎吃得满头大汗。这是要给新郎一个下马威,让他今后对妻子要体贴一点。

在中国古典小说里,筷子的身影也时常出现,小说家常借它来达到刻画人物性格的目的。据《秦馔古今谈》及五代王仁裕《开元天宝遗事》载:唐玄宗在一次御宴中突然将手中的金箸赐给宰相宋璟,这位宰相受宠若惊,愣在那里不知所措。唐玄宗见状说:"非赐汝金,盖赐卿以箸,表卿之直耳。"即赞扬宋璟的品格像筷子一样耿直。在《三国演义》中,筷子也成为罗贯中笔下的精彩一笔。曹操青梅煮酒论英雄,刘备意识到曹操的真实用意,赶忙巧借惊雷响声,佯装害怕将筷子失手落地,以表白自己是个胸无大志的庸人,从而消除了曹之戒心,保全了自己。讽刺小说《儒林外史》第四回中有这样一段"换箸进食"的描写：范进中举不久，丧母守孝。恰在这时汤知县请他赴宴，山珍海味，美酒佳肴，还配有"银镶杯箸"。范进却退前缩后不肯入席。汤知县不解其故，经张静斋点拨，"换了一个瓷杯，一双象箸"。但范进仍不进餐，再换上一双白色竹筷，"居丧尽礼"的范进才用之在燕窝里捡了个大虾圆子送进嘴里。原来，在这个装腔作势的守孝之人眼中，唯有白竹筷才最合乎"孝道"，至于大吃荤腥是否有碍"孝道"反倒是无关紧要的。

2）箸种类

我国古时的筷子大多是用竹子制作的，"筷"与"箸"都是竹字头就是明证，但也有用木材制成的。后来，随着社会生产力的发展，封建帝王和贵族们为了炫耀其地位及财富，又采用金、银、玉、象牙等名贵材料制成筷子，作为自己富贵的标志。

筷子跟绘画、雕刻联姻，经艺人之手巧妙点化，又可制成高级精美而魅力独具的工艺品。小小筷子，方圆有致，式样精巧，或烙画，或镂刻，让人观赏把玩，爱不释手。例如，北京的象牙筷，浅刻仕女、花鸟或风景，饰以彩绘，华贵艳丽；桂林的烙画筷，烙印象鼻山、芦笛岩、独秀峰等景，白绿相间，清丽大方。除此之外，还有杭州的天竺筷、宁波的水磨竹筷、福建的漆筷、广东的乌木筷、四川的雕花竹筷、江西的彩漆烫花筷、山东潍坊的嵌银丝硬木筷、苏州的白木筷和云南的楠木筷等，皆是中国筷子大家族的名品。

有些竹、木筷子的上端还烤印有各种图案或名家诗句，有的还雕刻上十二生肖形象，甚为精致。明清时期，各种筷箸已由单纯的餐具发展为精美的工艺品。清袁枚在《随园食单》中说："美食不如美器，斯语是也。"清代，在云南武定县出了个烙画筷子的名艺人武恬，他能在长不盈尺的筷子上烙画唐代画家阎立本的《凌烟阁功臣图》、《瀛州十八学士图》，所绘人物须眉衣饰，栩栩如生，其技艺号称天下无双，出自他亲手制作的工艺筷亦是身价百倍。

2. 下箸禁忌——停杯投箸不能食

中国人在日常生活当中对筷子的运用是非常有讲究的。一般我们在使用筷子时，正确的方法是用右手执筷，大拇指和食指捏住筷子的上端，另外三个手指自然弯曲扶住筷子，并且筷子的两端一定要对齐。在用餐前，筷子一定要整齐码放在饭碗的右侧，用餐后则一定要整齐的竖向码放在饭碗的正中。而以下十二种筷子的使用方法是要绝对禁忌的。

1）三长两短

这意思就是说在用餐前或用餐过程当中，将筷子长短不齐的放在桌子上。这种做法是极其不吉利的，通常我们管它叫"三长两短"，其意思是代表"死亡"。因为古代人认为人死以后是要装进棺材的。而棺材盖是在把死人装进棺材后才盖上的，因此，棺材盖并不算棺材的组成部分。这样，棺材的组成部分便是前后两块短木板，两旁加底部共三块长木板，五块木板合在一起做成的棺材正好是三长两短，所以说，将筷子长短不齐的放在桌子上是极为不吉利的事情。

2）仙人指路

这是指拿筷子时，用大拇指和中指、无名指、小指捏住筷子，而把食指伸出。这种做法是极为不能被人接受的。因为在吃饭时食指伸出，像是在不停地指着别人，这便暗含指责别人的意思。此外，吃饭时，在同别人交谈过程中用筷子指人，也被视为是在指责别人。

3）品箸留声

这种做法是把筷子的一端含在嘴里，用嘴来回去嘬，并不时地发出"咝咝"的声响。这种行为被视为是一种下贱、缺少家教的做法。因为在吃饭时用嘴嘬筷子的本身就是一种无礼的行为，再配以声音，更是令人生厌。

4）击盏敲盅

这种行为被看作是乞丐要饭。其做法是在用餐时用筷子敲击盘碗。因为过去只有要饭的才用筷子击打要饭盆，其发出的声响配上嘴里的哀告，使行人注意并给予施舍。这种做法被视为是极其下贱的，被他人所不齿。

5）执箸巡城

这种做法是指旁若无人地用筷子来回在桌子上的菜盘里寻找，不知从哪里下筷为好。这种目中无人的行为是典型的缺乏修养的表现，极其令人反感。

6）迷箸刨坟

这是指手里拿着筷子在菜盘里不住的扒拉，以求寻找猎物，就像盗墓刨坟一般。这种做法同"执箸巡城"相近，都属于令人生厌的缺乏教养的做法。

7）泪箸遗珠

是指用筷子往自己盘子里夹菜时，动作不利落，将菜汤流落到其他菜里或桌子上。是一种被视为严重失礼的行为。

8）颠倒乾坤

是指用餐时将筷子颠倒使用。这种做法是非常被人看不起的，会被人认为你是饥不择食，以至于连筷子使倒了，都没有察觉。

9）定海神针

指用一只筷子去插盘子里的菜品。在吃饭时做出这种举动，会被同桌的人认为是对他们的蔑视和羞辱，是极其失礼的。

10）当众上香

往往是出于好心帮别人盛饭时，为了方便省事，把一副筷子插在饭中递给对方。这会被人视为大不敬，因为一般是在为死人上香时才这样做。

11）交叉十字

是指在用餐时将筷子随便交叉放在桌上。这会被认为对同桌其他人的全部否定，是不能被他人接受的。除此以外，这种做法也是对自己的不尊敬，因为古代只有在吃官司画供时才打叉子。

12）落地惊神

是指失手将筷子掉落在地上，这也是严重失礼的一种表现。因为古人认为，祖先们长眠在地下，不应当受到打搅，筷子落地就等于惊动了地下的祖先，是大不孝的行为。但因为这种行为往往属于失手，便允许有补救方法，即：一旦筷子落地，就应当赶紧用落地的筷子根据自己所坐的方向，在地上画出十字。其方向为先东西后南北。意思是我大意，不该惊动祖先，然后再捡起筷子，嘴里同时说自己该死。

第四章 酒肆茶寮

1. 酒肆——借问酒家何处有

中国酒店历史悠久，在其漫长的发展过程中，每个时期又有不同的发展形态。古代的酒店种类繁多，称谓也不尽相同，有酒肆、驿站、酒楼、酒馆、客栈等说法。它经历了一个从起源到不断发展变化的过程，最初的酒店只是专业卖酒而已，后来发展到卖酒兼提供饮酒的酒具和场所，再后来又增加了下酒的菜肴、住宿及其他服务项目，甚至可供文人雅士在此邀朋会友，吟诗作画。这个过程表明了中国古代酒店的服务个性和风格慢慢走向成熟，也为现代酒店业的发展奠基了坚实的基础。

千年旅居文化的变迁，使古代酒店渐渐远离了人们的视线。然而，酒、酒旗、店小二及主人家等文化实体已经深入人心。在中国古代白话小说里，举凡涉及酒店的地方，几乎都可以看到他们的身影，他们在古代酒店里扮演了非常重要的角色。

1）酒

它是古代酒店里的一个活跃"角色"。古人饮酒的场所很多，但是最常见的还是酒店。数千年来，几乎可以说，无人不酿酒，无人不饮酒。在古代，大多数的"酒文学"都发生在酒店里。

2）酒旗

酒旗，又叫"酒帘"、"望子"。作为一种最古老的广告形式，酒旗在我国已有悠久历史。在酒旗上写上店家字号，或悬于店铺之上，或挂在屋顶房前，或干脆另立一根望杆，让酒旗随风飘展，为酒店招徕客人，是古代酒店一道靓丽的风景线。另外，酒旗还有传递信息的作用。店家晨起而挂，表明有酒可卖；傍晚落旗，则表明无酒可售。旗本是官方的政令、标识、信义之义，是"王"者所用，后来渐渐变成了经营者的标识与号召。酒市悬旗的目的是招徕顾客。作为一种标识，一般又称为"表"，如《韩诗外传》："人有市酒而甚美者，置表甚长。"这种标识一般都高悬在酒家门首，非常醒目，使过往行人在很远处便能见到。标识一般用布缝制而成，大小不一。上面大书"酒"字，或标以名酒，或书写店名，甚至其上有警语文句。如《清明上河图》名画中的诸多酒店便在酒旗上标有"新酒"、"小酒"等字样。旗布为白或青色，但用料不限于青、白两色。如唐韦应物《酒肆行》，描写了京师长安酒肆及豪华大酒楼拔地而起，彩色酒旗在春风中招展的繁华景象。

酒旗上书以招徕文句的历史文化现象，自然而然地会反映到当时的文学作品中。《水浒传》中好汉武松趁醉以"五环步，鸳鸯脚"踢翻蒋门神的精彩故事，就发生在孟州道快活林酒店。且看书中描述：武松"又行不到三五十步，早见丁字路口一个大酒店，檐前立着望竿，上面挂着一个酒望子，写着四个大字道：'河阳风月'。转过来看时，门前带绿油栏杆，插着两把销金旗；每把上五个金字，写道：'醉里乾坤大，壶中日月长。'"（《水浒传》第二十九回《施恩重霸孟州道武松醉打蒋门神》）后来，随着岁月的演变，那"两把销金旗"渐渐变成了风吹不动的木、竹或金属等制的楹联，而酒旗也为光彩夺目的各种闪光金属或霓虹灯等现代化招牌所取代。酒旗这道靓丽的风景线也只能在古代题材的影视作品中出现了。

3）店小二

指古时候饭店、旅店里的服务员，又称"小二"、"小二哥"、"伙计"，以男性居多。毋庸置疑，在古代，这种身份的人是属于社会最底层的，是被雇佣劳动者。此外，在酒店里面谋生的人还有很多，比如用量酒工具量酒的酒保、在酒店里巡回卖唱的绰酒座（亦称歌女）、账房、过卖、杂役等等。最值得一提的是唐代酒店中的胡姬。唐朝与域外饮食文化的交流，一时间激起了巨大波澜，在长安和洛阳等都市内，人们有一种崇尚西域物质生活的风气。饮食风味、服饰装束都以西域各国为美。当时的长安，胡人开的酒店很多，这些酒店还常有花枝招展的胡姬陪伴食客，李白等文人学士常入这些酒店，唐诗中也有不少诗篇提到这些酒店和胡姬。贺朝的《赠酒店胡姬》是描述得最为完整的诗歌："胡姬春酒店，弦管夜锵锵。羽毛铺新月，貂裘坐薄霜。玉盘初鲙鲤，金鼎正烹羊。上客无劳散，听歌乐世娘。"酒家与胡姬已成为唐代饮食文化的一个重要特征。

4）主人家

即庄家、店主，也就是我们现在所说的酒店经营者。当古代酒店的规模小至只有一人或夫妻二人时，店主与雇工便合二为一。而能够自己做主人家，供养酒保、店小二、过卖等人的酒店是要具备一定规模的。

西汉时，长于辞赋的文人司马相如（公元前179—公元前117年）与富人卓王孙的才女卓文君"当垆卖酒"的故事，至今为人津津乐道。司马相如，字长卿，汉孝景帝时曾任武骑常侍。武骑常侍随侍皇帝畋猎，格斗猛兽，所以想必司马相如的武功是相当不错的。由于景帝不喜好辞赋，司马相如觉得自己的才能没法施展，后来就跟从梁孝王为宾客，写了《子虚赋》。梁孝王死后，相如返回故乡成都。当时蜀郡临邛（今四川临邛县）县令王吉与司马相如关系不错，遂邀他游临邛。临邛巨富卓王孙设宴招待，相如勉强去了。宴会上，数以百计的客人都被他那雍容闲雅的举止和姣美的仪容所倾倒。席间，王吉请相如奏琴，这时，卓王孙的女儿卓文君刚死了丈夫，孀居在家。卓文君很有才气，懂音乐，听到相如奏出的琴音中含挑动之意，又偷眼看见相如的容止，深深爱上了他。

不过，这样的婚事在当时是不能为礼教所容的。于是卓文君毅然舍弃家庭，夜奔相如。卓王孙得知大怒，不给他们一分钱。于是，卓文君与司马相如决定在临邛开一个酒店，由文君当垆沽酒，相如穿着形如犊鼻的裤子，像奴仆般洗涤酒器，以此来羞辱卓王孙。他们的酒大概很好，招徕的客人极多。后来，卓王孙终于承认了他们的婚事，卓文君和司马相如也得以白头偕老。

卓文君和司马相如美好的爱情故事，拨动了后世许多文人墨客的心弦。唐代杜甫有"酒肆人间市，琴台日暮云"的诗句，宋代陆游有诗"落魄四川泥酒杯,酒酣几度上琴台。青鞋自笑无拘束,又向文君井上来",清代王闿运也有"华阳女士论邛达,惟有临邛一酒垆"的诗句。

历史上酒肆最繁华的时期当属北宋。北宋时,仅京城开封就号称有酒家"七十二正店"。"正店"都是屋宇轩敞、设置讲究的大酒店,大门搭着"彩楼欢门"(牌楼),晚间灯烛辉煌,上下相照,像在仙境中。其中有一大酒店居然有"百十进院",规模是前所未有的。

当顾客走进一家"大酒店",堂倌即来招呼入座,摆上筷子和洁纸。那时"都人侈纵,百端呼索",或要冷食,或要热吃,或要瘦肉,或要肥肉,各有不同。堂倌听后"喊堂",一一报给厨房。不一会儿,堂倌左手搔三碗,右臂自手至肩叠放约一二十碗饭菜,到桌上散下,端给顾客。顾客在酒家吃面条和羹汤,有要半碗的,店方也不怕麻烦,照卖半碗。对饮酒顾客,不论何人都让其使用银质酒器、碧瓷盘盏。若要在店外吃,店方即派人用银质盛器放好酒食供送,夜饮可在第二天取回银器,不需用押金。

南宋皇室南迁杭州后,杭州一跃而成为全国的餐饮中心,大酒店设备之豪华甚于开封。当时杭州的酒家,厅院层楼,张灯结彩,天天像迎接帝王那样的排场。餐厅内夏天备有降温的冰盆,冬天设有暖和的火箱,餐具有金银装饰,宴饮时有乐工吹奏演唱,有的酒家还有名妓数十人伴餐,靡靡之风,把北宋亡国之恨全都吹尽忘光。

2. 樊楼——夜深灯火上樊楼

樊楼,是北宋最豪华的酒楼,位于东京宫城东华门外景明坊。樊楼所在地,本来是商贾贩鬻白矾的集散点。可能它原先就是矾行的酒楼，也有可能后来在这里盖起了酒楼，于是就称为矾楼，也叫作白矾楼。日久天长，才讹传为樊楼，后又改称丰乐楼，但总比不上樊楼叫得响亮。

樊楼是东京的百年老店，至少在宋真宗时就闻名遐迩了。据《湘山野录》载，大中祥符中（1008—1016年），真宗为日本国一佛寺赐额。朝辞日，日本使者临时要求再赐一篇寺记，张君房是最合适的作者。但当天张君房不当值，"醉饮于樊楼，遣人遍京城寻之不得"。樊楼有常备的自酿好酒，名叫"眉寿"、"和旨"，很受人们喜爱，据宋代档案《会要》的记载，当时樊楼每天上缴官府酒税就达2000钱，每年销售官酒竟至5万斤。后来老板转手，酒楼新主"大亏本钱，继日积欠，以至荡破家产"。由此，北宋国库缺了一大笔酒税，宋仁宗十分着急，于天圣五年（1027年）亲下一道诏令，大意是说，谁愿意承包樊楼年销5万斤的酒税额，就可以给他划拨3000家京城的小酒店，作为酒类专卖的连锁销售店。皇帝亲自过问一个酒楼的生意，足见樊楼在东京酒楼业中龙头老大的地位。

樊楼作为东京酒楼业繁荣的最佳代表，还被写入一些文学名著

（樊楼）

中。仅在《水浒传》中，就有两处情节是以樊楼为场景的。一是第七回，陆谦为让高衙内得到林冲娘子，设计请林冲去樊楼吃酒："当时两个上到樊楼内，占个阁儿，唤酒保分付，叫取两瓶上色好酒，希奇果子案酒。"另外一个场景是第七十二回，宋江东京时"出得李师师门来，穿出小御街，迳投天汉桥来看鳌山。正打从樊楼前过，听得楼上笙簧聒耳，鼓乐喧天，灯火凝眸，游人如蚁。宋江、柴进也上樊楼，寻个阁子坐下，取些酒食肴馔，也在楼上赏灯饮酒。吃不到数杯，只听得隔壁阁子内有人作歌……宋江听得，慌忙过来看时，却是"九纹龙"史进、"没遮拦"穆弘，在阁子内吃得大醉，口吐狂言。"

当然，除樊楼外，东京还有一些著名的酒楼。例如丽景门内有一家酒楼号称"无比店"，它原是参知政事赵叔平的宅第，他致仕回乡后，这里就改成酒楼，"材植雄壮，非他可比"，因而当时谚语就说"酒苑叔平无比店"。在天汉桥下有一家寿州（今安徽凤台）人开的王家酒楼也相当有名。学者刘攽有诗说它"道旁高楼正嵯峨"，而经营的场面则是：

　　白银角盆大如斗，臛鸡煮蟹随纷罗。
　　黄花满地照眼丽，红裙女儿前艳歌。

东京酒楼的格局，据《东京梦华录》记载，面朝大街的门口都扎"彩楼欢门"，欢门就是大门楼，用各种彩色饰物装点门面。走进门楼则是院落或主廊，底层是散座，称作"门床马道"，档次不高。有身价的都往楼上招呼，楼上天井两廊都是当时称为"小阁子"的包厢。一到晚上，"灯烛荧煌，上下相照，浓妆妓女数百，聚于主廊檐面上，以待酒客呼唤，望之宛若神仙"。不过，据《都城纪胜》说："大酒店，娼妓只伴坐而已，欲买欢，则多往其居。"

东京一般酒楼仅上下两层，唯独樊楼在徽宗宣和年间（1119—

1125年）改建为东西南北中五座三层的主楼，《水浒传》中宋江喝酒时应该还是改建前的老楼。新樊楼各楼之间用飞桥栏杆，明暗相通，朱额绣帘，灯烛晃耀。改建完工重新开张的头几天里，最先光顾者赏以金旗，以招徕宾客。每到元宵灯节，樊楼顶上每一道瓦楞间各放莲灯一盏，把樊楼点缀得分外靓丽妩媚。后来，禁止酒客登临西楼眺望，这是出于对皇帝安全保卫的考虑，因为从西楼俯瞰下去就是大内。樊楼位置十分优越，西楼借景于大内，北楼则可以凭眺艮岳，附近还有州桥夜市和汴河。此即时人王安中在诗中所吟咏的："日边高拥瑞云深，万井喧阗正下临。金碧楼台虽禁籞，烟霞岩洞却山林。"樊楼原就是京城酒楼老大，"饮徒常千余人"，改造以后，不仅其本身生意兴隆，也带动了周围店肆的人气，连樊楼旁的小茶肆的茶都卖出了好价钱。

由于闻名遐迩，京城第一，樊楼成为达官贵族和富商阔佬摆谱的地方。《齐东野语》记载了一则樊楼逗富的真实故事。说一个叫沈偕的吴兴阔少，狎游京师，追求一个声价"甲于都下"的名妓。有一天，带她上樊楼，对楼上千余酒客说：你们都"极量尽欢"，最后我来埋单，"至夜，尽为还所值而去"。

当然，酒阁赋词、粉壁题诗之类的雅事，在樊楼也发生了不少。政和进士黄彦辅酒酣樊楼，赋《望江南》词10首，歌咏樊楼之月，引人聚观，称其为"谪仙堕世"，词名大振。诗人刘子翚少年时代也曾亲历过樊楼盛况，他有《汴京纪事》诗记樊楼云：

梁园歌舞足风流，美酒如刀解断愁。
忆得少年多乐事，夜深灯火上樊楼。

大概到南宋后期，樊楼就成了酒楼的代名词。宋元之际，姚云文有词云"疏狂追少日，杜曲樊楼，拼把黄金买春恨"，黄潜也有"春风樊楼醉，一笑百斛珠"的诗句。这里的樊楼，明显是指一般的酒楼，而且还带有一点儿青楼烟花味。

3. 茶寮——常过茶邸租船出

茶馆最早的雏形是茶摊，中国最早的茶摊出现于晋代，据《广陵耆老传》中记载："晋元帝时有老姥，每日独提一器茗，往市鬻之，市人竞买。"也就是说，当时已有人将茶水作为商品到集市进行买卖了。不过这还属于流动摊贩，所起的作用仅仅是为人解渴而已。还不能称为"茶馆"。

唐玄宗开元年间（713—741年），出现了茶馆的雏形。唐玄宗天宝末年进士封演在其《封氏闻见记》卷六"饮茶"载："开元中，泰山灵岩寺有降魔师大兴禅教，学禅务于不寐，又不夕食，皆许其饮茶。人自怀挟，到处煮饮。从此转相仿效，逐成风俗。起自邹、齐、沧、棣，渐至京邑。城市多开店铺，煎茶卖之。不问道俗，投钱取饮。"这种在乡镇、集市、道边"煎茶卖之"的"店铺"，当是茶馆的雏形。《旧唐书·王涯传》记："太和九年五月涯等仓惶步出，至永昌里茶肆，为禁兵所擒"，则说明在唐文宗太和年间已有正式的茶馆。大唐中期国家政治稳定，社会经济空前繁荣，加之陆羽《茶经》的问世，使得"天下益知饮茶矣"，因而茶馆不仅在产茶的江南地区迅速普及，也流传到了北方城市。此时，茶馆除予人解渴外，还兼有予人休息，供人进食的功能。

宋代是中国茶馆的兴盛时期。张择端的名画《清明上河图》生动地描绘了当时繁盛的市井景象，再现了万商云集、百业兴旺的情形，其中亦有很多的茶馆。而孟元老的《东京梦华录》中的记载则更让人感受到当时茶肆的兴盛："东十字大街，曰从行裹角，茶坊每五更点灯，博易买卖衣服图画花环领抹之类，至晓即散，谓之鬼市子……归曹门街，北山于茶坊内，有仙洞、仙桥，仕女往往夜游吃茶于彼。"宋时茶馆具有很多特殊的功能，如供人们喝茶聊天、品尝小吃、谈生意、做买卖，进行各种演艺活动、行业聚会等。如《都城纪胜》中记载："大茶坊张挂名人书画……多有都人子弟占此会聚，习学乐器或唱叫之类，谓之挂牌儿。"值得一提的是，当南宋小朝廷偏安江南一隅，定都临安（今杭州）后，统治阶级骄奢、享乐、安逸的生活使杭州这个产茶地的茶馆业更加兴旺发达起来，当时的杭州不仅"处处有茶坊"，且"今之茶肆，列花架，安顿奇松异桧等物于其上，装饰店面，敲打响盏歌卖"。

　　明代由于士人崇尚自然之风的影响，加上明太祖朱元璋又诏饬"龙凤团茶"作贡茶等缘故，人们从饮用团饼茶逐渐过渡到饮用散茶；茶馆饮茶方式由唐代的煎茶，宋代的点茶转变到明代的散茶直接沏泡。茶具也从碗、盏、提瓶等过渡到杯、壶的应用。而明代的茶馆，受时局的影响，特别讲究茶室的幽静，如文震亨《长物志》云："构一斗室，相傍山斋，内设茶具，教一童专主茶役，以供长日清谈，寒宵兀坐，幽人首务，不可少废者。"这种茶室的功能是雅士清谈，修身养性，显然并不作为"来的都是客，全凭嘴一张"的经营性茶馆，而宜文人雅士接待友人、宾客之用。到明末清初之时，品茗之风更盛。社会经济的进一步发展使得市民阶层不断扩大，民丰物富造成了市民们对各种娱乐生活的需求，而作为一种集休闲、饮食、娱乐、交易等功能为一体的多功能大众活动场所，茶馆成了人们的首选，因此，茶馆业得到了极大的发展，形式愈益多样，茶馆功能也愈加丰富。

1）茶馆环境

中国古代一些茶馆为满足顾客对室内环境审美之需，极为注意对室内的布置。这些布置包括桌椅器皿、妇人装扮、花草盆景、名人字画、灯火等方面。如宋代王明清《摭青杂说》记载："京师樊楼畔有一小茶肆，甚潇洒清洁，皆一品器皿，椅桌皆济楚，故买卖茶极盛。"宋代庄绰《鸡肋编》载："尝泊舟严州城下，有茶肆妇人少艾，鲜衣靓妆，银钗簪花，其门户金漆雅洁。"这便是最普通的小茶馆的布置了。即使是在偏僻街巷的一些小茶馆往往也注意对环境之美化，很多都插着时鲜花朵。如明代吴敬梓《儒林外史》第二十四回《牛浦郎牵连多讼事，鲍文卿整理旧生涯》："这南京……茶社有一千余处。不论你走到一个僻巷里面，总有一个地方悬着灯笼卖茶，插着时鲜花朵。"可见当时人们对环境美的追求是多么地执着，哪怕是小处也不会放过。

为吸引顾客，中国古代一些茶馆还注重将茶馆与园林相结合，

以适应顾客品茗观景的审美心理需求，成为茶馆独特的外部环境。用来开茶馆的园林有的是茶馆主人出资亲自建造的，也有的是购买故家大宅废园再建茶馆。因为有利可图，有的大户人家直接将自己经营的园林改为茶馆以牟利，甚至有在园林之中为方便游客欣赏美景和玩乐之需而建的临时性茶馆。

茶馆往往建于园林中的临山傍水、风光旖旎之处，以满足某些顾客对自然风光欣赏之需。这些茶馆里的茶客往往凭窗而坐，远眺则山水风光尽收眼底；近观则佳木扶疏、鸟语花香。

在中国古代，一些文人墨客前往茶馆并非只为了解渴饱腹之需，也常抱着欣赏山水风光的目的。如宋代林逋《黄家庄》："黄家庄畔一维舟，总是沿流好宿头。野兴几多寻竹径，风情些小上茶楼。遥村雨暗鸣寒𪄀，浅溆沙平下晚鸥。更有锦帆荒荡事，茫茫随分起诗愁。"得一份惬意的山水风光，自是文人们心中最舒畅的事情。有些茶馆还提供江湖之上的水上租船服务。这些船只实际成为了水上移动的茶馆。南宋刘克庄《戏孙季蕃》诗曰："常过茶邸租船出，或在禅林借枕敧。"这些供游人租借的船只的船舱中间放一张小方金漆桌子，桌上摆着宜兴沙壶，极细的成窑、宣窑的杯子，烹的是上好的雨水毛尖茶。这样精细的茶具和好茶，非古代繁华的大城市难以做到。如杭州、扬州、苏州、北京等地就有大量建于山水之旁的茶馆，一时间，在湖光山色之间品茗抒怀，成为当时茶馆的一大风俗。

2）茶馆里的艺术

古代的茶馆是很多民间艺术的聚集之地。中国古代很多茶馆聘请艺人做音乐表演，某些艺人艺术水平还达到了极高程度。这些茶馆虽以茶为名，但实际上已成了歌馆。当然也有水平一般的艺人在茶馆中的表演，有时几乎形同乞讨。如在明代冯梦龙的小说《喻世明言》第十一卷《赵伯升茶肆遇仁宗》中描述赵旭落难困窘时，店小二就对赵旭建议道："秀才，你今如此穷窘，何不去街市上茶坊酒店中吹笛，觅讨些钱物，也可度日。"这种音乐的表演很多都是与管弦丝竹分不开的，慢慢地带动了戏曲在茶馆中落地生根。

中国古代戏曲与茶馆有密切的关系，甚至连戏园都是由茶馆直接演变而来。从清代起，不少茶馆为吸引茶客，开始在茶馆内设专门的戏台供演出之用。戏剧节目往往取代饮茶，成为茶客到茶馆的主要精神享受，茶反倒是一种点缀或装饰了。于是，有的茶馆就逐渐被称为茶园了，再后来又出现了戏园，最后成了专门演出戏剧节目的戏馆子了。

除此之外，茶馆也是评书表演的重要场所。在宋代，茶客去茶

馆中欣赏评书就已很流行。如《梦粱录》中记载南宋临安"王妈妈家茶肆,名一窟鬼茶坊",该茶馆是因常讲评书"西山一窟鬼"而得名。

唯一成为茶馆独有的标志流传至今的便是茶艺。元代李德载有散曲《阳春曲·赠茶肆》,对当时茶馆精湛的茶艺表演有精彩的描绘:"黄金碾畔香尘细,碧玉瓯中白雪飞。扫醒破闷和脾胃。风韵美,唤醒睡希夷","金樽满劝羊羔酒,不似灵芽泛玉瓯。声明喧满岳阳楼。夸妙手,博士更风流"。如此优雅的景象,使人很难不被吸引,从而走进茶馆。

中国古代有些茶馆的茶艺表演十分讲究水、茶、器,甚至一天只能接待茶客数人。至今,我国保有古老茶艺的传统,在南方杭州、四川等地环境幽静的茶艺馆中,我们仍然能欣赏到纤纤妙手表演的茶艺,隔空千年,去追寻当时古人的那道空灵的心境。

第五章　玉馔珍馐

中国人的饮食，从原始的茹毛饮血食生食，到燧人氏发明取火之法，开始食熟食；再到伏羲创立畜牧业，神农创立农业，黄帝时代发现盐，不仅极大地丰富了中国人的食物来源，改变了中国人的饮食结构，还与文化紧密地结合起来。

在烹调技术还不发达的春秋战国时代，饮食文化主要是以儒家文化为核心的"礼"的面目出现，制定的是一些清规戒律。《礼记》就规定，就餐时，菜要放在客人的左手边，酒和羹汤要放在客人的右手边；上鱼时，要以鱼的尾向着客人；若是冬天，要将鱼肚腹那面向着客人，夏天则要将鱼的背脊那面向着客人；吃的时候，不能大口吞食，要细嚼慢咽，更不能在嚼食和喝汤时发出响声。

随着烹调技术的发展，人们不再是"饥则求食"，开始讲究起"食之味美"来。这时候的饮食文化，不再是制定一些束缚人们自由习性的清规戒律，而是文人自身参与烹调，并对"烹调"二字作了最为直接的解释：烹，掌握火候也；调，各种味之搭配也。理解了烹调的含义，在特定的环境下，有意无意间就发明创造出了一些菜肴。

中国自古以来就是美食大国，天南海北的美味数不胜数。很多菜肴都颇有来历，或与名士结缘，或与文人有一段韵事，让人们在品尝菜肴味道的同时也感受到味道背后的厚重文化气息。

1. 名士与美食——怎换得玉脍丝莼

1）醋芹

魏征曾是唐太子李建成手下的谋士，唐太宗李世民夺权当上皇帝后，爱其刚直不阿和敢于直言的性格，封其为谏议大夫。魏征死后，唐太宗感慨地对群臣说："以铜为镜，可以正衣冠；以古为镜，可以知兴亡；以人为镜，可以明得失。今魏征逝，我失一镜矣。"就是这位被唐太宗喻为帝王之镜子的士大夫，因喜欢吃芹菜，便自己动手将芹菜用醋浸泡，待芹菜被醋腌熟后，取出加佐料后食用。"醋芹"由魏征发明后，很快传入民间，成为唐代老百姓喜爱的一种菜肴。

2）醋葱蒸鸡

唐代时，一般人家大都是将鸡煮成鸡羹吃或炒来吃。魏征因觉得醋泡的芹菜可口，也用醋浸着鸡，再放上几根大葱，入笼蒸来吃。这道醋葱蒸鸡在当时也是大受人们欢迎的。"醋葱蒸鸡"和"醋芹"这两道魏征发明的菜，用今天的眼光看，不仅爽口，而且富含多种营养，并具有降低血压和胆固醇的功能。

3）翡翠虾环

秦始皇晚年想长生，招了一批方士术士为他炼丹治膳。这可愁坏了那些方士术士，他们清楚尽管可以说得天花乱坠，但世上并没有可以炼取出来的使人长生不老的药食。有一天，秦始皇见他们天天给自己进食的金丹没有效果，发了脾气，要杀那些方士术士。领头的徐福一看急了，连忙跪下说，陛下，不是金丹没有效果，金丹丸要和翡翠环配着食用，请陛下息怒，即日给陛下奉上翡翠环。秦始皇听罢，令午膳献上翡翠环。秦始皇走后，众人又喜又忧，喜的是今天过了一道生死关；忧的是，到哪去找可以食用的翡翠环呢？

还是徐福多谋，对膳师耳语了几句。午膳时，膳师果然给秦始皇献上了一道"翡翠环"。所谓翡翠环，实际上是一道用瓠瓜和虾做的菜，翡翠言其色，虾环言其形。它是用翠绿的瓢子切成圆片，中间挖空成环，虾仁套入环中。这道菜虽然没有用真正的翡翠，但秦始皇见其形色可爱，倒也没有计较。待到细细品尝之后，更觉得神清气爽，从此天天都吃，此菜竟然由此成了千古名馔。

4）八宝八珍

生活中经常能看见"八宝鸭"、"八宝粥"、"八宝饭"之类的饭菜名称。那么，"八宝"一词是如何得名的呢？其实，所谓的"八宝"乃是指帝王行使权力的八枚印章。我国唐朝之前天子有六玺：行玺、之玺、信玺、天子行玺、天子之玺、天子信玺。唐代以后又增加了神玺与受命玺，通称"八玺"。到了宋代，宋徽宗钦命将玺改为宝，并增加制定了一枚定名宝，合称"九宝"。而南宋期间，九宝落入了金人的手中，皇帝失去了行使权力的宝印，乃命人复制了除定名宝以外的八枚宝印，臣民们为了庆祝又有了代表王朝权力的宝印而开"八宝宴"。后来为了纪念这一盛宴，临安的一些餐馆便将一部分菜品的名称冠以"八宝"，形成了如今看到的由八种食材制作的八宝美食了。

"八珍"在周代时便已出现，它的出现，标志着烹饪成为了一门重要的艺术，显示出了周人的精湛技艺和饮食的科学性。"八珍"开创了用多种烹饪方法制作菜肴的先例。以炮豚为例，首先将小猪洗剥干净，腹中实枣，包以湿泥，烤干，剥泥取出小猪，再以米粉糊遍涂猪身，用油炸透，切成片状，配好佐料，然后再置于小鼎内，把小鼎放在大镬鼎中，用文火连续炖三天三夜，起锅后用酱醋调味食用。这一道菜先后采用了烤、炸、炖等三种烹饪方法，工序则多达十余道。

周代"八珍"在我国饮食史上占有举足轻重的地位,后世令人眼花缭乱的各种菜肴,均是在此基础上发展而来的,甚至在菜名上也袭用"八珍"。

5)药膳

唐代医药家孙思邈以《千金要方》、《千金翼方》两部医学著作,奠定其在中国医药史上药王的地位。他首次提出用猪肝、鱼肠、刺猬皮等治疗疾病的方法,是我国"脏器疗法"的提出者和应用者。他还提出用麸皮、米糠治疗脚气,用海藻治疗甲状腺肿大,用葱叶作为导尿管为病人施行导尿术等。他在行医时,发现孕妇产前产后及一些人大病过后身体虚弱,而黄豆被中医认为具有"令人长肌肉,益颜色,填骨髓,补虚损"的功效,就发明了"千金丸"一菜,供体弱之人服食。"千金丸"的做法是将黄豆芽剁细,加淀粉、面粉及盐拌匀,用手挤成丸子入锅煮熟。这道菜是孙思邈从养生角度创造出来的,虽然简单,却开创了养生食疗的先河。

孙思邈不仅发明了养生食疗,还在无意间创制了迄今仍广受人们喜爱的香肠、香肚。一天,孙思邈采药时在一家小食店吃饭,见店主愁眉苦脸,就问店主为何事犯愁。店主回答说宰的猪肉卖完了,但肠肠肚肚却没人吃,已经积了很多了,眼见天气热了,扔了可惜,看着坏了又心疼。孙思邈略一思索,就对店主说,我给你出个主意,保管让人吃着肚不是肚,肠不是肠。店主听了很是高兴,对孙思邈又是感激,又是添菜。临走时,孙思邈见店主坚持不收钱,很是过意不去,就将自己的药葫芦送给店主。

孙思邈一走,店主就按孙思邈教的办法,将猪肚、猪肠洗净,另拿些肉来,细细地切成肉末,调上盐、花椒、茴香、肉桂和淀粉,搅拌均匀后，灌进猪肚、猪肠里，然后挂在屋檐下风干。待干透后，下锅煮或蒸熟后，切成片供客人吃。果然生意极好，吃的人都说好吃，问他此菜叫什么名字，店主回答不出，看到孙思邈送的药葫芦，随口回答叫"葫芦头"。后来，店主索性将孙思邈赠送的葫芦挂在店门口，"葫芦头"也就叫开了。这道菜经过历代厨师改进，就成了我们现在吃的香肠、香肚。

2. 文人与美食——脍飞金盘白雪高

1）涮肉

南宋文人林洪，不仅是位美食家，还是位饮食理论家。他所著的《山家清供》一书，记录了不少菜肴的制作过程，是研究我国饮食文化的一部重要著作。在《山家清供》里有这样一个记录，有一次林洪在武夷山冒雪造访止止大师时，在大雪中捉得一只野兔，但无厨师，正想怎么吃呢，这时只见止止大师将兔肉切成薄片，用酒、酱、椒、盐码味，设一小火炉，置锅烧水，待水沸时，两人用筷子夹兔肉片煮熟来吃。

这道菜，用今天的说法叫作涮兔肉片，可说是止止大师发明的，也可算作两人因环境所迫共同创造的。但无论是谁发明的，这却是中国饮食史上第一次用文字记载的吃涮肉。它开了吃涮肉并不是非要羊肉才可以涮的先河，对当今风靡全国的重庆火锅，由单纯的毛肚火锅发展为"天下可入口之食，皆可入锅烫之"的菜肴，具有重要的借鉴作用。

2）东坡菜

苏东坡一生三次遭贬，累累遭贬的他始终旷达、潇洒，还将文人无拘无束的性格运用到烹饪上，他在特定的环境下创造的菜肴，对后世影响很大，至今还有以他的名字命名的菜肴被人们食用。

（古代涮肉锅）

苏东坡被贬谪到黄州时，住在长江边的一个小亭子里，生活非常清苦，需要亲自开荒种地以补贴家用。当时黄州猪肉非常便宜，富人不屑吃，穷人不会煮，苏东坡就经常买肉来吃，也常常亲自下厨烹猪肉与诗友、棋友对酌，并总结出烹制猪肉的方法："少着水，小火煨，火候足时它自美。"他还专门写了《猪肉颂》："净洗铛，少着水，柴头罨烟焰不起。待他自熟莫催他，火候足时他自美。黄州好猪肉，价贱如泥土。富者不肯吃，贫者不解煮。早晨起来打两碗，饱得自家君莫管。"其实，他当时烹制的方法很简单，就是将猪肉洗净后切成大块，下锅加盐、酱、姜、椒等佐料，用文火把肉炖得酥烂，待水干了，肉色红艳即成。此肉满口醇香，糯而不腻，很受客人们的称赞，被人们称为东坡肉。

苏东坡每创造一种菜，都要用文字详细地记录下来。翻开他的文集，制汤羹法、酿酒法比比皆是，甚至连吃羊脊骨也详细地记录下来。他认为从羊脊骨里剔出的肉，如同螃蟹的大腿肉，价廉味美，有滋补功能。除了东坡肉，他还详细地记了他创造的东坡鱼的做法：将活的鲫鱼或鲤鱼剖腹挖腮洗净后，抹上盐码味，冷水下锅，加入时鲜青菜、

（东坡肉）

几根葱白，待鱼半熟时，加入生姜、萝卜汁、少量酒，待鱼熟时，再加入切成丝的橘皮，起锅食用。东坡肉和东坡鱼这两道菜，用今天的眼光来看，并不算佳肴，但却为厨师在此基础上发展创造开拓了思路。

3）陆游调味

比苏东坡稍后的南宋文人陆游，也是一位精通烹饪的美食家。陆游对饮食很有研究，懂得菜肴不同习性的合理搭配，其诗词中咏诵饮食的就不下100首。一次他家来了客人，刚巧他家有一只野鸡，他就亲自下厨，将野鸡宰杀后，烫洗干净，剖腹去其内脏，清洗干净后将鸡切成小块，加盐、椒、酱、姜等佐料码味，然后入锅用油炒，入味后放入鲜竹笋、蕨菜，加水烧制而成，吃得客人赞不绝口。

晚年的陆游吃素，他以极大的兴趣研究各种素菜的搭配。同时他认为粥可以强身养生，延年益寿，晚年他除了吃菜羹就是吃粥。他在人均寿命30多岁的宋代，活到了80多岁，不知是否与吃素与喝粥有关。

4）杜甫戏说"五柳鱼"

人们只知五柳鱼是在国内外享有盛誉的四川传统名菜佳肴，殊不知五柳鱼与唐代大诗人杜甫有关联。公元760年，杜甫为避"安史之乱"，漂泊到四川成都城外浣花溪畔的草堂，过着"百年粗粝腐儒餐"、"恒饥稚子色凄凉"的贫困生活。一天，有一位分别已久路经成都回故乡的友人来访。杜甫喜出望外，将他迎至家中。但由于经济拮据，无以款待友人。正在犯愁之际，恰好家人在溪里钓得一条大鲤鱼。杜甫愁眉一展，立即下厨烹制。烹好之后的大鲤鱼酸、甜、辣味俱全，另伴酱香，吃来别有风味。友人尝之赞叹不绝，问其名称，杜甫笑着说，视其鱼背上有五颜六色的丝，形似柳叶，就称它"五柳鱼"吧。从此,"五柳鱼"这个美名便流传下来。

文人烹饪,自有文人的理论。文人制作的美食,自有它独到的魅力。古代文人发明的美食,远不只这些。相比其他文人,苏东坡名气大些,而他发明的菜所用的食材人们在生活中好找,于是他发明的菜就流传开来。其他文人发明的菜虽没流传开来,但其精髓已被历代厨师掌握、吸收,根据不同时期人们的口味,创作出更适宜于人们习惯的各种美味佳肴。

(五柳鱼)

3. 节庆美食——糗糍花影斗分曹

1)春节饺子年糕香

(1)**饺子**。饺子源于古代的"角子",原名"娇耳",又名"交子"相传是我国医圣张仲景首先发明的,距今已有1800多年的历史了。它是深受中国汉族人民喜爱的传统特色食品,也是年节食品。

按照民俗的解释,"除夕"这一天是人、鬼、神交战之日,因此,必须要人人参与,才能获得来年的吉祥平安。鬼乃"夕"也,它是人间一年的晦气所孕育而生成的厉鬼。"夕"会在腊月三十日新旧交替的子时时分出来贻害人间,此时,要人神齐力才能把它除掉。每年腊月三十的这一天,上天会派通力天神"年"来人间降魔除鬼,而"年"在除夕的时候只有九成的功力,证明"夕"这个厉鬼很厉害,必须要由人来协助才能把"夕"除之。因此,人要在"除夕"的子时时分共燃爆竹，来协助"年"把贻害人间的厉鬼"夕"除掉。在除夕的交子时分，人吃了饺子会通身添力，然后，男女老幼齐鸣鞭炮，帮助天神除掉厉鬼，再虔诚的贴上新的灶王爷画像，并在财神爷和灶王爷的画像前供奉上以饺子为主的美食，取意来年平安吉祥财源滚滚之意。这也是"爆竹声声除旧岁（祟）"这一习俗的由来。

根据文献记载，春节时候吃饺子这种习俗至迟在明代已经出现。到了清代，这种习俗已经非常广泛，并且把它固定了下来。值得注意的是，这种习俗和中国古代的计时法有很大关系。中国古代用十二地支来记录每一天的时间，就是把每一天分为十二个时段，每天开始是子时，相当于半夜二十三点到一点这个时间。那么到了每年的年底，即年三十的时候，就不仅是新旧两天的更替，而是新旧岁的更替，中国人管它叫"交子"。中国人非常注意界限，尤其是辞旧迎新这个界限，所以北方中国人才慢慢形成在春节、大年初一吃饺子这个习俗。对崇尚亲情的中国人来说，在除夕夜里，窗外雪落无声，屋内灯光暖人，锅里热气腾腾。人们把所有的思念与祝福，都包进那薄薄的饺子皮。红红的火苗滚开的水，越煮越觉得有滋味，伴随着辞旧迎新的鞭炮，盛上饺子，也盛出了对来年美好的期望。

（2）**年糕**。年糕是从苏州传开的，它的由来有这样一个传说：相传在春秋战国时期，伍子胥帮助阖闾夺了吴国王位，并帮助他经武强国，但后来阖闾志得意满，命令伍子胥筑"阖闾大城"以显示他的功德。

（古代年糕模具）

城垣建成后，吴王摆下盛宴庆

贺。席间群臣纵酒行乐，认为有了坚固的城池便可以高枕无忧了。见此情景，国相伍子胥深感忧虑。他叫来贴身随从，嘱咐道："满朝文武如今都以为高墙可保吴国太平。城墙固然可以抵挡敌兵，但里边的人要想出去也会同样受制。如果敌人围而不打，吴国岂不是作茧自缚？忘乎所以，必至祸乱。倘若我有不测，吴国受困，粮草不济，你可去相门城下掘地三尺取粮。"随从以为伍子胥酒喝多了，并未当真。

没过多久，吴王阖闾驾崩，夫差继承王位。伍子胥力谏夫差拒绝越国越王勾践的求和，遭到嫌弃并被赐死。伍子胥自刎后，越王勾践便举兵伐吴，将吴国都城姑苏城团团围住，吴军困守城中，炊断粮绝，街巷内妇孺哭声惨不忍闻。

这时，那位随从记起伍子胥从前的嘱咐，便急忙召集邻里一起来到相门外掘地取粮，当挖到城墙下三尺深时，才发现城砖是用糯米粉做的。顿时人们激动万分，朝着城墙下跪，拜谢伍子胥。于是，伍子胥的家人将糯米粉分给城内饥民，大家暂时度过了饥荒。苏州人敬仰伍子胥的爱国忧民精神，此后，每到寒冬腊月，就准备年糕，一来表示对伍子胥的怀念，二来可在春节时与亲朋好友分享。所以，苏州年糕的造型与城砖相似，而且煮后不腻，干后不裂，久藏不坏。

2）元宵佳节闹元宵

关于元宵节吃元宵的来历，民间有种有趣的传说。据说，元宵起源于春秋时期的楚昭王。某个正月十五日，楚昭王经过长江，见江面有漂浮物，为一种外白内红的甜美食物。楚昭王于是请教孔子，孔子说："此浮萍果也，得之主复兴之兆。"从此，元宵节吃元宵便成了一种传统。

因为元宵熟了浮在水上，所以古代又叫它浮圆子。在一些地方，元宵也被称为"汤圆",宋代周必大写的《元宵煮浮圆子诗》是我国最早描绘汤圆的诗:"今夕知何夕?团圆事事同。汤官寻旧味,灶婢诧新功。星灿乌云裹,珠浮浊水中。岁时编杂咏,附此说家风。"周必大是南宋孝宗时大臣,平时整肃军政,励精图治。这首短诗里流露出他举碗盼望全国人民团聚,连灶下生火的丫头在为大家煮食汤圆时,也为他沉浸在思念故乡的那种深沉情绪中感到诧异。

元宵曾经被叫做汤团、粉果,而之所以这样叫,还有一个传说。相传,袁世凯篡夺了辛亥革命成果后,一心想复辟登基当皇帝,又怕人民反对,终日提心吊胆。一天,他听到街上卖元宵的人拉长了嗓子在喊:"元——宵!"觉得"元宵"两字有袁世凯被消灭之嫌,联想到自己的命运,于是在1913年元宵节前,下令禁止称"元宵",只能称"汤圆"或"粉果"。

元宵最早出现在宋代,诗人姜白石在一首《咏元宵》的诗中写道:"贵客钩帘看御街,市中珍品一时来。"这"市中珍品"即指元宵。"桂花香馅裹胡桃,江米如珠井水淘。见说马家滴粉好,试灯风里卖元宵。"这首清朝的《上元竹枝词》也反映出了北京在很早以前就有元宵节吃元宵的习惯,并且当时已有以出售元宵著称的字号。

元宵漂在碗里,就像是一轮明月挂在天际。天上月圆,碗里汤圆,人们在元宵节吃元宵或汤圆,实际上是在思念亲人,渴望家人团圆。

3)端午食粽五色新

端午节吃粽子的风俗,千百年来在中国盛行不衰,而且流传到朝鲜、日本及东南亚诸国。粽子,又叫"角黍"、"筒粽"。其由来已久,花样繁多。据记载,早在春秋时期,便出现用菰叶(茭白叶)包黍米成牛角状的"角黍",用竹筒装米密封烤熟的"筒粽"。东汉末年,人们以草木灰水浸泡黍米,用菰叶包黍米成四角形,煮熟,因水中含碱，称为碱水粽。晋代，粽子被正式定为端午节食品。这时，包粽子的原料除糯米外，还添加中药益智仁，煮熟的粽子称"益智粽"。时人周处的《岳阳风土记》记载："俗以菰叶裹黍米……煮之，合烂熟，于五月五日至夏至啖之，一名粽，一名黍。"南北朝时期，出现米中掺入畜禽肉、板栗、红枣、赤豆等的杂粽。

到了唐代，粽子的用米已"白莹如玉"，出现锥形、菱形的粽子。宋代时，出现了用粽子堆成楼台亭阁、木车牛马的广告，说明宋代吃粽子已很时尚。元、明时期，粽子的包裹料已从菰叶变为箬叶，后来又出现用芦苇叶包的粽子，附加料也已出现豆沙、猪肉、松子仁、枣子、胡桃等等，品种更加丰富多彩；外形也越来越美观。一直到今天，每年五月初，中国百姓家家都要浸糯米、洗粽叶、包粽子，其花色品种更为繁多。从馅料看，北方多包小枣的北京枣粽；南方则有豆沙、鲜肉、火腿、蛋黄等多种馅料，其中以浙江嘉兴粽子为代表。

历代文人雅士对粽子都有偏爱，多有吟咏，其生动、直接的描述，不仅内容丰富，数量也十分可观，是饮食文化独特的一环。唐代皇宫经常举行饮宴活动，端午节宴会即取名"三殿宴"，皇帝每于此日对大臣赏赐礼品以示恩宠，其中最常赐的是"九子粽"，就是用彩丝将九枚粽子扎成一串。相传玄宗皇帝曾在端阳赐宴群臣，一时高兴作《端午三殿宴群臣探得神字并序》云："四时花竞巧，九子粽争新。方殿临华

（九子粽）

节，圆宫宴雅臣。"

一些文人雅士对粽子更是津津乐道。唐代诗人郑谷写有"诸闹渔歌响，风和角粽香"的诗句。诗人元稹对当时那种小如初生绿菱的小巧粽子情有独钟，脱口而出："绿粽新菱实"。他的"彩缕碧筠粽，香粳白玉团"，则写出了粽子的形状和味道。诗人温庭筠的"盘斗九子粽，瓯擎五云浆"，详细描述了粽子的大小。柳宗元的"青箬裹盐归峒客，绿荷包饭趁圩人"，则说明"荷包饭"就是广西少数民族地区粽子的雏形。北宋文豪苏东坡喜食粽子，"时于粽里得杨梅"的诗句，盛赞美味可口的果脯粽子；还用诗句"水团冰浸砂糖裹"，描写了自己吃冰镇粽子的情形。南宋陆游的"白白餈筒美，青青米果新"描写了四川人称为"餈筒"的粽子，而其中"盘中共解青菰粽，衰甚将簪艾一枝"一句，则告诉我们那时已有以艾叶浸米裹成的艾香粽子。

诗人的境遇不同，流露出来的对粽子的情感也就不同。宋代苏辙的《端午帖子》诗表达了作者对爱国诗人屈原的无限情思："冰上初无招屈亭，沅湘近在国南坰。太守漫解供新粽，谏列犹应记独醒。"明代黄仲昭的《赐粽》诗云："凤城佳节逢天中，衮龙晓御蓬莱宫。光禄传宣颁角黍，廷臣尽沐天恩隆。中官捧向龙墀案，翠云擘破黄金烂。天厨制造元异常，氤氲满地香风散。却忆故园天一方，无由得奉双亲尝。"表达了诗人对父老乡亲清贫生活的深切同情和对父母亲的深情思念。此外，民间还流传着许多粽子诗谜。譬如，"珍珠白姑娘，许配竹叶郎，穿衣去洗澡，脱衣上牙床"；又如，"三角四楞长，珍珠肚里藏，要吃珍珠肉，解带脱衣裳"，可谓风趣诙谐，独具韵味。

4）月饼留香桂魄寒

古代月饼是被作为祭品于中秋节食用。中秋节吃月饼的习俗于唐朝出现。从历史记载来看，首次将饼与中秋的月亮联系起来，是八月十五大将军李靖征讨匈奴得胜而归，唐高祖接过吐鲁番商人献上的胡饼，笑指明月说："应将胡饼邀蟾蜍。"又相传，唐朝玄宗年间的一个仲秋之夜，唐明皇李隆基在宫中赏月，身旁道士罗公远变法术，将手杖扔向云天化为一道长桥，邀玄宗同游月宫。两人走过长桥，眼前忽现一座宫院，上书"广寒清虚之府"。再看宫内仙山琼阁引人入胜。宫中嫦娥命宫女捧上可口仙饼让客人品尝，并观赏了天仙们表演的轻歌曼舞。待回到人间，唐明皇命人照月宫所见所闻一一仿造下来。此后，人间就有了"霓裳羽衣曲"和形如圆月的"月饼"。

北宋时，月饼被称为"宫饼"，在宫廷内流行，但也流传到民间，当时俗称"小饼"和"月团"。而"月饼"一词最早见于南宋吴自牧的《梦粱录》中，那时的月饼是菱花形的，和菊花饼、梅花饼等同时存在，并且是"四时皆有，任便索唤，不误主顾"。可见这时的月饼，还不只是在中秋节吃。至于月饼这个名词的来历，已无从考证。但是北宋著名文人苏东坡留有"小饼如嚼月，中有酥和饴"的诗句，或许这是月饼这个名称的来源以及月饼做法的根据。

明代起有大量关于月饼的记载，这时的月饼已是圆形，而且只在中秋节吃，是民间盛行的中秋节祭月时的主要供品。《帝京景物略》曰："八月十五祭月，其祭果饼必圆"，"家设月光位于月所出方，向月而拜，则焚月光纸，撤所供，散之家人必遍。月饼月果，戚属馈相报，饼有径二尺者"。清代袁景澜的《咏月饼诗》堪称描写月饼的经典，它细腻刻画了月饼的制作以及被赋予的意义，读起来令人感到唇齿留香。

咏月饼诗

袁景澜

入厨光夺霜，蒸釜气流液。
揉搓细面尘，点缀胭脂迹。
戚里相馈遗，节物无容忽。
皓月瑶池怨，碗中泛青光。
玉食皆入口，此饼乃独绝。
沾巾银丝透，举头相思愁。
儿女坐团圆，杯盘散狼藉。

月饼演变成圆形，寓意团圆美好，应该是从明朝开始的。如果我们综合明朝有关月饼与中秋节民俗的资料来看，应该能够看出月饼取意团圆的历史轨迹：中秋节祭月后，全家人都围坐一起分吃月饼月果（祭月供品）。因为月圆饼也圆，又是合家分吃，所以逐渐形成了月饼代表家人团圆的寓意。

5）重阳糕饵菊花酿

我国古代就有重阳"食饵"之俗，"饵"即今之糕点、米果之类。宋代《玉烛宝典》云："九日食饵，饮菊花酒者，其时黍、秫并收，以因粘米嘉味触类尝新，遂成积习。"清初莆仙诗人宋祖谦《闽酒曲》曰："惊闻佳节近重阳，纤手携篮拾野香。玉杵捣成绿粉湿，明珠颗颗唤郎尝。"糕类食品在汉朝时即已出现，当时称为"蓬饵"。饵的原料是米粉，分稻米粉和黍米粉两种，二者"合蒸曰饵"。

在我国自古就有登高的习俗，由于没有山的地方无高可登，有人就由登高想到了吃糕。以吃糕代替登高，表示步步升高。因为专在重阳吃,就被命名为"重阳糕"。唐时,因为刘禹锡在作诗的时候不敢用"糕"字,以致重阳节又多了一个典故,叫作"题糕"。《邵氏闻见后录》载:"刘梦得作《九日》诗,欲用'糕'字,以《五经》中无此字,辄不复为。"这样,才被宋祁开玩笑说:"刘郎不敢题糕字,空负诗家一代豪。"

后来,人们又发明了一种很有特色的九重米果。将优质晚米用清水淘洗,浸泡2小时,捞出沥干,掺水磨成稀浆,加入明矾(用水溶解)搅拌,加红板糖(掺水熬成糖浓液),而后置于蒸笼于锅上,铺上洁净炊布,然后分9次,舀入米果浆,蒸若干时即熟出笼,米果面抹上花生油。此米果分9层重叠,可以揭开,切成菱角,四边层次分明,呈半透明体,食之甜软适口,又不粘牙,堪称重阳敬老的最佳礼馔。

六朝时,重阳节俗形成,糕类成为节令食品。《隋书》载童谣曰:"七月刘禾伤早,九月吃糕正好。"《梦粱录》云:"此日都人店肆,以糖面蒸糕,上以猪羊肉鸭子为丝簇订,插小彩旗簇之,名曰'重阳糕'。"重阳糕在明清以后又多称为"花糕"。重阳花糕成为都市、乡村的应节食品。九月九日天明时,以片糕搭儿女头额,口中念念有词,祝愿子女百事俱高,乃古人九月做糕的本意。讲究的重阳糕要做成9层,像座宝塔,上面还做成2只小羊,以符合重阳(羊)之义。有的还在重阳糕上插一小红纸旗,并点蜡烛灯。这是用"点灯"、"吃糕"代替"登高",用小红纸旗代替茱萸。

在众多的糕点材料中,最别致的当属菊花了。以菊花入馔历史悠久,菊花气味芬芳,绵软爽口,是制肴佳品。其吃法很多,焖、蒸、煮、炒、烧、拌皆宜,还可切丝入馅,如做成菊花酥饼和菊花饺等。菊花入食多用黄、白菊,杭白菊、黄山贡菊等都是上品。"研暖春风荡物华，初回午梦颇思茶。难寻北苑浮香雪，且就东篱撷嫩芽。"菊花茶是秋日的特色茶饮，沁人心脾的菊花茶品种多样，尤以甘菊、白菊等泡出的茶为佳。不过，品尝菊花的最妙方法还是首推菊花酒。

汉武帝时，宫中每到重阳必饮菊花酒。魏时曹丕曾在重阳赠菊给钟繇，祝他长寿。梁简文帝《采菊篇》中则有"相呼提筐采菊珠，朝起露湿沾罗襦"之句，亦采菊酿酒之举。

汉魏时期已对酿制菊花酒的方法有简述。据晋代葛洪《西京杂记》载："菊花舒时并采茎叶，杂黍米酿之，至来年九月九日始熟就饮焉，故谓之菊花酒。"晋代陶渊明爱菊成癖，有一次，他痴坐菊花丛中，忽见江州刺史王弘送来美酒，他便将菊花充作佳肴下酒，从此成为千古美谈。直到明清，菊花酒仍然盛行，明代高濂在《遵生八笺》中记载，菊花酒是当时盛行的健身饮料。

重阳节饮菊花酒的习俗自汉时宫廷传入民间，相沿成习至今。民谚云，"九月九，九重阳，菊花做酒满缸香"。《太清记》云："九月九日探菊花与茯苓、松脂，久服之令人不老。"菊花酒有清热解毒、明目祛风、平肝疏肺、益阴滋肾之效。王勃诗曰："九日重阳节，开门有菊花。不知来送酒，若个是陶家。"宋时以菊花、茱萸泡酒，称茱萸为"辟邪翁"，菊花为"延寿客"，认为借此二物可以"消阳九之厄"。

婚恋事典

第一章 婚事礼俗

1. 成婚六礼——凄凄嫁娶不须啼

这是指从议婚至完婚过程中的6种礼节，即：纳采、问名、纳吉、纳征、请期、亲迎。这一娶亲程式，周代即已确立，最早见于《礼记·昏义》。以后各代大多沿袭周礼，但名目和内容有所变动。

1) 纳采

六礼之首礼。男方欲与女方结亲，请媒妁往女方提亲，得到应允后，再请媒妁正式向女家纳"采择之礼"。《仪礼·士昏礼》："昏礼，下达。纳采，用雁。"古纳采礼的礼物只用雁。纳采是全部婚姻程序的开始。后世纳采仪式基本循周制，而礼物另有规定。

2) 问名

六礼中第二礼。即男方遣媒人到女家询问女方姓名，生辰八字。取回庚帖后，卜吉合八字。《仪礼·士昏礼》："宾执雁，请问名；主人许，宾入授。"郑玄注："问名者，将归卜其吉凶。"贾公彦疏："问名者，问女之姓氏。"

3) 纳吉

六礼中第三礼。是男方问名、合八字后，将卜婚的吉兆通知女方，并送礼表示要订婚的礼仪。古时，纳吉也要行奠雁礼。郑玄注："归卜于庙，得吉兆，复使使者往告，婚姻之事于是定。"

4) 纳征

亦称纳成、纳币，六礼中第四礼，就是男方向女方送聘礼。《礼记·昏义》孔颖达疏："纳征者，纳聘财也。征，成也。先纳聘财而后婚成。"男方是在纳吉得知女方允婚后才可行纳征礼的，行纳征礼不用雁，是六礼唯一不用雁的礼仪，可见古人礼仪之分明。历代纳征的礼物各有定制，民间多用首饰、细帛等为女行聘，谓之纳币，后演变为财礼。

5) 请期

又称告期，俗称选日子，六礼中第五礼。是男家派人到女家去通知成亲迎娶的日期。《仪礼·士昏礼》："请期，用雁。主人辞，宾许，告期，如纳征礼。"请期仪式历代相同，即男家派使去女家请期，送礼，然后致辞，说明所定婚期，女父表示接受，最后使者返回复命。

6) 亲迎

又称迎亲，六礼中第六礼。是新郎亲自迎娶新娘回家的礼仪。《诗经·大雅·大明》："大邦有子，俔天之妹，文定厥祥，亲迎于渭。"亲迎礼始于周代，女王成婚时也曾亲迎于渭水。此礼历代沿袭，为婚礼的开端。亲迎礼形式多样。至清代，新郎亲迎，披红戴花，或乘马，或坐轿到女家，傧相赞引拜其岳父母以及诸亲。岳家为其加双花披红作交文，御轮三周，先归。新娘由其兄长等用锦衾裹抱至轿内。轿起，女家亲属数人伴送，称"送亲"，新郎在家迎候。

聘娶六礼中，雁是最重要的礼品。后汉班固在《白虎通·嫁娶》对用雁作为礼品作了解释："《礼》曰：女子十五许嫁，纳采、问名、纳吉、请期、亲迎，以雁贽。纳征曰玄纁，故不用雁贽。贽用雁者，取其随时而南北，不失其节，明不夺女子之时也；又是随阳之鸟，妻从夫之义也；又取飞成行，止成列也，明嫁娶之礼，长幼有序，不相逾越也。又昏礼贽不用死雉，故用雁也。"古人以雁为礼，一取雁是候鸟，每年秋分时节南去，春分时节北返，来往有时，从不失信，喻男女婚前互守信约，婚后夫妻坚贞不渝。二取雁是随阳之鸟，喻妇人出嫁从夫。三取雁行有序，飞时成行，止时成列，迁徙中老壮雁率前引导，幼弱雁尾随跟紧，井然不紊，喻嫁娶之礼，长幼有序，不相逾越。由于雁是飞禽，很难捕捉，后人以鹅代雁，谓之"雁鹅"。经过此"六礼"，婚姻正式成立。如此复杂漫长的过程，都是由"父母之命，媒妁之言"从中牵引，而真正结婚的男女双方都未直接参与，只有在结婚完成之后才见对方模样。如此玄妙的结合，是谓千里姻缘一线牵，男女之间的姻缘，要经过媒人的物色，经过生辰八字批合吉凶，就仿佛两个今生素不相识的人，不知经过几世的修缘，或许今生在出生之时，就已定下姻缘，共度一生。

2. 婚俗婚仪——洞房昨夜停红烛

除了比较正式的迎亲六礼外，最重要的莫过于婚礼当日的程序，新郎新娘必须经由这些程序后才能够真正成为夫妻。

1）贴红"喜喜"字

把"喜"字写成"喜喜"，是人们希望好事成双的心理体现。人们举行婚礼时，都要贴出红双喜字，以示庆贺，表示成双成对的意思。与其相应的是，结婚的良辰吉日也选双日子。据说，这种习俗源于宋代。宋代的宰相王安石自幼才华显露，23岁时进京赶考，路过马家镇他舅舅家住下。次日，他上街去逛，见镇上马员外家门外悬挂的走马灯上写着一副上联："走马灯，灯马走，灯熄马停步。"

却没有下联，王安石一时也没有对上下联，便暗自记在心中，寻思下联怎么个对法。

王安石到京城应考，主考官指着一杆飞虎旗念道："飞虎旗，旗虎飞，旗卷虎藏身。"王安石顿时想起马员外家那副上联，便以此为对，主考官惊赞不已。

在回程路过马员外家宅时，马员外恰在门首恭听几名书生应对联。王安石便挤进去随口喊出主考官出的对子。不想走马灯上的对子是专为择婿而出的。马员外觉得王安石的下联对得最出色，问明王安石尚未婚配后，执意要将女儿许配给他。王安石一打听，得知马员外的女儿才貌双全，经与舅舅商议，便同意了这门婚事。

不久，王安石择吉日良辰完婚，恰逢官差来报"恭喜王大人高中了"。王安石喜上加喜，提笔在大红纸上写下一个金色大"喜喜"字，贴在门上。并吟诗一首："巧对联成双喜歌，马灯飞虎结丝罗。洞房花烛题金榜，小登科遇大登科。"从那以后，这种习俗一直流传至今。

2）闹洞房

中国传统婚姻以其礼仪的隆重和场面的铺陈而颇具特色。它通常要经过提亲、订婚、迎娶、出嫁、闹房等"程序"，其中以新婚当夜众亲友在洞房嬉闹新娘和新郎后，新人双双携手归寝为一高潮。旧时，此中滋生出一些乖情悖理的举动，因多发生在洞房里，故称为"闹房"、"闹洞房"、"闹新房"；由于这一习俗以新娘为主要逗趣对象，故又称"闹新娘"、"耍新娘"，旧时还称为"戏妇"。

关于闹房习俗的来历，我国民间有两种说法。一说源于驱邪避灾。相传，很早以前的一天，紫微星下凡，在路上遇到一个披麻戴孝的女子，尾随在一伙迎亲队伍之后，他看出这是魔鬼在伺机作恶，于是就跟踪到新郎家，只见那女人已先到了，并躲进洞房。当新郎、新娘拜完天地要进入洞房时，紫微星守着门不让进，说里面藏着魔鬼。众人请他指点除魔办法，他建议道："魔鬼最怕人多，人多势众，魔鬼就不敢行凶作恶了。"于是，新郎请客人们在洞房里嬉戏说笑，用笑声驱走邪鬼。果然，到了五更时分，魔鬼终于逃走了。可见，闹房一开始即被蒙上了驱邪避灾的色彩。

闹洞房驱邪的风俗南北各地均有。在长江中下游地区，新郎前一晚就须睡在洞房，事先请两名女童手执红烛将新房内照一遍；天津人则请吹打班子在新房内吹打，以求吉利。新人入房后，驱房内邪气依然十分重要。诸如在一些地方，新郎进屋后要象征性地向新房四角各射一箭，或手执单刀朝每个角落虚砍一刀，并歌曰："一砍妖，二砍怪，三砍魔鬼坏脑袋，四砍丧神快离开，笑看麒麟送子来。"更普遍的习俗是在新房内置长明灯，所谓"洞房花烛夜"说的就是这个意思。有学者研究说，"听房"习俗，实质上也是防鬼怪进入洞房的一种保护措施。

闹房来历的另一种观点是，闹房首先在北方出现，而且开始时主要是以新郎为主要逗趣对象，这大概与北方民族的生活习性有关。他们以狩猎和游牧为生活手段，使得男子十分彪悍和勇健，在新婚时忍受棒打可以证明一个男人是合格的大丈夫。

3）新娘蒙"红盖头"

古时候婚礼时，新娘头上都会蒙着一块别致的大红绸缎，被称为红盖头，这块盖头要在入洞房时由新郎揭开。

最早的盖头约出现在南北朝时的齐代，当时是妇女避风御寒使用的，仅仅盖住头顶。到唐朝初期，便演变成一种从头披到肩的帷帽，用以遮羞。据说唐朝开元天宝年间，唐明皇李隆基为了标新立异，有意突破旧习，指令宫女以"透额罗"罩头，也就是妇女在唐初的帷帽上再盖一块薄纱遮住面额，作为一种装饰物。从后晋到元朝，盖头在民间流行不废，并成为新娘不可缺少的喜庆装饰。为了表示喜庆，新娘的盖头都选用红色的。

新娘之所以要蒙盖头，据说还与神话传说有关。据唐朝李冗的《独异志》载，传说在宇宙初开的时候，天下只有女娲兄妹二人。为了繁衍人类，兄妹俩商议，要配为夫妻。但他俩又觉得害羞。于是兄妹俩上到山顶，向天祷告："天若同意我兄妹二人为夫妻，就让空中的几个云团聚合起来；若不让，就叫它们散开吧。"话一落音，那几个云团冉冉近移，终于聚合为一。于是，女娲就与兄成婚。女娲为了遮盖羞颜，乃结草为扇以障其面。扇与苫同音。苫者，盖也。而以扇遮面，终不如丝织物轻柔、简便、美观。因此，执扇遮面就逐渐被盖头蒙头代替了。

4）喝交杯酒

提起交杯酒，大家都不陌生，因为在婚礼上这是个十分常见的节目。据传，这一习俗源于先秦时期。《礼记·昏义》载：新郎、新娘各执一片一剖为二的瓢饮酒。其意是象征一对新人自此合二为一，夫妻间享有相同的地位，婚后相亲相爱，百事和谐。到了唐代，除了沿用瓢作酒器外，亦可以杯替代。到了宋代，新婚夫妇喝交杯酒时用的是两个酒杯，先饮一半后再换杯共饮，饮完后则将酒杯一正一反掷于床下，以示婚后百年好合。清末的时候，交杯酒仪式已发展成为"合卺"、"交杯"、"攥金钱"三个部分。今天的婚仪中，"安杯于床下"之礼已被革除，"攥金钱"则为"掷纸花"所代替，唯有"交杯酒"之礼仪仍然实行，为婚礼平添了喜庆的气氛。

5）凤冠霞帔

女子出嫁时可享受穿戴凤冠霞帔的殊荣，这一传统的习俗在浙江民间广泛流传了800多年。姑娘在出嫁时何以能打扮得如此高贵，同皇上的"娘娘"平起平坐，享受这等至高无上的荣誉呢？这里流传着一段动人的故事：

南宋王朝腐败，金兀术南侵京城临安（今杭州），康王赵构不敌金兵而弃城南逃。过钱塘，跨曹娥，金兵仍穷追不舍。康王于是经奉化直奔宁海而来。到西店境内的前金村时，忽见路边有座破庙，庙前晒场的谷箩上坐着一位村姑。村姑见康王逃来，急中生智，叫康王藏到谷箩里，自己仍若无其事地坐在谷箩上面。当金兵追到问姑娘是否有人路过这里时，村姑不慌不忙地用手一指说，他们向南边逃去了。金兵信以为真，向南边猛追而去。结果康王躲过了这场杀身之祸。康王对这位村姑用巧计瞒过金兵，使他绝路逢生，万分感激，当即向姑娘许诺，若有重登皇位之日，她可以"娘娘"的名义，在出嫁时享受坐花轿、戴凤冠、着霞帔的殊荣。不久，康王得救，重归金殿。他对昔日那位村姑许诺的"金口玉言"铭记在心，于是下旨赐封这位村姑为"娘娘"，在出嫁时可以享受凤冠霞帔的特殊荣誉。同时还重修了那座破庙，并亲笔题写为"皇封庙"。后来乡村姑娘在出嫁时也都纷纷效仿，穿戴起凤冠霞帔。这种风俗遍及浙江各地，这就是人们所美誉的"浙江女子尽封王"的故事。

6）洞房由来

很久以前，人们习惯地把新人完婚的新房称作"洞房"。古人就"洞房"咏成的诗作也不胜枚举。西晋文学家陆机在《君子有所思行》中咏道："甲第崇高闼，洞房结阿阁。"北周庾信有《三和咏舞诗》，诗曰："洞房花烛明，舞馀双燕轻。"唐朝诗人宋庆馀在《近试张水部》

诗中写道："洞房昨夜停红烛，待晓堂前拜舅姑。"宋人洪迈在《容斋随笔》里更有"洞房花烛夜，金榜题名时"的佳句。可见，"洞房"的美称由来已久。但何时将新房称作"洞房"呢？有这么几段传说。

传说一：

远古时期，陶唐氏尧称王不久，非常关心放牧人的生活。有一天他亲临牧区问苦，忽然传来一股幽香，远处有一位漂亮的女子手执火种飘然而来。尧王惊呆了，问牧民才知是鹿仙女，从此尧王食不甘味，一心惦着仙女，决计下山寻仙。尧王带领四个大臣访仙于晋南"仙洞沟"，久觅不得。忽见一俏丽梅花鹿从姑射仙洞里悠然走出，尧王知是仙女，便迎上前去，正要接见时，一条大蟒突然窜出，直逼尧王，尧王措手不及。只见鹿仙女已近跟前，用手一指，大蟒顿时颤抖不已，仓惶而逃。

尧王身材高大魁梧，相貌堂堂，仙女窈窕美丽动人，两人一见钟情，一段美好的神话佳缘从此结成。他们在姑射仙洞完婚，一时祥云缭绕，百鸟和鸣。到了傍晚，结鸾之时，一簇神火突然升于洞顶，耀眼夺目，光彩照人。从此，世间也就有了把新娘的房子称作洞房，把新婚之夜称作洞房花烛夜的习俗了。

传说二：

秦朝时，秦始皇大兴土木，建造阿房宫，并派大臣到民间强选天下美女。当时，有一位十分俊美而聪明的三姑娘，被强迫送进阿房宫。但勇敢倔强的三姑娘不甘心过那种被奴役蹂躏的黑暗生活，于是就逃出宫外，直奔华山。当时，秦始皇焚书坑儒，无辜地迫害读书人，读书人被迫逃命，有个叫沈博的书生也逃到了华山。

一天，三姑娘和沈博相遇，两人都衣衫褴褛，面容憔悴。他俩各自倾吐了自己的不幸遭遇，逐渐地生了爱慕之情，插枝为香，对天盟誓，以密林中巨石下的一个洞穴为新居，结为患难夫妻。夫妻俩情投意合，相亲相爱，生活在一起，虽然生活困苦，但感到生活甜蜜。

后来此事在民间广泛流传，后人对不畏强暴争取自由的三姑娘产生了崇敬和怀念，便在华山山路沿途修建了不少寺院，每个寺院主殿都供奉三圣母的神位，这个三圣母就是三姑娘。后来一些文人又杜撰了像"宝莲灯"、"劈山救母"等美丽多彩的神话，和吟咏"洞房花烛夜，金榜题名时"等诗句，使"洞房"的传说更加优美动人。

7）拜堂

也称"拜天地"，又称拜高堂、拜花堂，是旧时举行婚礼时，新郎新娘参拜天地后，复拜祖先及男方父母、尊长的仪式。也有将拜天地、拜祖先及父母和夫妻对拜统称为拜堂的。始自唐代，自皇室至士庶，普遍行之。宋以后，风行全国，所拜为天地、祖宗、舅姑（公婆），并夫妻交拜，表示从此女子成为男家家族的一员，因而成为婚礼过程中最重要的大礼。后来，"拜堂"范围扩大，除天地祖先尊亲及交拜外，更须拜毕家族尊亲、友好宾朋。乡村于新婚次日拜宗祠后，尚须拜揖乡党邻里，婚礼始告成立。

唐代，新婚之妇见舅姑，俗名拜堂。北宋时，新婚日先拜家庙，行合卺礼，次日五更，将镜台镜子置于一张桌子上，望上展拜，谓之新妇展拜。至南宋，则改在新婚当天，新婚夫妇牵巾到中堂，先揭新娘盖头，然后"参拜堂，次诸家神及家庙，行参诸亲之礼"。后世一般在迎娶当天先拜天地，然后拜堂。清代和民国时均有将拜天地和拜祖先统称为拜堂礼之说。

第二章 姻缘自寻

1. 月老传说——千里姻缘一线牵

众所周知,媒人有个雅称,叫作"月下老人",简称"月老",它的由来还有一段有趣的传说。

唐朝元和年间(806-820年),杜陵有个叫韦固的书生去清河访友,途中借宿在宋城南店客栈。同住客栈的张姓客人听说他还没有娶妻,便要把原清河太守潘昉的女儿介绍给他,约定第二天早晨在龙兴寺门前碰头,告诉他女方的回音。

次日四更天时,韦固就匆匆起床赶往龙兴寺,张姓客人还没有到,只见一须发银白的老翁坐在台阶上,倚着布袋对月翻书。他趋过去窥看,却一字不识,便对老翁说:"小生熟读经书,怎么一字不识?"老人笑笑说:"此非人间凡书,你如何识得?上面所载,是天下男女匹配的婚牍。"

韦固将信将疑,又问布袋里装的什么东西。老翁道:"是为红线,用来系夫妻两人的脚,一男一女降生时就已拴住了,以后即使仇敌之家、贫富悬殊、丑美不等、相隔万里,也必成夫妻。"韦固愈发惊奇,再问:"小生的妻子应是哪位千金?"老翁翻了翻书说:"宋城南店北面卖菜陈婆的女儿便是,今年才3岁,16岁时与你结为连理。

至于潘昉之女,与你无缘。"

韦固暗想,她16岁时,我已过而立之年了,哪有差这么多年的?于是说:"可否得见未来的娘子?"老翁领着他进入一个菜市场,看到有个瞎了一只眼的妇人,抱着个小女孩蹒跚而来。指着小女孩说:"这就是你的娘子。"韦固生气地说:"想我知书达理之人,岂能娶乡野老婆子家的粗俗女儿,不如杀了她吧。"老翁哈哈大笑:"已是赤绳系足的了,岂可逆转?"言毕飘然而去。韦固哪里肯信,令仆人杀了小女孩,但仆人胆小,只刺破了小女孩的眉间,拔腿逃之夭夭。

以后年复一年,虽有好事之人为韦固提亲说媒,却都未成功。转眼十多年过去了,韦固家未成而业已有,在相州刺史王泰手下当了参军官。王泰欣赏他才学过人,将女儿许配给了他,择定黄道吉日拜堂成亲。新娘王氏年方二八,美若瑶池仙子下凡来,韦固满意非常,夫妻相敬如宾。那新娘眉目间总贴着一朵彩色纸花,晚上睡觉时也不取下,沐浴后还要重新贴上。韦固忍不住询问缘由。回说小时候被歹徒刺伤,贴纸花以掩饰伤疤。韦固暗暗吃惊,再问妻子身世,王氏如实道来。原来王氏在襁褓中时父母就双亡,跟着靠卖菜为生的奶妈陈氏艰难生活,后来陈婆打听到她的叔叔王泰当了刺史,便送与王泰收养。王泰把她当作亲生女儿一般对待,抚养至16岁时把她嫁给韦固。听完妻子叙说,韦固大为诧异,想起了当年龙兴寺前遇见老翁对月翻书事,认定这月下老人正是主管人间婚姻的神仙,逢人便津津乐道这桩奇遇,至远近皆知。稍后,学人李复言把这则传闻取名"定婚店",收录在《续幽怪录》一书中,由是世代相传,男女老少皆知月下老人——"月老"就是婚姻介绍人。

2. 私定终身——定情邀月做红娘

谈到古代青年男女如何相识而最终结为夫妻，大多数人都会自然想到"父母之命，媒妁之言"，以为都是包办的，当事的男女双方没有选择的自由，也没有恋爱"拍拖"的甜蜜。事实上也不尽然，在宗法制的父权社会里，也不乏青年男女出于两情相悦的自由恋爱、自主婚姻。从历代遗存下来的文学作品和其他记载中，可以略窥一斑。

远在古老的《诗经》里有一篇《氓》，开首一段就写到了一位青年如何追求一位女子：

氓之蚩蚩，抱布贸丝。
匪来贸丝，来即我谋。
送子涉淇，至于顿丘。
匪我愆期，子无良媒。
将子无怒，秋以为期。

这位姑娘是个商人之女，经常站柜台卖货（"贸丝"），而小伙子也许早就看中了她，于是便采取行动。他的方法是经常拿着钱（"抱布"，布即布帛，一种货币），假装去店里买丝，笑嘻嘻（"蚩蚩"）地没话找话说，争取多和姑娘接触，找到更多的共同话题。一回生两回熟，多次的交往之后，两个人确定了恋爱关系。在约会之后，姑娘还主动过河送小伙子回家。最后到了谈婚论嫁的时候，这对恋人闹了一点矛盾，小伙子埋怨姑娘总不能确定一个结婚的具体日期，而姑娘则一方面安慰恋人不要生气（"无怒"），一方面解释说，不是她推脱，而是虽然两人自由恋爱，但也还是应该找个媒人，正式的进行一定的仪式，如果小伙子能请媒人来提亲，则到了秋天他们就一定能结婚了。

诗中的这对恋人，先是男子主动接近、追求女子，而后两人开始恋爱，在谈婚论嫁之前，女方又要求男方来提亲，实则也就是要双方父母会面，这些都与今天很多青年恋人走过的婚恋之路极其相似。

据西汉司马迁《史记》和刘歆《西京杂记》所载，蜀中临邛大富豪卓王孙的女儿卓文君，长的是脸若芙蓉，肤如凝脂，她17岁就守寡了，回娘家居住，而且"为人放诞风流"。司马相如有才而无财，与临邛令王吉关系很好，就投靠王吉，住在舍亭。王吉每天都要去拜访司马相如，司马相如开始时还接见，后来就装病懒得搭理了，而王吉却更为敬重司马相如。

卓王孙听说父母官王吉还有如此敬重的贵客，就要宴请司马相如，派人去请，请不来，于是又亲自去请。酒宴行将结束之时，陪坐的王吉请司马相如鼓琴一曲，司马相如先是推辞，后来就弹奏了两支曲子。这曲声被卓文君听到后，她就从窗户里偷偷地窥看了司马相如，"心悦而好之"，喜欢上了司马相如，但又担心好事成不了。而就在此时，司马相如花重金买通了卓文君的侍女，通过她向卓文君表达了爱慕之意。结果当夜卓文君便"亡归相如"，两人私奔去了成都。

司马相如和卓文君从恋爱到私定终身可谓短平快，先是他用琴声挑逗了年纪轻轻就守寡的她，而她也在偷窥之下对他动了心；接着便是他再添一把火，通过侍女传达爱意，而她也就毅然离家和他私奔了。美中不足的是，从西汉末年的扬雄开始，就一直有人怀疑这整个过程都是司马相如伙同王吉所设的一个局，目的是通过勾引卓文君而贪图卓王孙的钱财。颜之推在《颜氏家训》中就说："司马长卿，窃赀无操。"

唐朝才子元稹所写的传奇《会真记》，又名《莺莺传》，写到张生与崔莺莺的一段情事，其中张生的原型就是元稹本人。张生在普救寺救了崔莺莺一家，崔母郑氏便要设宴感谢张生，席间，17岁的崔莺莺在母亲两次催促之下才出来拜见张生。张生一见"颜色艳异，光辉动人"的崔莺莺，就动了心，当即以言语挑逗，"稍以词导之"，然而崔莺莺没有任何回应。仍不死心的张生又买通崔莺莺的婢女红娘，在红娘的点拨下，张生写了"春词两首"，由红娘转给莺莺。当天晚上，红娘便带来了崔莺莺的回信，也是一首诗："待月西厢下，近风户半开。拂墙花影动，疑是玉人来。"这已经是在安排和张生的约会了。等到十五月圆之夜，张生便爬树翻墙到了西厢，见到了莺莺，结果却被莺莺义正词严地训斥了一番。

眼看着就没有回音了，张生正在郁闷，哪知到了十八日晚上，崔莺莺又主动来找张生了，但整个见面过程中又始终未发一言，弄得张生既高兴又怅然。又过了十几日，张生再给崔莺莺写诗，终于得到了回应，"自是复容之，朝隐而出，暮隐而入，同安于曩所谓西厢者，几一月矣"，两人在西厢里度过了20多个美妙的夜晚。

在张生与崔莺莺的定情过程中，看起来是张生主动的，比如在一见之下就以言语挑逗，又主动给她写情诗，但关键性举动的主动权却一直握在崔莺莺手里，是她主动提出要在西厢和张生见面，也是她在十八日晚上主动去找了张生，甚至于也是她决定两人在西厢偷偷幽会的。可惜的是，两人最终未能结成善缘。因为张生也不大厚道，在外人面前说崔莺莺是"不妖其身，必妖于人"的尤物，将自己抛弃崔莺莺看作是远离妖物的得意之举。

唐诗宋词中也有不少的篇章涉及了青年男女拍拖，只是限于篇幅，写得比较简略，但同时也更为隽永。晚唐五代的李珣（约855—

约 930 年）有一首《南乡子》小词：

相见处，晚晴天，刺桐花下越台前。

暗里回眸深属意，遗双翠，骑象背人先过水。

傍晚的时候，在刺桐花下，越王台前，一对恋人见面了。女子想向男子发出幽会的邀请，但当时身边还有其他的人，不便公开交流，于是她暗地里多次深情地回头望着男子，并故意丢下了信物钗子，希望男子能明白她的心意。在做了这些之后，她又先偷偷地背着人骑着象过了河，去了她认为适合的幽会之地，静静等待男子的到来。

欧阳修有一首《渔家傲》，上阕写的便是渔家儿女的拍拖幽会：

近日门前溪水涨，郎船几度偷相访。

船小难开红斗帐，无计向，合欢影里空惆怅。

这几天门前的溪水涨了，情郎乘机划着船几次前来幽会，但总是因为船身小，容不下两个人，又无法撑起船篷，没有遮拦，所以不能合欢尽兴，空余惆怅。

3. 佳人有约——月上柳梢头，人约黄昏后

1）带着枕头约会

人们翻读史书时经常发现，古代的女子不论是大家闺秀，还是皇室公主，她们经常是带着自己的枕头前往与情人约会，有的甚至还把自己的枕头作为爱的信物留给如意郎君，这样的约会方式，有两个比较著名的典故。

王实甫的元代著名杂剧《西厢记》中，红娘送崔莺莺相会张生时就抱着一个叫作"鸳鸯枕"的枕头。书中写道："鸳鸯枕，翡翠衾，羞答答不肯把头抬，弓鞋凤头窄，云鬓坠金钗。"既然叫作"鸳鸯枕"，

那肯定是两个人枕的枕头。

崔莺莺是这样，三国时的洛神甄妃也是如此。建安七子之一的曹植七步成诗，可谓独步天下，但是他却与自己的嫂嫂甄氏互相爱慕，情投意合，恨不能日夜相守。然而甄氏乃其兄长魏文帝曹丕的妃子，这种感情是悖伦违理的，因此二人终未敢越雷池半步。其结果是甄氏因此相思成疾，抑郁而终，死后化为洛水之神。

活着不能相依，死后也要相会，于是，这两个多情的男女便在梦中相会了。"明眸善睐，凌波微步，罗袜生尘，若飞若扬。"两人曲尽缠绵之欢后，甄氏把自己带来的玲珑枕留给了曹植，虽然人神殊途，但是枕上留香，可算得是古代爱情史中最浪漫的千古佳话了。

2）在桥下约会

有个成语叫"尾生抱柱"，讲的是一个叫尾生的男生与女子约定在桥梁相会，久候女子不到，水涨，乃抱桥柱而死。典出《庄子·盗跖》。

这个尾生是春秋时人，家住鲁国曲阜，与圣人孔子是同乡。后来，尾生迁居梁地（今陕西韩城南）。他在那里认识了一位年轻漂亮的姑娘。两人一见钟情，君子淑女，私定终身。但是姑娘的父母嫌弃尾生家境贫寒，坚决反对这门亲事。为了追求爱情和幸福，姑娘决定背着父母私奔，随尾生回到曲阜老家去。

那一天，两人约定在韩城外的一座木桥边会面，双双远走高飞。黄昏时分，尾生提前来到桥上等候。不料，六月的天气说变就变，突然乌云密布，狂风怒吼，雷鸣电闪，滂沱大雨倾盆而下。不久山洪暴发，滚滚江水裹挟泥沙席卷而来，淹没了桥面，没过了尾生的膝盖。

城外桥面，不见不散，尾生想起了与姑娘的信誓旦旦；四顾茫茫水世界，不见姑娘踪影。但他寸步不离，死死抱着桥柱，终于被活活淹死。再说姑娘因为私奔念头泄露，被父母禁锢家中，不得脱身。后伺机黉夜逃出家门，冒雨来到城外桥边，此时洪水已渐渐退去。姑娘看到紧抱桥柱而死的尾生，悲恸欲绝。她抱着尾生的尸体号啕大哭。阴阳相隔，生死一体，哭罢，便相拥纵身投入滚滚江中，谱写了一幕惊心动魄的爱情悲剧。

3）相约元宵节

"去年元夜时，花市灯如昼；月上柳梢头，人约黄昏后。"欧阳修在《生查子·元夕》中这样描述元宵节；而辛弃疾的"众里寻他千百度，蓦然回首，那人却在灯火阑珊处"，也是描述元宵夜男女约会时的浪漫情景的。

除了七夕节外，元宵节也是中国另外一个地道的"情人节"。元宵节在古代确实是一个浪漫的节日，在封建社会里，礼教比较森严，年轻的女孩一般不允许外出自由活动。但在元宵节这一天，女孩却可以结伴出来游玩赏灯，这就给未婚青年男女提供一个相会的时机，元宵节可谓中国的一个浪漫的节日。

4）翻墙约会

"墙头马上"指在礼教森严的古代，青年男女为了追求自由的爱情，背着家人，翻墙去约会。这个词出自唐代白居易的《井底引银瓶》诗："妾弄青梅凭短墙，君骑白马傍垂杨。墙头马上遥相顾，一见知君即断肠。"后来演变为一个成语，专指男女互相爱慕之情。元代著名戏曲家白朴的元杂剧《墙头马上》中的李千金，一上场就毫不掩饰对爱情和婚姻的渴望，她声称："我若还招得个风流女婿，怎肯教费工夫学画远山眉。宁可教银缸高照，锦帐低垂。菡萏花深鸳并宿，梧桐枝隐凤双栖。"当她在墙头上和裴少俊邂逅，看上了"一个好秀才",便处处采取主动的态度。她央求梅香替她递简传诗,约裴少俊跳墙幽会。当两人被嬷嬷瞧破,她和裴少俊一会儿下跪求情,一会儿撒泼放赖,还下决心离家私奔。为了爱情,李千金甘愿作出牺牲,"爱别人可舍了自己"。李千金在裴家后院躲藏七年,生了一男一女,但终于被裴尚书发现。她极力为自己的行为辩护,反驳裴尚书对她的辱骂。当然,在强大的封建势力面前,被视为"淫奔"的李千金不得不饮恨回家,但她没有屈服。当裴少俊考中状元,裴尚书知道了她是官宦之女,前去向她赔礼道歉,要求她认亲重聚时,她坚决不肯,并且对裴氏父子毫不留情地予以谴责。即使裴尚书捧酒谢罪,她还是斩钉截铁:"你休了我,我断然不肯。"只是后来看到啼哭的一双儿女,才不禁心软下来,与裴家重归于好。

第三章　定情信物

1. 同心结——何以结中心？素缕连双针

东汉人繁钦的诗里几次说起"结"，"结"是一个被赋予太多美好色彩的汉字，从远古到今天，它始终渗透在人们的生活和情感里。同心结也一直是古人表达情感的信物，所谓"著以长相思，缘以结不解"。将那丝丝缕缕的锦带编成连环回文式的同心结来赠与对方，绵绵思恋与万千情愫也都蕴含其中了。

唐代长孙佐转戍边不归，给妻子寄家书，他的妻子寄给他一首《答外》诗，写她给戍边的丈夫做同心结，用同心结倾诉相思和离情之苦：

征人去年戍边水，夜得边书字盈纸。挥刀就烛裁红绮，结作同心答千里。

君寄边书书莫绝，妾答同心心自结。同心再解不心离，离字频看字愁灭。

结成一衣和泪封，封书只在怀袖中。莫如书故字难久，愿学同心长可同。

尤其令人感慨的是北宋林逋所作的《相思令》：

吴山青，越山青，两岸青山相送迎，争忍有离情？

君泪盈，妾泪盈，罗带同心结未成，江边潮已平。

相对其他信物，同心结有一份含蓄的深沉，因为它融入了恋人的巧思。

2. 戒指——何以道殷勤？约指一双银

用戒指定情的习俗在我国由来已久。南朝刘敬叔《异苑》中记载，沛郡人秦树在冢墓中与一女子婚合，临别时，"女泣曰：与君一睹，后面无期，以指环一双赠之，结置衣带，相送出门"，会面安可期，见指环如见其人，指环之重跃然诗里。

《全唐诗·与李章武赠答诗》的题解中注释说，唐时，书生李章武与华州王氏子妇相爱，临别时王氏子妇赠李章武白玉指环，并赠诗道："捻指环，相思见环重相忆。愿君永持玩，循环无终极。"后来李章武再去华州，王氏子妇早已忧思而死，指环只是空留怅惘。宋李昉《太平广记》里说，后来李章武与王氏子妇的灵魂神会于王氏宅中，这应该是人们对爱情结局的美好愿望。

到了晚唐时，戒指渐渐由男女互赠变为只由男子赠与女子，这和今天中西戒指的赠馈方式是类似的。

范摅《云溪友议》中描写了书生韦皋少时游江夏期间，与少女玉箫从相识到相恋的故事。韦皋临回家乡前送给玉箫一枚玉指环，发誓少则五年，多则七年后会来娶玉箫。然而七年光阴过去了，薄情的韦皋却不复再来，痴情的玉箫绝望地悲呼："韦家郎君，一别七年，是不来矣！"竟绝食而死。人们怜悯玉箫这一场悲剧，就把韦皋送给她的戒指戴在她的中指上入葬。很多年以后，韦皋官运亨通，做到西川节度使，才辗转得知玉箫的死讯，他悔恨不已，于是广修经像，以忏悔过去的负心。后来有人送给韦皋一名歌姬，名字容貌竟与玉箫一模一样，而且中指上有形似指环的肉环隐现，韦皋知道是玉箫托生又回到了他的身旁，二人终于以再生缘的形式实现了隔世的结合。

3. 手镯——何以致契阔？绕腕双跳脱

手镯在古代有很多的称谓，"跳脱"就是其中一种。宋计有功所著《唐诗纪事》中有个故事：唐文宗有一天考问群臣："古诗里有'轻衫衬跳脱'句，你们有谁知道'跳脱'是什么东西？"大家都答不上来。文宗告诉他们："跳脱即今之腕钏也。"古代的文学作品中，常见女子以手镯相赠恋人的情节。梁陶弘景在《真浩》中记述了仙女萼绿华曾赠羊权金和玉的跳脱。蒲松龄《聊斋志异·白于玉》中写书生吴生偶入仙境与一个紫衣仙女欢好，临别时，仙女把自己所戴金腕钏送给吴生留念。

4. 玉佩——何以结恩情？美玉缀罗缨

玉在中国的文明史上有着特殊的地位。《五经通义》说玉"温润而泽，有似于智；锐而不害，有似于仁；抑而不挠，有似于义；有瑕于内必见于外，有似于信；垂之如坠，有似于礼"。孔子说"玉之美，有如君子之德"，他认为玉具有仁、智、义、礼、乐、忠、信、天、地、德、道等君子的品节。《诗经》里有"言念君子，温其如玉"之句。古人给美玉赋予了那么多人性的品格，以至于到现在人们仍将谦谦君子喻为"温润如玉"。

"罗缨"是古代女子出嫁时系于腰间的彩色丝带，以示人有所属。《诗经》里有"亲结其缡，九十其仪"的诗句，它描述女儿出嫁时，母亲恋恋不舍地为其束结罗缨。结罗缨就是"结缡"，后来，古代女子在为心仪之人"结缡"时，往往用玉缀在罗缨上，清闻人倓《古诗笺》中把"美玉缀罗缨"解释为"以玉缀缨，向恩情之结"。"结缡"和"美玉缀罗缨"也成为古时成婚的代称。

5. 簪——何以结相于？金薄画搔头

搔头是簪的别称。据《西京杂记》记载：汉武帝宠爱李夫人，有一次取下李夫人的玉簪搔头，搔头之名由此而来。古时规定罪犯不许戴簪，就是后妃有过错也要退簪，因为簪还象征着尊严。周宣王的姜后有一段"退簪劝政"的佳话：说的是周宣王一度沉溺安逸，荒疏了国政，明晓大义的姜后为了规劝丈夫勤政，就退去了发簪和耳坠，长跪于永巷，表示自己有罪，周宣王知道王后的心意后感到羞愧，于是开始励精图治，开创了周王室的中兴局面。

《鼓吹曲词·有所思》中写一个女子为远方的情人准备了一支玳瑁簪子，她用心地修饰这支簪子，加上双珠还觉不足，又加上玉饰。却不料"闻君有他心"，于是她把那簪子"拉杂催烧之，当风扬其灰。从今以往，勿复相思，相思与君绝"。

6. 缠臂金——何以致拳拳？绾臂双金环

"绾臂双金环"指臂钏，又称缠臂金，是我国古代女性缠绕于臂的一种装饰，它是用金银带条盘绕成螺旋圈状，所盘圈数多少不等，一般三至八圈，也有多到十二三圈的。缠臂金的奥妙在于戴上之后无论从什么角度看，所见都为数道的相互不关联，宛如佩戴着几个手镯般美丽。在古代的诗词中，有许多描述缠臂金的名句，如：

夜来春睡浓于酒，压褊佳人缠臂金。

——[宋]苏东坡《寒具》

调朱弄粉总无心,瘦觉宽馀缠臂金。
别后大拼憔悴损,思情未抵此情深。
——[宋]朱淑真《恨别》

7. 耳环——何以致区区？耳中双明珠

我国女性从很早以前就开始用各种耳饰打扮自己了。最早的记录见于《山海经》"青宜之山宜女,其神小腰白齿,穿耳以鐻"。《三国志》中诸葛恪说:"穿耳贯珠,盖古尚也。"

耳饰又分为耳丁、耳珰、耳环、耳坠等样式。清初李笠翁在他的《闲情偶记·生容》里将耳饰里小巧简洁的耳环称为"丁香",将繁复华丽的耳坠称为"络索"。他说女子"一簪一珥,便可相伴一生",可见耳环在古人审美观念中有很重要的地位。

"还君明珠双泪垂,恨不相逢未嫁时"(唐·张籍《节妇吟》)中的"明珠"指代的就是耳环。这首诗让人觉得以耳环为信物透着悲情。

8. 钗——何以慰别离？耳后玳瑁钗

钗为珠翠和金银合制成花朵或其他造型的发钿,连缀着固定发髻的双股或多股长针,使用时安插在双鬟。《续汉书》中说:贵人助蚕,戴玳瑁钗。据《华阳国志》记载:涪陵山有大龟,其甲可卜,其缘可作钗,世号灵钗。可见古人尤其看重玳瑁制成的钗。

钗不仅是一种饰物,还是一种寄情的表物。古代恋人或夫妻之间有一种赠别的习俗:女子将头上的钗一分为二,一半赠给对方,一半自留，待到他日重见再合在一起。

辛弃疾词《祝英台令·晚春》中的"宝钗分,桃叶渡,烟柳暗南浦"，即在表述这种离情；纳兰性德词中"宝钗拢各两分心,定缘何事湿兰襟"也饱含与自己所爱分离的痛楚。

而在历代关于分钗寄情的诗词里，最让人伤怀的还是白居易的《长恨歌》：

> 回头下望人寰处，不见长安见尘雾。
> 唯将旧物表深情，钿合金钗寄将去。
> 钗留一股合一扇，钗擘黄金合分钿。
> 但教心似金钿坚，天上人间会相见。
> 临别殷勤重寄词，词中有誓两心知。
> 七月七日长生殿，夜半无人私语时。
> 在天愿作比翼鸟，在地愿为连理枝。
> 天长地久有时尽，此恨绵绵无绝期。

9. 香囊——何以致叩叩？香囊系肘后

香囊古时又称香包、香缨、香袋、香球、佩帏、荷包等等，古人佩戴香囊的历史可以追溯到先秦时代。据《礼记·内则》："妇事舅姑……衿缨綦屦，以适父母舅姑之所。"就是说青年人去见父母长辈时要佩戴"衿缨"，即编织的香囊以示敬意。又因为香囊是随身之物，恋人之间也常常把它当作礼物相互赠送，以表衷情。

《红楼梦》里林妹妹也曾给宝哥哥做过香囊，一针一线都凝结着她的情思。有一回写黛玉误会宝玉把她送他的香囊送了人，赌气把正在做的另一个剪了。其实香囊是被宝玉贴身戴着的,并没有送人。当黛玉香消玉坠的时候,宝玉见香囊犹见伊人,宝玉不忍再看,感慨道。"成泥做土香如故,却为谁?零落成泥碾作尘,只有香如故。"

10. 裙——何以答欢忻?纨素三条裙

古时将绢称为纨素,"纨素三条裙"指的是绢做的裙子。汉刘熙《释名·释衣服》:裙,群也,连接群幅也。古时布帛门幅狭窄,一条裙子通常由多幅布帛拼制而成,因而有"裙"的名称。历史上曾出现过各式各样的裙子,如:弹墨裙、凤尾裙、月华裙、真珠裙、郁金裙、石榴裙等等。《新唐书·五行志》记载:"安乐公主使尚方合百鸟毛织二裙,正视为一色,傍视为一色;日中为一色,影中为一色,而百鸟之状皆见。"这种以百鸟之羽织成百鸟之状的裙子,由唐中宗之女安乐公主创制,并在当时贵族女性中广为流行,致使山林中的珍禽瑞鸟被捕杀殆尽,后被朝廷下令禁止。

奢华的贵妇毕竟是少数,古代的平民女子都是朴素地戴荆钗、着布裙。因此,"钗裙"也是千百年来我国普通女性的代称。"钗裙"既然是女性的代称,在古代,赞美"钗裙"便成了表达对女性爱慕的隐晦方式。而女性也常把"钗裙"当作表达情愫的工具。

汉辛延年《羽林郎》中的"长裙连理带,广袖合欢襦",写的是一个汉代少女着裙的飘逸;唐王昌龄《采莲曲》中的"荷叶罗裙一色裁,芙蓉向脸两边开。乱入池中看不见,闻歌始觉有人来",描绘的是采莲姑娘的裙子与荷叶同色,面庞与荷花共颜;宋欧阳修《鼓笛慢》词"缕金裙窣轻纱,透红莹玉真堪爱"和张先《踏莎行》中的"映花避月上行廊,珠裙褶褶轻垂地",都是写裙又写情。牛希济的《生查子》中的"春山烟欲收，天淡星稀小。残月脸边明，别泪临清晓。语已多，情未了。回首犹重道：记得绿罗裙，处处怜芳草"，更是通过裙子写出了一场难舍难分的别离，最后两句尤为动人。它引自唐人江总之妻的《赋庭草》"雨过芊芊草，联云锁南陌。门前君试看，是妾罗裙色"，意思是郎君你瞧瞧雨后青草那嫩绿的颜色，就像我裙子的颜色一样啊！

宋代女词人朱淑真在《生查子》一词中写自己在无望的等待中衣裙渐宽："寒食不多时，几日东风恶。无绪倦寻芳，闲却秋千索。玉减翠裙交，病怯罗衣薄。不忍卷帘看，寂寞梨花落。"清代命运多舛的女诗人贺双卿嫁给农夫为妻，在丈夫和婆母的虐待下仍一味地孝顺姑、夫。她在《和白罗诗》中写道："今年膏雨断秋云，为补新租又典裙。留得互郎轻絮暖，妾心如蜜敢嫌君？"留下丈夫的寒衣，而把自己心爱的裙子典当补租，这样无怨的柔情，贺双卿的丈夫却不曾理解，读到此处不禁使人掩卷叹息。

而关于裙子的情愫最让人感慨的莫过于武则天的一首《如意曲》：

　　看朱成碧思纷纷，憔悴支离为忆君。
　　不信比来长下泪，开箱验取石榴裙。

这诗是她为谁写下的呢？一样身处于千丈红尘与茫茫人海，人世间的女子哪怕豪气干云如武则天，看到月光里的桂树，仍旧没逃得过夜夜绵长的思念！

11. 头发——何以守情深？长发绾君心

除了眉目、脸盘儿，古代少女神秘如云、如丝、如瀑的黑发往往能够带给她们别样的命运。这是因为，长一头漂亮的黑发，便有了"女为悦己者容"的资本。汉武帝遇见美女卫子夫,第一眼就被她的秀发吸引住了,"上见其美发,悦之,遂纳于宫中"。再如,南陈最后一个皇帝陈叔宝,相中了年仅10岁的张丽华。这是为什么呢?《陈书·列传》描绘这位小姑娘:"发长七尺,鬓黑如漆,其光可鉴。特聪惠,有神采,进止闲暇,容色端丽。每瞻视盼睐,光采溢目,照映左右。"

女人美丽的头发,并不仅仅起到"两性相吸"的作用,它还是一种有效的"传情"工具:

以头发"定情"。说到定情,便会想到那些常见的"定情信物",比如玉镯、银簪、金钗、耳环,乃至香囊、荷包、手帕、兜肚;会几手武艺的男女,还会选择佩剑、宝刀之类。不管拿什么玩意儿当"定情物",最终变成一家人,还得"结发为夫妻"。古代男女成年之后,才能称为"结发"和"及笄"。根据《周礼》及古代习俗,女孩都是15岁左右举行"笄礼",最迟不过20岁。通常所说的"结发夫妻",并非要把双方的头发拴在一起,而是指"原配"。女子若以秀发相赠男人,就说明双方的婚事已经百分之百了。汉代有一种风俗:如果妻子不幸早亡,丈夫会把婚礼时的梳子一掰两半,自己留一半,棺材里葬一半,表示永远不忘"结发之妻"。西汉名臣苏武出使匈奴时,和妻子道别:"结发为夫妻,恩爱两不疑……生当复来归,死当长相思。"大约20年后,蓬头垢面的苏武回到长安,妻子已是满头华发。

以头发"守节"。每一部断代史,都要安排不小的篇幅来旌表那些"节妇烈女"。《隋书》中就有这样一个凄美的悲情故事:有对男女已经定亲,男的要去四川供职,女的只能等他回来完婚。临行前,男子痛苦地说:"巴蜀之地,凶险多灾。一旦我回不来,你就嫁人吧。"女子立刻挽起满头青丝,发誓:"只有你,才能打开我头上的发节。"男子在四川多年，已经对当初的婚约不抱任何幻想，就另娶了一位姑娘。几十年后，他返回故乡，那个未嫁的女子，依旧在痴痴地等待。二人相见，男子取下了女子的头巾。当初的"封识宛然"，轻轻一动，浓密的头发纷纷扬扬地散落在地上……

以头发"引诱"。所谓"引诱"，没有丝毫贬义。为了和心爱的男人天长地久，弱势女子不得不和傲慢的男人动心眼儿，甚至耍一点儿小手腕儿。头发，便成了恰到好处的"道具"。《乐史·杨太真外传》记载，杨贵妃第二次被唐明皇赶出内宫之后，便对传话太监说："妾罪合万死，衣服之外，皆圣恩所赐。唯发肤是父母所生。今当即死，无以谢上。"一缕头发，余香袅袅，其中蕴含的情感，很难用简单的爱与恨来界定。唐明皇心痛不已，终于经不住杨贵妃的"诱惑"，掉着眼泪，把美人拉回了身边。

有句老话说：男人的书桌，女人的妆台。想必这两件东西，囊括了男女的整个生命。男人可以在古圣先贤的教诲下耕读传家、修齐治平；女人则为心爱的男人"悦己者容"，将自己亲手织就的信物做成爱情的枷锁，期望能困住心爱的男人一辈子。

第四章　婚姻背后

古时候，"婚姻"二字写作"昏因"。"男以昏时迎女，女因男而来。嫁，谓女适夫家；娶，谓男往娶女。论其男女之身谓之嫁娶，指其合好之际，谓之婚姻"，这便是古人对婚姻的注解。

古时男家去女家迎亲时均在夜间，《仪礼·士昏礼》谓："昏礼下达。"郑玄注曰："士娶妻之礼，以昏为期，因而名焉。阳往而阴来，日入三商为昏。"并且，"主人爵弁，纁裳缁袘从者毕玄端。乘墨车，从车二乘，执烛前马"，亦即迎亲的人均穿黑衣，车马也用黑色。此俗与后世以白天迎亲、穿红色服饰的婚俗迥然不同。自唐代开始，始将迎亲的时间改为早晨。据唐段成式《酉阳杂俎》记载："礼，婚礼必用昏，以其阳往而阴来也。今行礼于晓。"晓即拂晓，此后相沿至今。

古代的婚姻是家族的前提和基础。《易·序卦》："有天地，然后有万物；有万物，然后有男女；有男女，然后有夫妇；有夫妇，然后有父子；有父子，然后有君臣；有君臣，然后有上下；有上下，然后礼仪有所错（措）。"《礼记·昏义》："婚礼者，礼之本也"，"将合二姓之好，上以事宗庙，而下以继后世也"。这种观念反映了在古代婚姻主要是被作为可以祭祀祖先、延续后代的手段。

古代女子出嫁曰"归"，《说文》说："归，女嫁也。"《诗经·周南·桃夭》:"之子于归,宜其室家。"可见出嫁的女子以男家为家。《白虎通·嫁娶》说:"嫁者,家也。"可见"嫁"字本身就意味着"有家"。《白虎通·嫁娶》又说:"娶者,取也。"《说文》也说:"娶,取妇也。"《周易》和《诗经》就写成"取",这表示男子把别家的女儿"取"到自己家里来。男尊女卑的风俗,由"嫁""娶"两字就可以证明。嫁对于女子来说是被动的,古代只说"嫁女"或"嫁妹",不说"嫁夫",可见嫁的权操在父兄之手。娶对于男子来说是主动的,所以古代常说"娶妻""娶妇"(妇就是妻)。

在古代婚姻里,还有很多已为今人抛弃或遗忘的规则和习惯。

1. 结发夫妻——半缘修道半缘君

1) 妻

"妻"最早见于《易·系辞》:"入于其宫,不见其妻。"但妻在古代不是男子配偶的通称。《礼记·曲礼下》载:"天子之妃曰后,诸侯曰夫人,大夫曰孺人,士曰妇人,庶人曰妻。"看来那时的"妻"只是平民百姓的配偶,是没有身份的。后来,"妻"才渐渐成为所有男人配偶的通称。

"妻"的别称很多。古代无论官职大小通称妻为"孺人"。卿大夫的嫡妻称为"内子",泛指妻妾为"内人"。妻还被称为"内助",意为帮助丈夫处理家庭内部事务的人。"贤内助"成为好妻子的美称。旧时对别人谦称自己妻子为"拙内"、"贱内"。而在官职较高的阶层中,对妻子的称呼却反映出等级制度来。如诸侯之妻称"小君",汉代以后王公大臣之妻称夫人,唐、宋、明、清各朝还对高官的母亲或妻子加封,称诰命夫人。

2）丈夫

人们通常谈到夫妇时，夫多被称为"丈夫"，而"丈夫"的来源是这样的。古代女子选择夫婿，主要看这个男子是否够高度，一般以身高一丈为标准，当时的一丈约等于七尺（那时的一尺约合现在的六寸多）。有了这个身高一丈的夫婿，才可以抵御强人的抢婚（在古代的一些部落里有抢婚的习俗）。所以女子都称她所嫁的男人为"丈夫"。

3）结发夫妻

"结发夫妻"一般指的是原配夫妻。此词出自汉苏武《诗四首》之三："结发为夫妻，恩爱两不疑。""结发夫妻"的来源是这样的：相传古时一个皇帝在登基的头一夜，因为担心胡子太短，无法入睡（古代男人是以胡须长短衡量人的学识的）。身边的娘娘聪明过人，她剪下自己的头发，仔细地接在皇帝的胡须上。次日，皇帝登基，接受臣子朝拜。臣子惊叹皇帝一夜之间胡须过脐，实乃"真龙天子"！娘娘剪发接皇帝胡须的事为人们称颂，人们将他们称为"结发夫妻"，以此来表达患难与共、互助互爱的夫妻间的深厚感情。

中国古时候结婚时，新郎把新娘接回家后，举行结婚仪式，要一拜天地，二拜高堂，然后夫妻对拜，最后饮合卺酒（又称交杯酒）。后来又发展成合髻的仪式，即夫妻并坐，将两人一缕头束在一起。这是"结发夫妻"一词来源的又一说法。

2. 婚前规则——聘则为妻奔是妾

1）三书六礼

六礼前面已有详细阐述，三书即中国传统嫁娶的礼仪。

聘书：定亲之书，表示男女双方正式缔结婚约；纳吉（过文定）时用。

礼书：过礼之书，是礼物清单，当中详列礼物种类及数量；纳征（过大礼）时用。

迎亲书：即迎娶新娘之书；结婚当日（亲迎）接新娘过门时用。

2）择吉

择吉就是选择好日子。旧时婚丧祭祀等都要择吉举行，由男方选定举行婚礼的日期。一般男家须托媒人到女家"要媳妇"，女方将嫁女的生辰八字用大红纸写好（也叫"年命帖"）交媒人带回男家，男方据此请卜人选定"行嫁月"、"吉日良辰"和喜神所在的方向，叫"查日子"。同时还要算出迎亲、送亲之人在属相上的忌讳，用大红纸一式两份写好，叫"年命帖"，由媒人送往女家，叫"送日子"，而且还要向女方送聘礼。有的地方是送钱一宗，叫"盒子钞"，女家用其中一部分置办嫁妆，留一部分给嫁女压柜子，叫"子孙钱"。

3）定亲

旧时又称"送柬"或"换帖"，是双方初步落实婚姻意图的一种书面形式。男家请人用红纸将求亲之意写成小帖，封面再写上吉祥的祝词，以及"敬求金诺"、"恭候金诺"之类表示求亲的字样，由媒人连同男家准备的衣料、首饰、化妆品、聘金等"彩礼"，用一对大红包袱包裹，送往女家。女家收到柬帖后即回帖，加"谨遵台命"、"仰遵玉言"等表示同意结亲的字样，并附回礼，由媒人带回男家。多以鞋帽、文房四宝等作回礼。

4）合八字

合八字是中国旧时婚俗。媒人提亲获女家同意后，双方互换庚帖，根据双方出生年、月、日、时和属相推算，查其是否相生相克，谓之合八字。一个人的出生年、月、日、时配以天干地支,两字一组,四组共八个字。据五行之说,相生相克即木生火,火生土,土生金,金生水,水生木;水克火,火克金,金克木,木克土,土克水。有的地区还根据双方的属相合八字,有"白马怕金牛,鼠羊不到头,蛇见猛虎如刀锉,猪见婴猴泪长流"等迷信说法。也有用金木水火土五行来推算八字的,有"两金夫妇不相宜"、"金木夫妻不可嫁"、"金土夫妻合六强"等迷信说法。

3. 和离约定——花自飘零水自流

1）七出三不去

七出又叫七去(也称七弃),是在中国古代的法律、礼制和习俗中,规定夫妻离婚时所要具备的7种条件,当妻子符合其中一种条件时,丈夫及其家族便可以要求休妻(即离婚)。从其内容来看,主要是站在丈夫及其家族的角度并考量其利益,因此可说是对于妻子的一种压迫。但另一方面在男性处于优势地位的古代社会中,也使女性最低限度地免于任意被夫家抛弃的命运。

"七出"一词要到唐代以后才正式出现,但其内容则完全源于汉代记载于《大戴礼记》中的"七去",又称作"七弃"。七去的内容如下:

一去:"不顺父母"——即妻子不孝顺丈夫的父母,《大戴礼记》中所说的理由是"逆德"。在传统中国,女性出嫁之后,丈夫父母的重要性更胜过自身父母,因此违背孝顺的道德被认为是很严重的事。

二去:"无子"——即妻子生不出儿子来,理由是"绝世"。在传统中国,家族的延续被认为是婚姻最重要的目的,因此妻子无法生出儿子来便使得这段婚姻失去意义。如《唐律》规定，妻年五十以上无子，听立庶以长。随着"一夫一妻多妾制"的逐渐成熟，真正以无子的原因而休妻的情形大为减少。

三去："淫"——即妻子与丈夫之外的男性发生性关系，理由是"乱族"。也就是认为淫会造成妻所生之子女来路或辈分不明，造成家族血缘的混乱。

四去："妒"——指妻子好忌妒，理由是"乱家"。亦即认为妻子的凶悍忌妒会造成家庭不和，以及"夫为妻纲"这样的理想夫妻关系的混乱。还有一种看法则认为妻子对丈夫纳妾的忌妒有害于家族的延续。

五去："有恶疾"——指妻子患了严重的疾病，理由是"不可共粢盛"，是指不能一起参与祭祀。在传统中国，参与祖先祭祀是每个家族成员重要的职责，因此妻有恶疾所造成夫家的不便虽然不只是参与祭祀，但仍以此为主要的理由。

六去："口多言"——指妻子太多话或说别人闲话，理由是"离亲"。在传统中国家庭中，女性尤其是辈分低的女性，被认为不应当多表示意见，而妻子作为一个从原本家族外进来的成员，多话就被认为有离间家族和睦的可能。

七去："窃盗"——即偷东西，理由是"反义"，即不合乎应守的规矩。

七出内容与之类似，语出《仪礼·丧服》，包括：无子、淫佚、不事舅姑、口舌、盗窃、妒忌、恶疾。整体来看，七出和七去的内容大多是以夫家整体家族的利益为考量，凡是因为妻子的行为或身体状况，不能符合这个考量，夫家或丈夫就可以提出离婚。相较而言，妻子要主动提出离婚的要求，条件就严苛得多了。

三不去亦称"三不出",是中国古代婚姻制度中,用以规定丈夫不得任意要求与妻子离婚(即休妻)的3种情况。一般而言,妻子若合乎七出的条件,依照礼制及法律,丈夫便可以要求休妻。但七出所包含的范围甚广,可资夫家利用为借口的可能甚大,因此又订立了三不去,用以保障妻子不被任意休掉。三不去最早也见于汉代的《大戴礼记》,其内容包括:

一不去:"有所取无所归"——指妻子的家族散亡,假如妻子被休则无家可归。

二不去:"与更三年丧"——指妻子曾替丈夫的父母服丧三年,意思是已经尽了孝道。

三不去:"前贫贱后富贵"——指丈夫娶妻的时候贫贱,但后来发达富贵了,即所谓的"糟糠之妻不下堂"。

2)入赘

"入赘"一词,字面理解为"入",即进入、加入等;"赘"即累赘。指的是男方到女方家里落户,使女方家多出一个本不该有的成员,添了累赘。

在中国几千年的封建社会中,男女是不平等的。女到男家成亲,被认为是天经地义的事。但是也有男到女家成亲落户的,俗称"倒插门"。这种婚姻多是女家无兄无弟,为了传宗接代招女婿上门。但男到女方家成亲落户一般要随女方家的姓氏,故常常被人耻笑,因此,在过去入赘到女方家的上门女婿并不多。

第五章　如是爱情

1. 忠贞决心——海枯石烂山无陵

　　爱情，是古今人们久谈不衰的永恒话题，多数人觉得现在的人爱得疯狂、爱得昏天黑地、爱得无所顾忌、爱得死去活来，充分张扬着个性，享受着自由，毫不掩饰，大胆表达。而古人却受到种种封建礼教的约束，只能忍受和压抑。殊不知，越是压抑的事物越有生命力。人类的历史，在某种意义上可以说是压抑的历史，越压抑越有爆发力，就像气球，里面的气压越大，爆破的可能性越大，爆破时的气力声音也越大。

　　只要有爱情就会有表达，恋爱是谈出来的，谈即是说，也就是表达。我们都认为古人含蓄，其实，古人对爱情的表达方式，现代人是远远赶不上的。例如唐朝时的一首《菩萨蛮》是这样写的："枕前发尽千般愿：要休且待青山烂，水面上秤锤浮，直到黄河彻底枯。白日参辰现，北斗回南面，休即未能休，且待三更见日头！"只需侧耳细听便可知道这是多么牢不可破的一对儿，青山怎会烂，黄河岂能枯，北斗怎会回南面，三更天更不会有日头出现。现代人成天发誓"海枯石烂心不变"，这不是古人说过了一千多年的老话吗！还有乐府民歌有一句"山无陵，江水为竭，冬雷阵阵，夏雨雪，天地合,乃敢与君绝!"什么时候天与地合在一起,才是这对男女分手的时刻,这是多么大的决心和勇气。

元曲里有一首《清江吟·惜别》:"若还与他相见时,道个真传示:不是不修书,不是无才思,绕清江买不得天样纸!"作者托人带信给自己的爱人:不是不愿写信,也不是没有写信的才思,只是由于买不到天那么大的一张信纸!要写的相思太多太多,哪里是一般信纸可以容纳得下的呢?多么炽热的感情,就如熊熊烈火一般!

古代四大爱情传说中的许仙与白蛇、梁山伯与祝英台、牛郎与织女、范喜良与孟姜女,经过无数代人的传承和演绎,基本是以悲剧的形式结束。他们的故事如今已经家喻户晓,但是因为神话的色彩居多,始终是让人觉得如镜花水月般遥不可及。

人人皆知的唐玄宗与杨贵妃的爱情故事则要真实得多。当然,他们的故事也掺杂了很多政治原因,假如我们不把他们当作历史人物中的帝王贵妃来看,而是当作普通的爱情悲剧,则他们那种始终不渝、坚贞专一的爱情还是很值得称颂的。唐玄宗的后宫有众多的女人,却能"后宫佳丽三千人,三千宠爱在一身"。后来迫于政治原因,杨贵妃被迫吊死于马嵬坡后,唐玄宗"君王掩面救不得,回看血泪相合流"。人去楼空,一钗一扇都能勾起他心碎的悲伤,他觉得昭阳殿里再也没有了人世间的恩爱,从此"鸳鸯瓦冷霜华重,翡翠衾冷谁与共?悠悠生死别经年,魂魄不曾来进梦"。最后,唐玄宗在深深的思念与忧愤中死去,真是"天长地久有时尽,此恨绵绵无绝期!"唐玄宗这个拥有至高无上权力的帝王,能够对杨贵妃有这种生死不渝的爱,是很了不得的。

爱情这一神圣、永恒的话题,说也说不尽。而重温古人坚贞不渝的爱情,会对今人有很多有益的启示。

2. 伉俪情深——柔情似水化鹣鲽

无论是皇室贵胄还是平民百姓，只要有真情在，就会谱写出流芳百世的爱情赞歌。"只羡鸳鸯不羡仙"，古今中外，美好的爱情故事总是让人津津乐道。"无情最是帝王家"，似乎帝王夫妻是没有多少恩爱可言的，然而，在皇室伉俪中，偏偏就有那些让我们感动的存在。

最专一的莫过于明孝宗。堂堂一个皇帝，一辈子只有一个妻子，这在当时的社会，别说皇帝了，稍稍富贵一些的百姓也会三妻四妾的。可是，一夫一妻，明孝宗居然做到了。在古代，讲究的是多子多孙，而皇帝的子孙多少，更是关系到国家的大事。而张皇后只有一个儿子，正因为此，当时的大臣多次上奏要求明孝宗多置内宠。可以想象，明孝宗和张皇后，他们之间只要有一点点不和睦，他大可以顺水推舟，而明孝宗却没有这样做。这对夫妻的恩爱之情，明明白白，无可争议。张皇后获得了她的丈夫独一无二的爱情。

而在中国历史上，除了开国皇帝以外，很少有先贫贱后富贵的皇室夫妻。汉宣帝就是这样一位。他的祖父是汉武帝的长子，因为兵变自杀了，他的父亲也一起死了。所以，汉宣帝从小就是孤儿，完全是以一个平民的身份长大的，娶了同样是平民的许平君做妻子。汉昭帝死后，昌邑王做了27天皇帝就被废黜了。国不可一日无君，当时的权臣霍光挑来挑去，就挑中了这个平民。平民一下子做了皇帝，自然对恩人霍光是感恩戴德。霍光就说，你把你现在的妻子休掉吧，我有个女儿如花似玉的，把她嫁给你做正室足可以母仪天下。可是汉宣帝却没有同意，他下了一道诏书，说我以前有一把剑不见了，你们谁看见了就还给我。这里的剑，指的就是结发妻子。别人也明白了汉宣帝的意思，于是，平民妻子变成了汉朝皇后。这些是生前的恩爱。不过，许皇后没有什么福气，没过几年舒心的日子就被霍光的夫人派人下毒害死了。汉宣帝当时没有实权，等霍光死了，他逮住机会把霍家满门抄斩，也算狠毒了。霍光毕竟有大恩于他，他还下此毒手，恐怕夫妻情深，为妻雪恨是重要原因吧。汉宣帝和许皇后有一个儿子，汉宣帝为了儿子的健康成长也费了不少心思，最重要的就是挑选继母，他为儿子挑了一个自己不喜欢的人做继任皇后，子以母贵，汉宣帝能这样做，主要的还是夫妻之情吧。这些，是死后的恩爱。访求故剑，雪恨灭恩，择母育子，这样的感情难道不能被称之为爱情吗？

在风云人物的伉俪中，使人们最为感动的当属至死不肯过江东的项羽和虞姬了。项羽最具男人味，即使在英雄末路之时，他仍然选择了与虞姬双双自戕，霸业未竟便融化在伉俪不能偕老的遗恨中。

在文人墨客的伉俪中，最潇洒的当属司马相如和卓文君这一对，夫妻当垆沽酒，自是别有一番情趣。但与北宋的赵明诚和李清照夫妻相比还是稍逊一筹，他们是多么令人叹息的一对。李清照是宋朝南渡前后的著名词人，她18岁时嫁给了大她一岁的大学士赵明诚，夫妻二人感情甚笃。赵明诚博学多才，小两口婚姻生活十分幸福愉快。夫妻两人喜欢收藏古董字画，积累了成千上万件的金石文物，常常整理展玩，深夜不倦。累时，坐在归来堂中烧好茶，开始玩翻书赌茶之戏，说某事在某书、在某卷、第几页、第几行，看谁记得准，赢的人就可以先喝茶。李清照常赢，得意地大笑。这样的夫妻真是神仙眷侣！但是这样美满的日子却是好景不长，丈夫去世后，孤独的李清照真的是"人比黄花瘦"了。

不过，相比之下，最令人惋惜的还是陆游和唐婉这一对，那一段曾经缠绵悱恻的伉俪情深，让陆游终生痛苦难当。晚年的陆游只能独自徘徊在沈园里、断桥边，怀念当初唐婉的"红酥手"和"黄藤酒"了，一首《钗头凤》令多少人感慨万千。让人羡慕的还有沈复和芸娘这一对伉俪，尽管他们终究也没能白头偕老，但他们毕竟在一起度过了恩爱的23年。与陆游有所不同的是，唐婉是被婆婆驱逐，芸娘是被公公嫌弃。至于芸娘一门心思的给夫君纳妾，则成为夫妇感情的最大悬案！

1）陆游与唐婉的千古悲情

陆游是南宋时期著名的爱国诗人。他出生于越州山阳一个殷实的书香之家，幼年时期，正值金人南侵，常随家人四处逃难。这时，他母舅唐诚一家与陆家交往甚多。唐诚有一女儿，名唤唐婉，字蕙仙，自幼文静灵秀，不善言语却善解人意。与年龄相仿的陆游情意十分相投，两人青梅竹马，耳鬓厮磨，虽在兵荒马乱之中，两个不谙世事的少年仍然相伴度过一段纯洁无瑕的美好时光。随着年龄的增长，一种萦绕心肠的情愫在两人心中渐渐滋生了。

青春年华的陆游与唐婉都擅长诗词，他们常借诗词倾诉衷肠，花前月下，二人吟诗作对，互相唱和，丽影成双，宛如一双翩跹于花丛中的彩蝶，眉目中洋溢着幸福和谐。两家父母和众亲朋好友，也都认为他们是天造地设的一对，于是陆家就以一只精美无比的家传凤钗作信物，订下了唐家这门亲上加亲的婚事。成年后，唐婉便成了陆家的媳妇。从此，陆游、唐婉更是情爱弥深，沉醉于两个人的天地中，不知今夕何夕，把什么科举课业、功名利禄，甚至家人至亲都暂时抛置于九霄云外。

陆游此时已经荫补登仕郎，但这只是进仕为官的第一步，紧接着还要赴临安参加"锁厅试"以及礼部会试。新婚燕尔的陆游流连于温柔乡里，根本无暇顾及应试功课。陆游的母亲唐氏是一位威严而专横的女性。她一心盼望儿子陆游金榜题名，登科进官，以便光耀门庭。目睹眼下的状况，她大为不满，几次以姑姑的身份、更以婆婆的立场对唐婉大加训斥，责令她以丈夫的科举前途为重，淡薄儿女之情。

但陆、唐二人情意缠绵，无暇旁顾，情况始终未见显著的改善。陆母因之对儿媳大起反感，认为唐婉实在是唐家的扫帚星，将把儿子的前程耽误殆尽。于是她来到郊外无量庵，请庵中尼姑妙因为儿、媳卜算命运。妙因一番掐算后，煞有介事地说："唐婉与陆游八字不合，先是予以误导，终必性命难保。"陆母闻言，吓得魂飞魄散，急匆匆赶回家，叫来陆游，强令他道："速修一纸休书，将唐婉休弃，否则老身与之同尽。"这番话，无疑晴天忽起惊雷，震得陆游不知所以。待陆母将唐婉的种种不是历数一遍，陆游心中悲如刀绞，素来孝顺的他，面对态度坚决的母亲，除了暗自饮泣，别无他法。

迫于母命难违，陆游只得答应把唐婉送归娘家。这种情形在今天看来似乎不合常理，两个人的感情岂容他人干涉。但在崇尚孝道的中国古代社会，母命就是圣旨，为人子的不得不从。就这样，一双情意深切的鸳鸯，行将被无由的孝道、世俗的功利和虚玄的命运八字活活拆散。陆游与唐婉难舍难分，不忍就此一去，相聚无缘，于是悄悄另筑别院安置唐婉，有机会就前去探望，诉说相思之苦。无奈纸总包不住火，精明的陆母很快就察觉了此事。严令二人断绝来往，并为陆游另娶一位温顺本分的王氏女为妻，彻底切断了陆、唐之间的悠悠情丝。

无奈之下，陆游只得收拾起满腔的幽怨，在母亲的督教下，重理科举课业，埋头苦读了三年，在27岁那年只身离开了故乡山阴，前往临安参加"锁厅试"。在临安，陆游以他扎实的经学功底和才气横溢的文思博得了考官陆阜的赏识，被荐为魁首。同科试获取第二名的恰好是当朝宰相秦桧的孙子秦埙。秦桧深感脸上无光，于是在第二年春天的礼部会试时，硬是借故将陆游的试卷剔除，使得陆游的仕途在一开始就遭受了风雨。

礼部会试失利，陆游回到家乡，家乡风景依旧，但人面已新。睹物思人，心中倍感凄凉。为了排遣愁绪，陆游时时独自倘佯在青山绿水之中，或者闲坐野寺探幽访古；或者出入酒肆把酒吟诗；或者浪迹街市狂歌高哭，过着悠游放荡的生活。

在一个繁花竞妍的春日晌午，陆游随意漫步到禹迹寺的沈园。沈园是一个布局典雅的园林花园，园内花木扶疏，石山耸翠，曲径通幽，是当地人游春赏花的一个好去处。在园林深处的幽径上迎面款步走来一位锦衣女子，低首信步的陆游猛一抬头，竟是阔别数年的前妻唐婉。在那一瞬间，时光与目光都凝固了，两人的目光胶着在一起，都感觉到恍惚迷茫，不知是梦是真，眼帘中饱含的不知是情、是怨、是思、是怜。

此时的唐婉，已由家人做主嫁给了同郡士人赵士程。赵家系皇家后裔、门庭显赫，赵士程是个宽厚重情的读书人，他对曾经遭受情感挫折的唐婉表现出诚挚的同情与谅解，使唐婉饱受到创伤的心灵已渐渐平复，并且开始萌生新的感情苗芽。

这时与陆游的不期而遇，无疑将唐婉已经封闭的心灵重新打开，里面积蓄已久的旧日柔情、千般委屈一下子奔泻出来，柔弱的唐婉对这种感觉几乎无力承受。而陆游，几年来虽然借苦读和诗酒强抑着对唐婉的思念，但在这一刻，那埋在内心深处的旧日情思不由得涌出。

四目相对，千般心事、万般情怀，却不知从何说起。这次唐婉是与夫君赵士程相偕游赏沈园的，那边赵士程正等她用餐。在好一阵恍惚之后，已为他人之妻的唐婉终于提起沉重的脚步，留下深深的一瞥之后走远了，只留下了陆游在花丛中怔怔发呆。

和风袭来，吹醒了沉在旧梦中的陆游，他不由得循着唐婉的身影追寻而去，来到池塘边柳丛下，遥见唐婉与赵士程正在池中水榭上用餐。隐隐看见唐婉低首蹙眉，有心无心地伸出玉手红袖，与赵士程浅斟慢饮。这一似曾相识的场景，看得陆游的心都碎了。昨日情梦，今日痴怨，尽绕心头，感慨万端，于是提笔在粉壁上题了一阕《钗头凤》。

随后，秦桧病死。朝中重新召用陆游，陆游奉命出任宁德县立簿，远远离开了故乡山阴。第二年春天，抱着一种莫名的憧憬，唐婉再一次来到沈园，徘徊在曲径回廊之间，忽然瞥见陆游的题词。反复吟诵，想起往日二人诗词唱和的情景，不由得泪流满面，心潮起伏，不知不觉中和了一阕词，题在陆游的词后。

唐婉是一个极重情谊的女子，与陆游的爱情本是十分完美的结合，却毁于世俗的风雨中。赵士程虽然重新给了她感情的抚慰，但毕竟曾经沧海难为水。与陆游那份刻骨铭心的情缘始终留在她情感世界的最深处。自从看到了陆游的题词，她的心就再难以平静。追忆似水的往昔、叹惜无奈的世事，感情的烈火煎熬着她，使她日臻憔悴，抑郁成疾，在秋意萧瑟的时节化作一片落叶悄悄随风逝去。只留下一阕多情的《钗头凤》，令后人为之唏嘘叹息。

此时的陆游，仕途正春风得意。他的文才颇受新登基的宋孝宗的称赏，被赐进士出身。以后仕途通畅，一直做到宝华阁侍制。这期间，他除了尽心为政外，也写下了大量反映忧国忧民思想的诗词。到75

岁时，他上书告老，蒙赐金紫绶还乡了。陆游浪迹天涯数十年，企图借此忘却他与唐婉的凄婉往事，然而离家越近，唐婉的影子就越萦绕在他的心头。此番倦游归来，唐婉早已香消玉殒，自己也已至垂暮之年，然而对旧事、对沈园，他依然怀着深切的眷恋。他常常在沈园幽径上踽踽独行，追忆着深印在脑海中的那惊鸿一瞥的一幕。

2）沈复与芸娘的美满姻缘

芸娘是清代文学家沈复的妻子，清嘉庆年间，沈复在《浮生六记》中，用了最亲切、最温柔、最简净、最美丽的文字，将其描画成了读书人心目中最可爱的女子。

芸娘年幼时就能背诵《琵琶行》，随手闲拈就成锦囊佳句，颇有诗才。芸娘幼年时父亲早亡，她便凭借女工针指供养家庭。而且，"瓜蔬鱼虾，一经芸手，便有意外味"。可见芸娘有一双巧手，不仅极具才情，而且生活上也很有能力。是一个秀外慧中，聪明灵巧的女子。

芸娘与沈复是两小无猜，青梅竹马。婚后，两人是情意相笃，举案齐眉。两个人曾同刻"愿生生世世为夫妇"的图章，希望爱情长长久久，生生世世。

芸娘的痴情，还在于与沈复生性的浪漫相投，甚至到了背离世俗的地步。她与沈复乔装同游妓馆，见有女名憨园，好似"一泓秋水照人寒"，而且颇知文墨，芸娘于是动了爱美之心，竟千方百计地要给沈复娶来为妾。这种举动，不仅得不到翁姑的赞同，甚至被诗礼之家逐出家门。

嘉庆八年(1803年)三月三十日，芸娘病逝，沈复变卖所有家产，葬芸娘于扬州城外的金匮山。此后，沈复常到爱妻墓冢前哭坐良久，怅然若失的他此后浪迹天涯，终身未再娶。

竞技玩乐

中国人的雅致生活

第一章　戏曲说唱

1. 戏曲——梨园观戏人如簇

戏曲是集歌舞说唱于一体的表演形式，古朴粗犷的先秦歌舞，妙趣横生的俳优滑稽表演，熙熙攘攘、琳琅满目的百戏散乐，多姿多彩的唐代歌舞参军戏，为戏曲的最后形成准备了条件。

在我国南方，尤其是楚地(今湖北、湖南一带)，信鬼好祀，巫风普遍，祭祀歌舞十分兴盛。当时，有人专门掌管祭祀歌舞，女的称为巫，男的称为觋，他(她)们都是能歌善舞之辈。每当举行占卜祭祀仪式时，他(她)们装神弄鬼，且歌且舞，娱神娱人。伟大的爱国诗人屈原的《九歌》，便是在民间祭祀的巫舞歌词基础上创造出来的。《九歌》中，有腾云驾雾的神龙，有痴情缱绻的湘妃，有忧郁伤感的大司命，有沉默惆怅的少司命，有风流多情的河伯，有神秘情挚的山鬼，有勇于捐躯的国殇……神异诡谲，雄奇瑰丽，其中已经有了故事、角色的萌芽，有了简单的装扮和象征性的表演，也就是说，在古巫的祭祀歌舞中已经孕育了戏剧的萌芽。

中国戏曲是综合性艺术，歌、舞固然重要，表演亦不可缺。歌、舞侧重表现情感意趣，表演长于搬演故事。最早的表演可以追溯到先秦的俳优(又称倡优、伶优)，他们是从巫觋分化出来的。巫觋娱神也娱人，而俳优则由娱神转向娱人。优人能言善辩，滑稽多智，具有高超的语言技巧和模仿表演才能。既能为君主、诸侯、贵族提供声色之娱，又善于拐弯抹角地进行"诡谏"。司马迁《史记·滑稽列传》里便记述了几则优人"诡谏"的故事。

有一天，秦始皇忽发奇想，要把皇家苑囿扩充千百里。满朝文武唯唯诺诺，侏儒优人优旃假装赞成，并建议说："把苑囿搞得大大的，里面再多养些麋鹿。"秦始皇不明其意，听优旃一本正经地说下去："敌人来了，就让麋鹿抵挡，大王便可高枕无忧了。"谁都知道麋鹿不能抵挡敌人，秦始皇慢慢品出他的弦外之音，放弃了扩充苑囿的计划。秦始皇死后，他的儿子秦二世竟然生出"油漆长城"，以防匈奴入侵的荒唐念头。优旃故意对二世说："您这个主意真是太妙了！城墙漆得又光又亮，敌人甭想爬上来。只是油漆后不能曝晒，必须搭上凉棚阴干，这么长的棚可不容易搭起来呀！"秦二世听罢，无可奈何地笑了笑，打消了劳民伤财的漆城念头。

到了隋代，百戏散乐的规模和声势更大。隋炀帝好大喜功，追求排场。他开运河，乘龙舟，游江南，建迷楼，观歌舞，以满足声色之娱。为夸耀王朝的强大富有，每年正月万国来朝的时候，便调集四方散乐，齐集东都洛阳。数万名衣着锦绣、插花佩环的乐人，在锣鼓声中载歌载舞，排满八里多长的戏场。黄龙变、神鳌负山、幻人吐火等千变万化，通宵达旦。规模之庞大，气氛之热烈，实为空前。

唐代因为有了帝王的加入和梨园的产生，戏曲越来越具有规模，并且职业的戏班艺人也逐渐多了起来。后唐庄宗李存勖，像唐玄宗一样能知音唱曲，风流自赏，取名"李天下"，被后世戏曲艺人尊为戏神。李存勖和优伶关系至密，《五代史·伶官传》记载了他和当时有名的伶工敬新磨之间的故事。有一次，庄宗和群优在庭院内游戏时，环顾四周，大呼曰："李天下！李天下在哪里？"敬新磨急忙走上前去，给了庄宗一个耳光。庄宗惊愕失色，周围的人无不十分恐惧，齐声质问道："你为什么抽天子的耳光？"敬新磨从容答道："李天下只有一个，他就是李天下，还叫何人？"一句话逗得大家都笑起来。庄宗大喜，不仅没有怪罪敬新磨，反而给他丰厚的赏赐。

明代中叶以后，戏曲艺术空前繁荣，在上海地区，地主士绅、豪商巨贾、地方显户大凡逢年过节或家庭喜庆宴客，必演剧助兴。演员有本府蓄养的女乐、家班梨园，也有受雇前来献艺的职业戏班艺伶。多以厅堂铺设一红路充作舞台，或私家园林中之戏楼、舞榭及打唱台为表演场所。爱好戏曲的封建士绅阶层，大都精通音律，其中不乏江南剧作名家，能自制传奇作品供伶人排演，有的还能歌善演，亲自粉墨登场，对后世较有影响。明嘉（靖）隆（庆）年间，松江何元朗宅蓄女乐一班，长于歌舞戏曲。何每令之呈艺于红路之上，以款待文友，或延民间职业戏班艺人入府演唱，以宴客娱宾。明万历年间，青浦知县屠隆曾自制《昙花记》传奇一部，令家班梨园搬演于戏厅，在排演或观剧过程中，兴之所至，屠本人亦欣然登场，与伶辈同台串戏。

这一时期，上海士绅府第的堂会演剧亦颇为频繁。据潘允端《玉华堂日记》中记述，在潘府豫园（系明万历年刑部尚书潘恩晚年游憩之所）蓄有家乐梨园一班24人，并歌妓多名。自明万历十四年（1586年）至万历二十九年（1601年）的这15年间，因家庭喜庆、家人消闲娱乐或宴客应酬之需，在点春堂、乐寿堂和西园戏台等处演出的堂会戏不下80次。演出者除家乐、戏班和歌舞外，尚有当时民间流行的各种声腔的戏班,这些民间职业戏班艺人分别上演了《宝剑记》、《精忠记》、《荆钗记》、《玉环记》、《明珠记》等20多种昆腔全部大戏,还有不少以弋阳腔系诸声腔演唱的杂剧折子戏和单出歌舞小戏。

2. 说话——蹉跎光阴听话移

说话与后世的说书略同,就像我们现代的评书一般。从事说话的艺人称为说话人。"说话"一词乃隋唐以来的习语,"话"即口头述说的故事,也称为"话本",就像讲故事一样。古代百姓听得最多的大约就是前朝的历史故事,以及民间流传的一些神话传说。

说话作为一种民间伎艺,兴起于唐代。唐代佛教盛行,佛教寺院中流行的俗讲,多为历史故事和民间故事一类的变文。唐代除这种说唱性质的俗讲外,在民间已经产生了说话伎艺。最初百姓只是觉得在寺院听俗讲很有意思,然而,平日里总是辛勤劳作的民众不可能每日都定时到寺院去聆听,而听故事解闷又是劳动一天的人们茶余饭后的消遣,基于这样的需求,专业的说话人就产生了。唐元稹《酬翰林白学士代书一百韵》有"翰墨题名尽,光阴听话移"的诗句,原注云:"乐天每与予游从,无不书名屋壁。又尝于新昌宅说《一枝花》话,自寅至巳犹未毕词也。"《一枝花》就是白行简所写传奇小说《李娃传》的故事。说这一故事时,"自寅至巳犹未毕词",可见其不像《李娃传》那样粗略,必然极尽增饰铺衍之能事,从而可知当时的说话艺术已十分生动细腻。安史之乱以后,说话伎艺开始流入宫廷。唐玄宗退位以后,每日都与高力士听讲经和用文饰的语句讲述的历史故事。

宋代随着商业的繁荣，城市的扩展，市民阶层的迅速壮大。为适应市民阶层的要求，城市里遍立瓦肆勾栏以为娱乐场所，其中最流行的伎艺便是说话，于是说话开始繁荣起来。当时说话分为四家，即小说、说公案及铁骑儿、说经说参请、讲史书。小说，一名银字儿，由银字笙或银字觱篥伴奏而得，多说唱烟粉、灵怪、传奇等类哀艳动人的故事；说公案及铁骑儿，自然说的是朴刀杆棒、铁马金戈的故事，与银字儿可说一文一武；说经说参请，指演唱佛经及参禅悟道的故事；讲史书，即讲说历代争战兴亡，多为长篇评话，其中，《三国志平话》《五代史平话》等至今我们都可读到。

说话中，最能够吸引人兴趣的还是讲史和小说。据《都城纪胜》记载："最畏小说人，盖小说者能以一朝一代故事，顷刻间提破。"就是指小说家不受书史文传的局限，能够集中描写故事，人物形象也刻画得生动活泼。不论是长篇讲史还是短篇话本，穿插敷衍，浓淡相间，引人入胜。

说话艺术是又说又唱的表演艺术，即"曰得词，念得诗，说得话，使得砌"。"词"和"诗"就是用来唱的，"话"是散说，"砌"类似戏曲里的插科打诨。最能全面概括说话艺术成就的是罗烨在《醉翁谈录》里所称：

小说纷纷皆有之，须凭实学是根基。开天辟地通经史，博古明今历传奇。

蕴藏满怀风与月，吐谈万卷曲和诗。辩论妖怪精灵话，分别神仙达士机。

涉案枪刀并铁骑，闺情云雨共偷期。世间多少无穷事，历历从头说细微。

这里，罗烨从题材内容，到艺术特色，对说话作了一个完整的总结。

另外，也有一些无名的说话艺人进不了勾栏，只在城市广场上和乡村做场献艺，叫作"打野呵"；此外，还有在茶肆、庙会、私人宅第中献艺者。苏轼《东坡志林》记载："涂巷中小儿薄劣，其家所厌苦，辄与钱，令聚坐听说古话。至说三国事，闻刘玄德败，颦蹙有出涕者；闻曹操败，即喜唱快。"可见好的说话表演已经能够彻底地带动听者的喜怒哀乐。

到了元明两代，说话伎艺仍很流行，但以讲史为最盛。元代以后，讲史别称"平话"，都是讲历史故事，以散说为主不须弹唱，与清代以后的评话、评书相同。另有弹唱的"词话"，有说有唱，题材则较广泛，既有讲史，也有传奇、公案之类。由于宋元说话的盛行，元明之间便有文人收集话本后厘定加工、刊印流行。特别是施耐庵的《水浒传》、罗贯中的《三国演义》等书，重新结构，首尾完整。明代以后，反映历史和现实的通俗演义小说刊印甚多，有的是借助于说话艺人在书场上渲染积累起来的历史故事，参酌史乘及野史笔记加工写成；有的则是小说刊行在先，然后才有艺人加以渲染演述，如明代的《英烈传》。到明末清初，江南说书艺术家柳敬亭以精湛的伎艺风靡一时，为近代评话艺术开了先河，并被现代的南方评话、北方评书界共同尊奉为祖师。

3. 鼓词弹词——负鼓盲翁正作场

1）鼓词

鼓词的名称起于明代，今存明代鼓词作品有《大明兴隆传》、《乱柴沟》等，演唱情况则缺乏记载。清代初年以后，鼓词演唱开始兴盛。

北方鼓词有两种演唱方式：一种是艺人自击鼓板，无乐器伴奏，主要流行在农村，以说唱中篇鼓书为主，也有一些短段儿书；曲词采取上下句反复的诗赞体，曲调比较朴拙。另一种是艺人自弹三弦说唱的，称为"三弦书"或"弦子书"，农村和城市都有流传。曲词有诗赞体和乐曲体两种。清康熙年间李声振《百戏竹枝词》有咏"鼓儿词"一首，注释说："瞽者唱稗史，以三弦弹曲，名'八板'以按之。"这种以"老八板"乐曲演唱的鼓词，一直到乾隆年间还在流行。据《霓裳续谱·留神听》中一曲描写盲艺人在街头演唱的鼓词，"弦子书"除弦子外，还有琵琶、筝、拉琴伴奏。嘉庆以后，又有以"太平年"乐曲演唱的鼓词，今存有木刻本《白宝柱借当》、《李方巧得妻》、《绣鞋记》等多种。中篇和短篇的曲词，内容以民间传说和戏曲故事的题材为多。诗赞体的鼓词，内容以长篇讲史的题材为多，今存有大量的刻本、抄本、石印本，如《梅花三国》、《西唐传》、《北

唐传》、《杨家将》、《呼家将》等。鸦片战争以后，农村中以鼓板击节而唱的艺人和弦子书艺人逐渐拼档演出，形成近代艺人自击鼓板并有三弦伴奏的大鼓书。

南方鼓词，另有源流。清初至乾隆年间，有流传于江苏省扬州地区的"扬州鼓词"，说唱时采用鼓、琴合奏的形式，但不甚盛行。据清李斗《扬州画舫录》记载："大鼓书始于渔鼓简板说孙猴子，佐以单皮鼓檀板，谓之段儿书；后增弦子，谓之靠山调。此技周善文一人而已。"扬州鼓词后来已不传。浙江的温州鼓词相传始于明代，源于祀神时演唱的"唱太平"、"灵经"、"娘娘词"，曲调由古代的词曲和当地的民间小调发展而成。浙江还有丽水鼓词、永康鼓词，都以当地民间曲调演唱，至今仍在流行。

在近人著述中，有鼓词源于唐代变文，或源于元、明两代词话的说法。由于古代对说唱艺术的称谓多是一种通称，所以历代说唱艺术的传承、流变关系很难详细考察。鼓词也是若干体制相近的曲艺形式的通称，即如所用的鼓就有扁鼓、战鼓、单皮鼓、小鼓多种，曲调源流也因地而异。直到现代，才形成源于鼓词的品种繁多的鼓书类曲种，并各有专称。

2）弹词

弹词，也叫"南词"，是明、清两代流行的曲艺形式。在明代，南方、北方都有弹词流传。到清代，北方仍有弹词。

弹词的内容比较贴近于百姓生活，因此受到了人们的欢迎。它们在城市演唱，观众主要是妇女及下层的轿夫和苦力工人。据说乾隆时期，乾隆皇帝下江南第一次在茶馆里听到了弹词，听得如痴如醉，回京时将一个弹词艺人也带回了宫里，但最后又特准她回到了江南，仍在茶馆里演唱，弹词因此在民间流行开来。

弹词的演出至为简单，二三人、几种乐器即可（甚至可以是单人演出），而一个本子又可以说得很长，这种特点使之适宜成为家庭的日常娱乐，弹词的文本也宜于作为一种消遣性的读物。一些家庭地位较高的妇女，既无劳作之苦，又极少社交活动，生活极为无聊，于是，听或读弹词成为她们生活中的喜好。清代弹词的兴盛也与这一背景颇有关系，许多弹词的写作都有这方面的针对性。如《天雨花》自序说："夫独弦之歌，易于八音；密座之听，易于广筵；亭榭之流连，不如闺闱之劝喻。"《安邦志》的开场白云："但许兰闺消永昼，岂教少女动春思。"都说明了这一点。许多有才华的女性也因此参与了弹词的创作，既作为自娱娱人、消磨光阴的方式，也抒发了她们的人生感想。一些著名的作品，如《再生缘》、《天雨花》、《笔生花》、《榴花梦》等均出于女性作家之手，这些弹词演唱出来后另有一番情趣。

4. 相声——说学逗唱嘴一张

相声艺术是一种贴近生活、服务社会、为人们所喜闻乐见的艺术形式，至少已有2000多年的历史。相声在形成过程中，广泛吸取了口技、说书等艺术之长，寓庄于谐，以讽刺笑料表现真善美，以引人发笑为艺术特点，以"说、学、逗、唱"为主要艺术手段。据载，相声最早形式是由"俳优"这种杂戏派生出来的。"俳优"多在宫廷里演出，用诙谐的说话，尖酸、讥讽的嘲弄，以达到惹人"大笑捧腹"而娱人的目的。

需要说明的是，相声的艺术形式又和汉晋时期的"参军戏"密不可分。说到"参军戏"，不能不提到汉晋时期的一位馆陶县令。东晋石勒时期，馆陶县令叫周延，此人素性极贪，有一次竟然贪污私藏官绢数百匹，结果被查知后逮入狱中。后虽然被释放出狱，但石勒并没有彻底饶恕他。每遇群臣集会，石勒就让周延戴着书生巾、穿着黄绢单衣，跟穿一样服装的优伶（演员）一起调笑。优伶问他："你是什么官？会夹杂在我们优伶中间？"周延按照事先安排一边答道："我本是馆陶县令。"一边又抖动自己的衣服说道："正是因为犯了这样的罪行（指贪污官绢）才被罚为优伶，跟你们一起表演。"这种表演形式很奇特，场面也很令周延尴尬，但却十分滑稽可笑。后来，周延官升至参军，所以这种表演形式就被称作"弄参军"，也称"参军戏"。

（参军戏俑）

"参军戏"后来在唐、宋颇为流行。最初仅为一节目名称，后来逐渐发展为一种百姓喜闻乐见的艺术形式。演出中，一般有两个角色，一为"参军"，一为"苍鹘"，两人一问一答，即兴表演，以滑稽讽刺为主，有时加上一些滑稽动作，最后总是参军说得不对，苍鹘要打参军，很有点类似现代的化妆相声，也与我们现今相声中的捧哏和逗哏有异曲同工之妙。参军相当于逗哏，苍鹘相当于捧哏。所不同的是，"参军戏"是通过人物装扮并按照一定情节进行表演的。

"参军戏"的出现中滑稽戏表演艺术的一个很大进步。据唐朝段安节的《乐府杂录》记载：演员李仙鹤的"参军戏"演得很精彩，唐玄宗十分喜欢，还赏给他一个"同正参军"的官衔，让他吃上了皇粮。另高彦修的《唐阙史》也载有一段故事。唐朝咸通年间，有优人（即演员）李可及口才极好，他演出的"参军戏"《三教论衡》很是出名。有一次，朝廷举行宴会，先是僧人和道士讲佛论道，接着是俳优们表演"参军戏"。李可及身着宽衣大带，戴着高高的帽子，宛然一个饱学之士，装模作样地踱着四方步坐到讲坛上。开口说话后，他毫不客气地自夸学问渊博，能够评论释、道、儒三教。坐在他旁边的人（苍鹘）看不起他，问道："既然你这么大的学问，那你可知道释迦如来是什么人？"他回答："释迦如来原是一位妇人。"问的人显出很吃惊的样子："何以见得？"李答："《金刚经》上说，'敷座而坐。'如果他不是个妇人，为什么要等丈夫坐了自己才坐呢？"旁边的人又问："太上老君是什么人？"他回答："也是个妇人。"问的人又显出大吃一惊的样子，他则慢吞吞地说："《道德经》上说，'吾有大患，是我有身。及我无身，吾复何患？'（其原意是，我最大的忧患是有我自己身体的存在，到没有我自己身体存在的时候，我还有什么忧患呢？）他若不是妇人，为什么担忧有娠（意为妇女怀孕）呢？"问者又问："孔夫子是什么人？"李答："也是一位妇人。"问者又是大为不解："这是为什么？"李答："《论语》上说，'沽之哉，沽之哉，吾待贾者也。'孔子若不是妇人，为什么要等待出嫁（嫁与贾两字谐音）呢？"逗得全场人大笑，唐懿宗很欣赏这段幽默表演，第二天就封李可及为环卫员外郎。

宋代时，群口相声很时兴。众所周知，单口相声是由一个演员表演，讲述笑话；对口相声则由两个演员一捧一逗，通常又有"一头沉"和"子母哏"两类；群口相声又叫"群活"，是由三个以上演员表演。表演工具有醒子（醒木）、扇子、手绢三样。基本功用：醒子——单口相声开场敲击醒子，用来提醒观众，引人注意；扇子——天热的时候扇扇；手绢——擦汗。但是，这三样东西在舞台上又有着其他的作用。醒子也是一个小道具，可以用来比喻某件东西。扇子用处较多，在演员的手中，扇子是刀、枪、剑、戟、斧、钺、钩、叉，十八般兵刃全在扇子上。同时扇子也是烟枪、烟袋、鼓槌、喇叭等，扇子几乎可以扮演舞台所有需要的道具。手绢用来化妆，包在头上，男的就是女的了。

清朝同治年间（1862—1874年），相声艺术在北京得到长足的发展，日渐成熟，并规定用北京方言表演，外地也偶有用地方方言的。据一些民间的老艺人说，在相声中有两段基本技巧练习的段子，一段叫"学四相"，即指学大姑娘、老太太、哑巴和聋子四种人的动作；另一段叫"学四声"，也就是学山东、山西、北京城里、城外四种地方话的声音。"相声"二字就是由"学四相"和"学四声"的尾字合成的。

第二章 休闲玩宠

1. 马戏——衔杯劝酒马飞驰

马术技巧在我国起源颇早，在周代已有了驯马的专门技术。周代设有专门为王室养马的中大夫二人，他们率先掌握"辨六马之属"的知识。王室的专职驯马师称为"趣马"，教练马的行走、停止、前进、后退、小跑、大跑等六个基本动作，谓之"六节"。当时驯马师中已涌现出伯乐、方九皋那样的相马专家，王室的马已被训练到可以配合不同乐曲跑出不同速度的程度。这样，将马术引入娱乐的条件已经具备。

战国时期，齐国盛行赛马活动，其中就有马戏表演的成分。齐景公十年，齐国卿大夫利用太庙祭祀的机会，联合驱逐庆氏家族。庆氏以甲士保卫自己，他的政敌陈氏、鲍氏则以圉人表演优戏，吸引庆氏甲士的注意力，惊扰庆氏的战马，以瓦解其战斗力。这里的圉人即养马人，他们精通驯马和马术。"圉人之优"不是一般的滑稽表演，而是马上的优戏，即马戏表演。

三国之时，马戏表演也很普遍。《魏书·甄皇后传》

说甄皇后"年八岁,外有立骑马戏者,家人皆上阁观之,后独不行"。

唐代是马戏最为兴盛发达的时期。唐帝国重视马,设立了养马机构。太宗、玄宗、诸王乃至杨贵妃姐妹均喜好驰马骑射。上有所好,刺激了马术的发展,技术日见精湛。舞马是盛唐独特的一种马戏节目,也是我国古代驯兽水平的最高体现。它不同于人骑在马上的马技,而是训练马自身翩翻起舞表演各种动作。唐开元、天宝年间,舞马的规模极其盛大。千秋节是唐代最为盛大的庆会,庆会上,一百匹马的舞马表演极为壮观,这百匹骏马要随着音乐节奏,奋首鼓尾,欢腾舞蹈,步伐整齐。在舞马达到高潮时,有少年骑手骑马出场,跃上三层重叠起来的"画床",马载着人在小榻上旋转如飞,最后由大力士出场把画床双手托起,床上马仍舞跃蹄踏,杜甫诗中所说的"舞马解登床"就是指的这个节目。马舞毕之后,向四方跪拜、行礼,甚至还衔杯劝酒,称为"舞马衔杯"。

唐代马戏表演中,马越刀山的"透剑门伎"则更为精彩。表演"透剑门伎"时,地上倒插刀剑,间隔分成几组,有如房椽,寒光闪闪,令人望而却步。表演者驾乘小马,奔腾跳跃,飘忽而过,人马无伤。据史料记载,当时宣武军有一小将善为此伎,不幸的是,这位小将在一次表演时,忽然风起马惊,失序触剑,"人马皆毙于刃下"。

到了宋代，马戏伎艺更为成熟，表演技巧精湛高超。在东京汴梁（今河南开封）给皇帝表演马戏时，就有引马、立马、骗马、跳马、倒立、拖马、飞仙膊马、镫里藏身、赶马等多种多样的马上功夫。宋代还出现了很多马戏艺人，他们走街串巷，把生动的马戏技艺展示给了底层百姓。当时，马戏艺人一般是在马背上耍弄刀剑，有的还在马背上表演力技、"舞轮"或耍大刀。其中的"旋风旗"是表演者骑在奔驰的马上，舞弄一个插满十多面彩色小旗的轮子，五彩缤纷，煞是好看。

清代的马戏又有新的创造。咸丰皇帝每到正月十五日，都要观看马戏表演，马戏表演者则趁此机会大显身手，"有一足立鞍镫而驰者，有扳马鞍步行而并马驰者，有两人对面驰来各在马上互换者，有甲腾出乙在马上戴甲于首而驰者，曲尽马上之奇"。其中，有一种叫作"猿骑"的十分精彩。在飞奔的马背上，演员化装成全身披毛的猿猴站立马头，时而镫里藏身，马腹探海；时而手握马尾，腾身而上，但却"马走如故"，其灵巧敏捷与猿猴无异，其平衡技巧十分高超，甚至能一只脚站在摇晃不定的马背上写字！

2. 斗鸡——斗鸡走马胜读书

1）斗鸡轶闻

斗鸡之戏来源甚久。《左传·昭公二十五年》云："季、郈之鸡斗，季氏介其鸡，郈氏为之金距。"时在公元前517年。季平子、郈昭伯是春秋末期鲁国的贵族，他们在斗鸡时，把芥子末抹于鸡之肩腋，两鸡斗到疲倦的时候，互相盘旋，伺机而动，然后互刺双方的头和腋下。在翻身相啄之时，身上带有芥子末的斗鸡能够眯敌鸡之目，

（斗鸡剪纸）

以此来取胜。所谓"金距"，是金属做的像爪子一样的薄刃，用钩状的小柄绑在鸡距上，当斗鸡用脚爪奋击之始，一挥距，甚至能把对方斗鸡的头给切断。这种斗鸡的手段是从番邦传入中原的，手段甚是狠毒，"金距"能在斗鸡开始取胜，"芥肩"可以在快结束的时候使情况逆转。看来，古代人在斗鸡时是使出了浑身解数的。《战国策·齐策》云："临淄甚富而实，其民无不吹竽鼓瑟、击筑弹琴、斗鸡走犬、六博蹋鞠者。"这是齐宣王向纵横家苏秦炫耀齐国繁盛的话。这说明齐人虽未必都斗鸡，但至少齐国有斗鸡之戏。

另外，在《庄子·达生》里，也记载了一个驯鸡能手纪渻子为周宣王训练斗鸡的故事。纪渻子为王养斗鸡，十日而问："鸡已乎？"曰："未也，方虚骄而恃气。"十日又问，曰："未也，犹应向景。"十日以问，曰："未也，犹疾视而盛气。"十日又问，曰："几矣，鸡虽有鸣者，已无变矣，望之似木鸡矣，其德全矣。异鸡无敢应者，反走矣。"纪渻子认为，比赛用的鸡必须完全去掉虚骄和意气，见到其他鸡的影子应视而不见，对于敌方不怒目而视和盛气凌人，看起来像木鸡一样静寂淡漠，这样才算是德性完美。如此毫无好胜之心的鸡，才能够无所不胜。此中不但有训练斗鸡的丰富实践经验，还包含着深刻的哲理。

到了汉代，人们把斗鸡视为重要的消闲方式。现在从考古出土的汉代石刻、画像砖上，能够见到各种斗鸡图，可以说是当时社会生活的真实写照。刘邦的父亲爱好斗鸡，刘邦称帝后将父亲也接到长安来，时间长了久居深宫，这位太上皇变得郁郁寡欢。刘邦偷偷地问身边的仆人这是什么原因，原来刘邦是平民出身，他的父亲所结交的都是一些市井小民，平日里做些小生意，闲暇时就以斗鸡蹴鞠这样的活动取乐，现在住在宫里玩不到这样的活动，所以才会快快不乐。为使父亲快乐，刘邦特地在长安按家乡原样重建住宅，并把那些斗鸡的老友也都迁到了长安来，这才使父亲重新开心起来。自此，汉家王孙公子、富家子弟皆有斗鸡之好，斗鸡成为了一种时尚。

南北朝时，局势尽管动荡，斗鸡并未稍停。南齐郁林王喜好斗鸡，曾花数千倍价钱购买斗鸡。北齐幼主高恒，继位仅一年就亡国，毫无政绩可言，却因嗜好斗鸡走狗而名垂史册。《北齐书·幼主纪》说他是"犬于马上设褥以抱之，斗鸡亦号开府，犬马鸡鹰多食县干"。高恒规定，斗鸡可吃国家俸禄，还对斗胜之鸡授封官爵，类同于官吏选拔。此时，有许多描写斗鸡的诗作，如梁朝萧纲在《斗鸡篇》中把斗鸡当作春游的最佳节目："玉冠初惊敌，芥羽忽猜俦。十日骄既满，九胜势恒遒。脱使田饶见，堪能说鲁侯。"陈朝褚玠在《斗鸡东郊道》诗中描写当时斗鸡的情景是："锦毛侵距散，芥羽杂尘生！"后周王褒在《看斗鸡》诗中兴奋地形容了斗鸡的激烈场面："躞蹀始横行，意气欲相倾。妒敌金芒起，猜群芥粉生。入场疑挑战，逐退似追兵。谁知函谷下，人去独开城。"

唐代是斗鸡之风特别盛行的时代，这时，出现了著名的"斗鸡

皇帝"——唐玄宗李隆基。唐玄宗很早就迷上了斗鸡游戏，当上皇帝后便下诏在宫中建起"皇家鸡坊"，有书载其"索长安雄鸡，金毫、铁距、高冠，昂尾千数，养于鸡坊"。这上千只从各地搜寻到的高冠健距、羽毛美丽的雄鸡，交给五百名"六军小儿"进行饲养驯化，使唐代成为古代饲养斗鸡的鼎盛时期。

每届清明节、千秋节（农历八月初五李隆基生日）及大型宴乐之际，唐玄宗便向群臣与宫人展示皇家斗鸡。此时，乐队高奏类似西班牙斗牛曲的欢快乐曲，群臣聚集一堂，后宫佳丽悉数伴随唐玄宗粉墨登场，场面极为壮观。斗鸡过程严格按照平素训练中的程式展开，群鸡由斗鸡首领贾昌指挥，开斗时列队上场，像团体操表演；斗完后也得按顺序退回。其组织之严密，训练之有素，不得不让人惊叹！

斗鸡首领贾昌原本是一个斗鸡技艺高超的小孩儿，唐玄宗成立"皇家鸡坊"时，命他为鸡坊首领，封为"衣食龙武军"，召入宫中专职训鸡，那五百"六军小儿"均听其差遣，"天下号为神鸡童"。唐玄宗对其常有"金帛之赐"，富贵荣耀一时，连其父也因此受封。当时民间有歌谣云："生儿不用识文字，斗鸡走马胜读书。贾家小儿年十三，富贵荣华代不如。"

唐玄宗喜爱斗鸡，朝野上下便纷纷仿效，使斗鸡活动风靡一时，达到极致。玄宗时期的诸王世家、当朝重臣、地方官吏、富家子弟，为买得一只极品斗鸡，不惜倾家荡产。民间许多妇女以饲养良种斗鸡谋生计，还有将劣等斗鸡设法扮装成极品出售的，有点类似于当今的假冒伪劣产品。

唐代杜甫《斗鸡》诗云："斗鸡初赐锦，舞马既登床。帝下宫人出，楼前御柳长。"李白《古风》诗云："路逢斗鸡者，冠盖何辉赫。

鼻息于虹霓，行人皆怵惕。"都反映了唐代统治者对斗鸡之戏的沉湎。因为唐代斗鸡的影响巨大，人们甚至以此来比喻那些凶恶的人。王仁裕曾评价李林甫"为性狠戾，不得士心，每有所行之事，多不协群议，而面无和气。国人谓林甫精神刚戾，常如'索斗鸡'"。

宋人斗鸡之风不减前人，但是风气渐从王公贵族普及至民间。梅尧臣《晚泊观斗鸡》诗云："舟子抱鸡来，雄雄跱高岸。"是说一般的船夫都爱好斗鸡。孟元老《东京梦华录》卷八说，民间社火演出的百戏，有"跳索、相扑、鼓板、小唱、斗鸡"，从此以后，斗鸡已经成为了一项全民的娱乐活动。

2）斗鸡调教

中国各地都有斗鸡，在民间，中原斗鸡、漳州斗鸡、吐鲁番斗鸡、西双版纳斗鸡被称为"中国四大斗鸡"。这里以中原斗鸡为例，中原斗鸡中，开封斗鸡最为出名。从北宋至今，开封的斗鸡活动一直盛行于民间。斗鸡爱好者在开封被称为"玩斗鸡"。玩斗鸡的人，多爱练武，又爱喝酒，义气深重，纪律严明。他们有一种不成文的传统，即"论道不论亲"。如果有人真正爱鸡，通过朋友介绍可以无偿赠送，但必须遵守帮规，即斗鸡只能自养而不能转让，更不能与其他的鸡交配繁殖。如果中途因故不能继续喂养，须将原鸡送回或自己杀吃，而鸡头、鸡爪则必须送还原主，以示信义。如果不是爱好者，只是为别人寻求，那么即使是至亲好友，也是空费口舌。所以玩斗鸡者对行外人是宁舍千金，不舍一蛋，更不要说鸡了。开封人爱鸡的程度，夸张的说法是"视鸡如子"。鸡的冷暖和营养，时刻牵挂着主人的心。鸡的饲料要淘了一遍又一遍，鸡的卧处要用筛细的煤渣铺成，冬季常做布罩为鸡保暖，甚至将鸡揣在自己怀里。这样做的目的，是为了保持鸡的健壮体格，使其具有勇往直前的战斗力。开封斗鸡的特

《斗鸡图》

点是鸡种纯,选种十分严格。斗鸡的父是谁,母是谁,它的前五辈人们都会精心记住。选种时,绝对不允许近亲交配。

人们喂养斗鸡的目的是为了"斗",所以除了选种有严格的标准和要求外,在喂养和训练上也有独特的管理方法。开封的斗鸡行家认为,如果有好品种的斗鸡,不注意喂养和训练,它将永远斗不出好的水平。小鸡长到9个月左右的时候,羽毛已经丰满,就可以开始初斗了。初斗的时间不宜太长,十几分钟即可,主要是观察其斗嘴与打技,对其做基本了解。初斗后20天左右,进行试斗,这一次时间稍长,以便鉴定其优劣状况,决定其是否有培养价值。鸡斗过的当天,用高度米酒涂擦斗鸡的受伤部位以防感染,然后给予定量饮水,以防产生内热而生病。2天后开始刷膘,即将鸡的浮膘和脂肪基本刷净。具体方法是:连续喂3天瓜果蔬菜,接着喂3天蔬菜伴少量高粱,再喂3天少量高粱,再继续喂3天适量高粱(较前次增加量),这样经过12天的喂养,鸡的浮膘和脂肪已被刷尽,即可转入训练阶段。

训练斗鸡是很有趣的,一般是7天时间。每日黎明,开始"撵鸡",把鸡抱到宽敞的场地上,用软布包裹的竹竿驱赶之,速度由慢到快,时间由短到长,然后使之休息、饮水。上午10点左右,再放鸡"散步",

让其自由活动。12点左右"喂食"，饱食后入罩休息。到下午3点左右开始遛鸡，遛鸡时要让它大走，既不能让它站立也不能让它大跑，时间一般为两个小时，然后让它入罩休息。一小时后再进行"训鸡"，让鸡作跳罩、蹲腿等各种姿势。晚上天黑前，加餐"补食"。到晚上9点时第二次投食，可喂一些营养价值较高的食物，然后开始夜练。每次喂食时将食物用瓢装好，设法让鸡围绕瓢转动、跑动、跳动，还要训练它啄食的快、准、狠。这样的训练可使斗鸡筋骨强壮，两腿有力，动作敏快，以利于打斗。7天训练结束后，让鸡休息8天就可参赛了。

每年农历正月初二是斗鸡的日子。农历二月二、三月三、四月四，也是斗鸡的好时候。除正月初二外，二、三、四月的比赛时间都不固定，一般都选在月初第一个星期天。日子选定后，就要选择斗鸡坑了。所谓"斗鸡坑"，是因斗鸡的场地低于四周地面而得名。开封的斗鸡坑从清末到民国一直在北部里城东门以外的广场上，现在多在龙亭公园、铁塔公园和相国寺内。每次斗鸡比赛时，斗鸡坑旁观者甚众，热闹异常。斗鸡坑的主持人叫"鸡头家"或"鸡头"，"鸡头"是斗鸡胜负的组织者，也是裁判员。双方斗鸡，先由"鸡头"说合，然后互相看鸡，叫作"搬眼"。原则是：个头、体重、鸡龄基本相同的才能相斗。鸡头发令："拉鸡！"双方抱鸡入场。"鸡头"再令："预备！"双方各抱鸡蹲于圈内，两鸡鸡头相照。"鸡头"喊："撒鸡！"双方同时放手，退出场外。斗鸡时，每一刻钟为一盘。斗过一两盘之后，经双方或一方要求，双方可以把鸡抱起，用浸湿的毛巾把鸡头和鸡喙内的淤血洗净，再冷敷其胸腹与两翅之下，以利于恢复体力、继续战斗。斗鸡坑有一条规矩，就是不论斗鸡如何精彩，都不准拍手叫好，以免生事。

有机会看一场开封斗鸡也是一件极有趣的事，两只身高体壮、浑身是劲的斗鸡被放进场内。其中一只顿时毛发竖起，以犀利目光搜寻到"敌方"后，便双腿跳起口啄腿蹬，向对方猛攻；对方也不甘示弱，奋起迎"敌"。只见一只脑后斜腿进攻，另一只扛胸拉尾应战，几个回合下来，双方丝毫无损，马上又后退几步，再度冲了过去……如此斗上几盘，直斗到对手卧地无力站立才肯罢休，于是胜利一方便振振翅膀，高叫一声，以示称雄。赛后，获胜的鸡与主人像凯旋而归的勇士一样接受观众的掌声。

3. 斗蟋蟀——秋斗促织正逢时

蟋蟀的赏玩在我国已有1000多年的历史。在唐朝，养蟋蟀还只是为了聆听它的鸣声，到了宋代，开始兴起斗蟋蟀。而南宋则是斗蟋史上最著名的时代。宋高宗赵构就喜欢看蟋蟀相斗，为此还下旨选送上等蟋蟀进贡。南宋宰相贾似道老奸巨猾，但是精通"虫道"，写下了中国历史上第一部养虫专著《促织经》。此时斗蟋蟀已不限于京师，也不限于贵族。市民，乃至僧尼也雅好此戏。清代时，对斗蟋蟀益发讲究，选蟋蟀要求无"四病"（仰头、卷须、练牙、踢腿），外观颜色也有尊卑之分，"白不如黑，黑不如赤，赤不如黄"。清朝的王公贵族，是在入关后才始嗜斗蟋蟀之戏的。每年秋季，京师就架设起宽大的棚场，开局赌博。

一开始，蟋蟀们是被当作宠物来饲养的，然而那些富豪贵戚们家有万贯家私，既然肯以金玉象牙为

笼，养一只小虫当然也舍得拿出银子来赌博取乐。至于一般百姓虽然出手不会像达官贵族们那样阔绰，但多少也会赌以金钱使之变得更有魅力。由于有金钱因素的加入，斗蟋蟀活动开始朝赌博性质发展，至宋代就已达到相当规模了。南宋词人姜白石有一首题为《咏蟋蟀》的词序中云"蟋蟀中都呼为促织，善斗。好事者成以二三十万钱致一枚，镂象齿为楼，观以贮之"。中都指的是京城临安（今杭州），用象牙雕刻成蟋蟀的居所实在是奢侈。南宋时，蟋蟀因其善斗的习性已经具有了一种特殊的身份，不但成为可以购买的商品，而且价格贵得使人咋舌。蟋蟀所以有如此高价，当然不仅因为它善斗能令人取乐，更重要的是它已成为一种赌博的工具，可以使主人在瞬间得到大量的钱财。既然一只蟋蟀的价钱是如此之高，那么用蟋蟀相赌时的赌注之大也就是可以想象的了。但用"二三十万"钱去买一只蟋蟀毕竟是很奢侈的行为，只有富家子弟才行。然而，斗蟋蟀作为一种游戏并不为富人所专有，穷人也以之取乐。当时的杭州人极喜斗蟋蟀，街上还有蟋蟀市场供爱好者选购蟋蟀，被称为"虫市"。

一般能斗赢三两个的蟋蟀能卖个一两贯钱,若个头大而且又会斗的,则能卖上一两银子。还有人专卖用来畜养蟋蟀的各种笼具,并出现了专以驯养蟋蟀为职业的所谓"闲汉"。由此可见南宋的斗蟋蟀活动已发展到相当规模。

立秋后,每当夜幕降临,花坛里、田野上就会响起蟋蟀清脆婉转的鸣唱。斗蟋蟀的活动便如火如荼地展开了。蟋蟀生长的适应性很强,只要有杂草生长的地方,就可能有蟋蟀生长生存。但蟋蟀是否个大体壮,皮色好,战斗力强,与其生长地的地质、地貌、地形就很有关系了。如古书上说道,北方硬辣之虫生于立土高坡;深色土中出淡色虫大多善斗,淡色土中出深色虫必凶。

要想养好一只蟋蟀是很不容易的。饲养蟋蟀的行家里手都知道有这样一句行话"六分种气四分养"。蟋蟀禀天地之气,早秋出土,此时饲养应先固其本,再补足血气。

首先,蟋蟀的饮用水要不含明矾等物质,只能给它喝河水、井水或雨水。蟋蟀的饮用水的处理方法是:取清纯碧澈的河水,加入炒五茄皮、首乌、猴姜、牛膝、旱莲各一两,甘草五钱浸泡其中。用此水掺和荷叶露来给蟋蟀喝,连饮7天,以泻去蟋蟀在伏天带来的暑气,强壮经脉。再用旱莲草水汁饮3天,固壮牙门。平常应喂煮烂的米饭,不可喂硬米饭,免伤牙齿。

初获出土之虫,还要给它洗澡。别看蟋蟀长在泥土中,但它很爱清洁,身上弄脏了,痒痒了,它会咬断自己的大腿。洗浴时用一缸河水,投入甘草少许,用手搅动起漩涡,投入蟋蟀,让它在漩涡中荡涤污浊,几秒钟即可捞起。

早秋饲养蟋蟀用的缸以老盆最宜,盆应搁置在水泥地上或泥土上,阴凉不生火。盆应每天擦净,以免其自食粪便。饲养蟋蟀应注意不能让它近盐、油、醋、酒以及各种异香气息，如果闻到蚊香、熏香等气味，蟋蟀便晕头转向，成为废物。

到了深秋，寒意日深，要防蟋蟀过早衰老。其法有二：一是不让它终日蛰伏，免得养成惰性。可将蟋蟀置于光滑盆底的新盆内，蟋蟀站不稳，只好走动。二是促使其经常交尾，令其体内通窍，维持新陈代谢。到了冬季，气温在10℃以下时，应将蟋蟀缸放到板箱内，铺以稻草、棉花，饮食应以柳根泡水和鲫鱼为主，如养功到家，可活至春节。

斗蟋蟀也是有规则的，参加咬斗的蟋蟀会像拳击手那样按体重分级别，俗称"比对子"，一些赛事甚至还会请来裁判，像模像样显得很正规。古时娱乐性的斗蟋蟀，通常是在陶制的或瓷制的蛐蛐罐中进行。两雄相遇，一场激战就开始了。首先猛烈振翅鸣叫，一是给自己加油鼓劲，二是要灭灭对手的威风，然后才呲牙咧嘴的开始决斗。头顶，脚踢，卷动着长长的触须，不停地旋转身体，寻找有利位置，勇敢扑杀。几个回合之后，弱者垂头丧气，败下阵去；胜者仰头挺胸，趾高气昂地向主人邀功请赏。

斗蟋蟀的场景也十分有趣，如果你在虫市上见一群人呈麦垛状堆在那里，那一定是"开咬"了，看客们脑袋挤脑袋，把虫和虫主围得密不透风，来得晚的就围着"麦垛"伸脖踮脚地转圈子，显得急不可耐。虫儿在罐中撕咬得昏天黑地，虫主在一旁紧张得两眼发直，一场精彩的厮杀往往要几十个回合才能分出胜负。一场咬毕，"麦垛"随即塌陷，得胜者自是一脸得意，虫儿也卖弄般地振翅高歌；落败者一脸尴尬，故作不屑地将虫儿抛出丈把远。抛开金钱的赌注，单从娱乐来讲，斗蟋蟀还是很有意思的小玩意儿。

4. 养鸟——百啭千声随意移

古人养鸟为宠物，最早可以追溯到战国时期。《庄子》中的一篇寓言里就提到了养鸟的事情：从前，有一只海鸟停留在鲁国国都的郊外，鲁王让人驾车迎接它，并且在宗庙里对它敬酒，演奏《九韶》使它高兴，准备三牲全备的肉作为它的食物。海鸟眼花了，忧愁悲伤，一块肉也不敢吃，一杯酒也不敢喝，三天就死了。这虽然是一篇寓言，但说明那时人们已经知道养鸟必须根据鸟的食性，而不能主观臆断，否则就会失败。

汉武帝时期，有人进献一种大鸟，这种鸟外形长得像雀，通身黄色，羽毛十分柔密，是经常翱翔在海上的鸟。然而这种鸟畏霜雪，武帝就命人建了一座小房子供鸟儿居住，取名曰"辟寒台"。房屋皆用水晶为门窗，使内外通光，而常隔于风雨尘雾。能够出现这样的鸟儿，说明至少在汉代北方已开始饲养热带珍禽，并且会建造光线充足的适于热带鸟类生活的暖室了。

古人养鸟不光是为了娱乐，同时也是出于生活功用的考虑。唐代时期已经有了训练鹰来打猎的习惯。尤其是到了唐宪宗的时候，他每每外出狩猎必带着猎鹰猎犬。而驯鹰到了元代和清代这样以少数民族为统治阶级的王朝更是必不可少的项目。

贵族们养鹰，除了用于打猎，也以此作为自己身份地位的象征，因为饲养一只鹰的花费不菲。普通老百姓更多注重的是实用性，生活在水边的渔家也饲养一种叫作鱼鹰的鸟。鱼鹰也叫作鸬鹚、水老鸦，是一种水鸟。渔翁们成群饲养它们，是因为它们关乎着自己的生计，鱼鹰虽然不及老鹰那么凶猛，但它们在渔翁捕鱼的时候却能发挥重要的作用。唐代大诗人杜甫就曾写过这样的诗句："家家养乌鬼，顿顿食黄鱼。"用鸬鹚捕鱼的历史十分悠久，至今我们还能看到江南水乡中，一只小船从河中划过，船舷两旁蹲着十多只乌黑油亮的鸬鹚，船舱内放着鱼篓和渔网。划船的渔民一手摇桨，另一手拿着一条细长的竹竿。划到一定的位置时，渔民将竹竿在水面轻轻一击，嘴里同时发出一声吆喝，只见这些鸬鹚就都扑通扑通地跳入河里，潜入河水深处捕鱼去了。

　　鸟给古人带来了欢乐，带来了生计；作为回馈，古人也明白了爱鸟的重要性。宋徽宗在汴京的东北角开湖围山造园，名叫万寿山。万寿山遍植奇花异草，景色极美。唯一可惜的是珍禽好鸟偏偏不肯在园中定居，幽静的山林中听不到鸟叫，再好的景致也无生趣。怎样才能让死景焕发生机？宋徽宗为此伤透了脑筋。当时京城里正好有一位姓薛的老人，对驯鸟有一手绝招，他常在杂技场中表演驯鸟，远近闻名。一听说皇帝找人招鸟，他就毛遂自荐，来到了万寿山。只见他把鸟儿最爱吃的食物撒在地上，然后，不慌不忙地两手一拢放在嘴前，对着天空惟妙惟肖地学起各种鸟叫来。一只鸟儿听到叫声，以为是同伴在召唤，就拍拍翅膀飞来了……一群又一群鸟儿被老人请来"会宴"。宋徽宗并不让手下的人捕捉，而是离得远远地看着。鸟儿们叽叽喳喳一边吃一边高兴地唱着歌。饱餐一顿后，它们自由来去，一连好多天都是这样。慢慢地，鸟儿都知道了万寿山这个有山有水、有林有草的好地方，于是，四方的鸟儿都自己来到园里安家了。

宋代欧阳修有一首诗叫作《画眉鸟》："百啭千声随意移，山花红紫树高低。始知锁向金笼听，不及林间自在啼。"说的是把捕获的鸟儿放在笼子里饲养虽然是司空见惯的事情，然而，鸟笼毕竟锁住的是鸟儿的天性，蓝天才是鸟儿真正的家。有意思的是，不仅是像欧阳修这样的文人意识到了保护鸟儿的天性这一点，此诗问世不到百年，中国就出现了一道赦免鸟的法令。元至治三年（1323年）四月，元英宗下了一道圣旨，圣旨的内容很奇特，既不是赦免罪犯，也不是征兵，而是下令各家各户"释放笼中之鸟"。圣旨一出，老百姓都很惊讶，一时间，街头巷尾议论纷纷。后来人们才知道，原来皇帝是为了保护鸟类，加速鸟儿的繁殖，才决定把捕获的鸟儿释放的，要知道，那时正是春夏之交，是鸟儿最佳的繁殖期。元英宗为了鼓励老百姓放鸟，还下令：每只鸟价值多少，由政府补偿给养鸟的主人。于是放鸟这一天，10万只各色各样的鸟被放出笼子，它们拍打着翅膀飞上了蓝天，飞回了大自然，百鸟齐鸣，情景蔚为壮观。这也许是世界上最早、规模最大的一次放生活动了。

第三章　娱乐博弈

1. 骰子——骰盘思共彩呼卢

中国古代最为重要、最有影响的游戏形式是掷骰子。骰子一般用于麻将、棋牌类等民间博艺活动。它最早产生时形状各异，上有各种刻纹，有的是用骨头、木头等制成的立体小方块，六面分刻一、二、三、四、五、六点。后来则统一为正方形或长方形，上刻一、二、三、四等点数，并以红、黑颜色相区别。

现在的骰子有两种颜色的点数，即一点和四点为红色，其余的都是黑色，其颜色的变化与唐明皇有关。传说唐明皇和杨贵妃都酷爱骰子游戏，一次该轮到唐明皇掷骰子的时候，唯有两粒骰子均为四点的时候，才能够赢了杨贵妃。唐明皇在转动的时候就不停地喊"双四"，待骰子停下来的时候果然出现了两个四点。唐明皇见此情形以为吉兆，遂令太监高力士将所有骰子的四点都涂饰成朱红色，后来又将与四点对应一面的一点也涂成了红色，这种做法后来引发民间仿效并一直流传至今。

（石骰子）

（牙雕骰子）

由于骰子的点数可有许多种不同的组合方式，而掷骰时人们又无法预测所定的点数，因此骰子从产生之日起，便与赌博结下了不解之缘。中国古代的绝大多数博戏活动，都要通过掷骰来进行。有些博戏是直接用掷骰的方式来决出胜负，也有一些博戏则是要通过掷骰与行棋、打牌的结合才能决出胜负。前一种方式比较适合于文化层次较低、赌博意图较强的人玩乐，而后一种方式则比较适合于文化层次较高、比较注重精神享受的人玩乐。但是尽管具体的表现形式有所不同，这些游戏活动都要通过掷骰子这种带有很大偶然性的方式来进行。这种投掷的特点，也成为中国古代的"博"与"弈"之间一个重要的分界线。博虽然也有很多是要行棋的，但由于都要用到骰子，因此它们的实质与完全凭智力来战胜对手的围棋、象棋有着很大的不同。

行棋类的骰子游戏我国古代人玩的很多，主要的有六博、樗蒲、双陆等游戏形式。六博本有大博和小博之分，大博用骰6枚，称为"箸"；小博用骰2枚，称为"茕"。《颜氏家训》云："古者大博则六箸，小博则二茕。"在比赛的时候，双方互掷骰子，行棋步数则主要根据博彩而出的数字而定。由此可见，六博之戏与骰子的关系非常密切，由于博彩具有很大的偶然性，因此六博在古代时是一种博戏的形式。

关于六博，还有一些生动有趣的历史故事广为流传。春秋时，宋国发生大将军南宫长万用博局棋盘杀死宋闵公的重大事件。原来在此前

（六博陶俑）

一年，宋国与鲁国交兵，宋军大败，南宫长万被俘。后来，由于周天子的斡旋，宋、鲁和好，南宫长万被送还宋国。从此，宋闵公时常以"败军之将"、"鲁国俘囚"的话奚落南宫长万。不久，宋闵公游历蒙泽（今河南商丘县东北），令南宫长万与他对博，以大金斗盛酒为罚。闵公擅长玩六博，长万连负五局，罚酒五斗，已醉到八九分了，心中不服，再请对博。闵公又是语带双关地讽刺说："你已是常败将军，怎么还敢和寡人争胜。"长万被羞得哑口无言。恰在这时，忽报周王使臣到，说周庄王死了，周僖王即位。闵公说，要派人前去吊丧和送贺礼。长万要求充当使臣。闵公讥笑道："就算我宋国无人了，也不至于让一个俘囚任使臣。"宫人听了都大笑起来。长万面颊红赤，恼羞成怒，酒醉性起，不顾君臣之礼，大骂道："无道昏君，你知道俘囚也能杀人吗？"闵公怒道："贼囚怎敢无礼！"随手拿起身边铁戟，想要刺他。长万不去夺戟，却用六博棋盘把闵公打倒在地，再挥拳猛击，闵公竟被打死。

战国时，在魏国的宫廷里，玩六博也十分盛行。一次，魏安釐王与其弟——战国时著名的四公子之一的信陵君魏无忌玩六博，忽然快马来报，说赵国举兵欲侵入北方的边境。魏王大惊，把棋局一推，马上就要召集文武大臣商议御敌之计。魏无忌却不慌不忙地说："赵王不过是狩猎，不会进攻魏国，请大王放心下棋好了。"两人继续对博，但魏王心不在焉，连走错棋，而魏无忌却镇定自如。过了一会儿，快马又来报，证实赵王确实是在打猎。从此，魏安釐王十分器重魏无忌，让他任大将军，参与执掌魏国的大权。

汉代，在皇帝的带动下，群臣百姓中也盛行六博，民间甚至出现经营六博等博戏的"博徒"。当时，一个叫恒发的博徒因此一跃成为富翁，从这时起，六博被后人斥为"恶业"。汉宣帝刘询即位之前，生活在民间，与杜陵(今陕西西安东南)人陈遂是好朋友，经常玩六博，陈遂常败在宣帝手下，输了很多钱。宣帝即位后，将这位博场上的朋友提升为太原太守，并赐书说："太守的官尊禄厚，可作以前玩六博屡败的补偿。"

此外，樗蒲、双陆等戏，也要经过掷骰子来决定行棋程序。樗蒲所用的骰子共有5枚，有黑有白，称为"五木"。它们可以组成6

（双陆游戏）

种不同的排列组合，也就是6种彩。其中全黑的称为"卢"，是最高彩，四黑一白的称为"雉"，次于卢，其余四种称为"枭"或"犊"，为杂彩。掷到贵彩的，可以连掷，或打马，或过关，杂彩则不能。樗蒲的玩法是入局之人各执6马，驱马过关，以是否突破二关决胜负。其行马规则是：依骰取彩，依彩打敌方之马，救己方之马，或使己方之马过关。樗蒲可供2-5人共娱，胜负的关键在于掷骰所得的彩数。双陆中的骰子为两枚，棋子称为"马"。行马时，可以根据两枚骰子的不同点数分别行两马，也可按两枚骰子点数之和独行一马。如掷得三和五，合为八点，可一马走三步，一马走五步，也可一马走八步。有的双陆还规定"归梁"后要将马出尽。两枚骰子之和在六点以上者出二马，不足六点者不得出马。

古时，还有一些不通过行棋而直接依靠掷骰子来分出胜负的博戏方式。这类博戏由于全凭骰子之彩的偶然性来决定胜负，不需要认真思考，因此其赌博性更强，也更受喜欢物质刺激之人的欢迎。如流行于东晋时的"五木"，流行于唐代时期的"投琼"、"彩战"等形式就是如此。"五木"本是樗蒲行棋时的一种掷骰活动，但后来"五木"逐渐从樗蒲中游离出来，变成一种独立的游戏。玩五木时不需要进行复杂的行棋，只要掷出骰子便可决定胜负。因此此法一出，便立即盛行于世。当时的许多士族、庶族和普通百姓都喜欢用这种方式来进行博戏。唐代还流行一种骰盘令，采取了樗蒲戏中的掷五木一术。白居易诗所谓"长驱波卷白，连掷采呼卢"，"酒盏省陪渡卷白，骰盘思共彩呼卢"，说的就是掷五木而行骰盘令的情况。

双陆中的骰子原为两颗，唐中期以后发展为六颗，六颗骰子可以组成难以计数的排列组合方式，于是便形成了后世名目繁多的"骰子格"。它们的总体原则是：以同色（又称"浑花"，全部为一种点数）

为贵，驳杂为贱。在同色中，又以红色为贵。各彩都有特殊的名称，如四枚"四"称为"满园春"，为最高彩；四枚"幺"称为"满盘星"，四枚"六"称为"混江龙"，四枚"三"称为"雁行儿"等，等。双陆在唐代宫廷中十分流行。武则天变李姓的唐朝为武姓的周朝，先后把皇位继承人李弘、李贤、李显或杀或逐，准备立武家的人。群臣纷纷上谏，却毫无效果。一次，武后对大臣狄仁杰说："我昨夜梦见与人双陆，一直不胜，这是什么缘故？"狄仁杰乘机上言道："双陆不胜，说明宫中无子，这是上天的警告啊！"武后才醒悟过来，立李显为太子。狄仁杰不仅巧妙地利用双陆解决了重大政治问题，而且自己也会下双陆。唐人薛用弱在《集异记》中记载道：有一次，狄仁杰奉武后之命与她的男宠张昌宗赌双陆。对方以南海郡进奉的集翠裘作赌注，狄仁杰却以普通朝服下注。武后以为价值不等，狄仁杰说："翠裘再贵重，只是私物，怎能比过公服！"结果狄仁杰胜，但刚一出门就把集翠裘付与家奴了，表示了对张昌宗的鄙视。元朝人谢宗可《双陆》诗中的"惟恨怀英夸敌手，御前夺取翠裘归"用的就是这个典故。

在民间，双陆同样盛行，而且不乏癖嗜之徒。有个有趣的故事是：唐高宗咸亨年间，贝州有个叫潘彦的人酷爱双陆，整日局不离身。有一次泛海遇到暴风，船破落水，他右手抓住一块破木板，左手紧抱着双陆局，嘴里含着骰子，经过两天一夜的漂流，上岸时双手都见了骨头，而双陆局仍在怀里，骰子也还在口中。可见他痴迷双陆的程度。

到了清代时期，随着商品经济的发展和市民阶层的扩大，掷骰博戏在中国的各个城镇中大量普及起来，其名目和形式也极其繁多，如"赶老羊"、"掷挖窖"、"摇摊"、"压宝"等等。这些博戏都是利用骰子来开展活动，大都具有十分深厚的赌博性质，其输赢结果会使人或大发横财，或倾家荡产。

2. 麻将——彩镂方牙着腕轻

1）麻将起源

麻将起源于中国，原属皇家和王公贵族的游戏，其历史可追溯到三四千年以前。在长期的历史演变过程中，麻将逐步从宫廷流传到民间，与麻将有关联的是唐代的"叶子戏"和明代的"马吊"，到清朝中叶基本定型。

关于麻将有各种各样的传说。一种说法是，相传明朝有一个名叫万饼条（或"万秉章"）的人在"叶子格戏"的基础上创造麻将，并以自己的名字"万、饼、条"作为三种基础花色。另一种说法是，在江苏太仓县曾有皇家的大粮仓，常年囤积稻谷，以供"南粮北调"。粮多自然雀患频生，每年因雀患而损失了不少粮食。管理粮仓的官吏为了奖励捕雀护粮者，便以竹制的筹牌记捕雀数目，凭此发放酬金，这就是太仓的"护粮牌"。这种筹牌上刻着各种符号和数字，既可观赏，又可游戏，也可作兑取奖金的凭证。

这种护粮牌的玩法、符号和称谓术语无不与捕雀有关。例如，"筒"的图案就是火药枪的横截面，"筒"即是枪筒，几筒则表示几支火药枪；"索"即"束"，是用细束绳串起来的雀鸟，所以"一索"的图案以鸟代表，几索就是几束鸟，奖金则是按鸟的多少计算的；"万"即是赏钱的单位，几万就是赏钱的数目。此外，"东南西北"为风向，故称"风"，火药枪射鸟应考虑风向；"中、白、发"的"中"即射中之意，故为红色；"白"即白板，放空炮；"发"即发放赏金，领赏发财。并且，麻将玩法的术语也与捕雀护粮有关。如"碰"即"砰"的枪声；又如成牌叫"和"（音胡），"和""鹘"谐音，"鹘"是一种捕雀的鹰。除此还有"吃"、"杠"等术语也与捕鸟有关。那么，为何又叫"麻将"呢？在太仓地方方言中，"麻雀"即为"麻将"，打麻雀自然也就叫成打麻将了。

此外，还有一种说法是，明朝郑和下西洋时，船上没有什么娱乐用的设备，船上的将士只能以投掷骰子赌博作为消遣。但是在长久的航海中，将士们厌倦了，经常有将士想家，甚至有试图谋反的。为了稳定军心，郑和就发明了一种娱乐工具。他以纸牌、牙牌、牌九等为基础，以100多块小木片为牌子，以舰队编制，分别刻了1–9"条"，然后又以船上装淡水桶的数量，分别刻了1–9"桶"（筒）。然后又根据风向，刻了"东西南北"四个风向。又以吸引人的金钱刻了1–9"万"。然后以"大中华耀兵异域"的口号，刻了红色的"中"。然后根据一年四季刻了四个花牌。最后有一块牌不知道刻什么好，就不刻任何东西，这个就是"白板"。在确定了游戏规则后，全船开始玩此游戏，有一个姓麻的将军玩这个游戏得心应手，于是郑和便将这个游戏命名为"麻大将军牌"，后来被人们简称为"麻将牌"。

2）叶子戏

提起麻将，不得不说一下叶子戏。唐代，叶子戏曾受到皇室和文人墨客的喜爱，他们把这种游戏视为高雅时髦的活动。如唐代诗人李洞爱好叶子戏，曾写有一首给龙州韦郎中的打叶子戏诗：

红烛香烟扑画楹，梅花落尽厦楼清，
光辉圆魄街山冷，彩镂方牙着腕轻。

宝帖牵来狮子镇，金盈引出凤凰倾，

微黄喜兆庄周梦，六赤重新掷印成。

从诗中可以看出，这时的叶子戏还必须有骰子相辅助。叶子上绘有宝帖、金盆、狮子、凤凰等各色图案，最终以是否占据最高位置来决胜负。

宋代的叶子戏是曹谷根据唐代叶子戏改编的。使用6只扁骰子，10个犀牙狮子；玩的时候先分成15门，每门都有一定的名称和界说，有名彩227个，逸彩247个。明代的叶子戏始于明神宗万历时代，牌面绘有梁山泊36个"强盗"的人像。

3）马吊

马吊最早起源于明熹宗天启年间的马掉牌，是叶子戏的一种，由4个人玩，其中一个人是桩家（做桩，又叫作庄），其

（唐代叶子戏）

他三家围攻桩家，正像马少掉一只脚剩下三只脚一样，因此叫作马掉。马掉牌有40张牌，玩的时候4人入局，每人8张牌，剩下的8张交给桩家。马掉牌多用于饮酒时行酒令，分成四垒，输了的人就喝酒。

马掉牌在清朝时改称"马吊牌"明末清初时的顾亭林，不愿在清朝做官，隐居于山间，他写的《日知录》里曾提到马吊牌。他说，马吊牌在明代有不少士大夫阶级的人玩，到了天启年间开始流行起来，而到了明末清初则变得十分流行了。

清代，帝、后、妃、嫔及王公大臣等都嗜好玩马吊牌。在雍正初年，发生过一个与马吊牌有关的故事：大臣王云锦在朋友家玩马吊牌，忽一张纸牌丢失了。第二天，王云锦上殿见雍正帝。雍正帝问他昨

夜玩了什么？王如实回答。雍正帝笑道："不欺圣上，真是状元出身的人呀！"从袖中取出丢失的那张牌。原来是雍正派人监视大臣活动，从王云锦处偷来的。从中可见雍正朝特务活动的厉害。

3. 蹴鞠——十年蹴鞠将雏远

蹴鞠是我国现代足球的前身，在我国产生得很早，在战国时期齐国故都临淄，蹴鞠就已发展成一种成熟的娱乐方式，而且在民间广为盛行。

相传，赵武灵王改革，推行"胡服骑射"，赵国人学会了骑马射箭。赵王经常带着亲信们骑着马出城闲逛。一日，来到一树林，看到林中有野兔数只，赵王便下令"抓活的"，于是亲信们兵分四路，联合起来抓兔子，不想惊吓之中，野兔横冲直窜，从马群的缝隙中纷纷逃去。一位谋士突然眼前一亮，上前献计："大王，这种围堵很有趣，我们不妨用球代替兔子，不出宫门便可天天玩之。"赵王大加赞赏，将这件事交由这位谋士去处理。于是，骑在马上进行的足球运动——"蹴鞠"便在中国诞生了，并在接下来的历史长河中不断的革新进步，成为了上至宫廷皇族下至黎民百姓喜爱的一项竞技运动。

西汉社会承平日久，贵人之家皆以"蹴鞠斗鸡"为乐，平民百姓也在"康庄驰逐，穷巷蹴鞠"。雄才大略的汉武帝就很喜欢观看蹴鞠运动，他在宫中经常举行以斗鸡、蹴鞠比赛为内容的"鸡鞠之会"，宠臣董贤的家中还专门养了会踢球的"鞠客"（类似于今天的球星）。由于运动的兴盛，汉代曾有人写了一部研究这项蹴鞠运动的专著《蹴鞠二十五篇》，这是我国最早的一部体育专业书籍，也是世界上的第一部体育专业书籍。西汉时期的项处是第一个因足球而名垂史册的人，不过他的经历却很不幸。有关记载称，名医淳于意为项处看病，叮嘱他不要过度劳累，但项处不听，仍外出踢球，结果呕血身亡。

随着社会生产力的发展，足球制作技术也有所改进。唐代在制球工艺上有两大改进：一是把用2片皮合成的球壳改为用8片尖皮缝成圆形的球壳，球的形状更圆了。二是把球壳内塞毛发改为放一个动物尿泡，"嘘气闭而吹之"，成为充气的球，这在世界上也是首创。据世界体育史记载，英国发明吹气的球是在十一世纪，比我国唐代晚了三四百年的时间。

唐代的球体轻了，可以踢高。球门就设在两根三丈高的竹竿上，称为"络网为门以度球"。在踢球方法上，汉代是直接分队对抗比赛，双方队员身体接触，就像打仗一样。而唐代的分队比赛已不是直接对抗，而是中间隔着球门，双方各在一侧，以射门"数多者胜"。

由于球体轻了，又无激烈的奔跑和争夺，唐代开始有了女子足球。女子足球的踢法是不用球门的，以踢高、踢出花样为能事，称为"白打"。唐代诗人王建在《宫词》中，就提到在寒食节这一天，宜春院的妓女以踢球为乐。

唐代，蹴鞠活动不仅在皇宫中经常举办，在民间也很盛行。诗人王维在《寒食城东即事》一诗中说，"蹴鞠屡过飞鸟上，秋千竞出垂杨里"，说明当时可以把球踢得很高。杜甫在《清明》一诗中说，"十年蹴鞠将雏远，万里秋千习俗同"，说明了当时蹴鞠活动的普及。

蹴鞠在宋代获得了极大的发展。施耐庵的《水浒传》中，写了一个由踢球发迹当了太尉的高俅。小说虽然在人物事迹和性格上作了夸张，但基本上是宋代的事实。高俅球技高超，因陪侍宋徽宗踢球，被提拔当了殿前都指挥使。高俅因踢球而发迹，告诉了我们这样两件事：一是宋代的皇帝和官僚贵族是喜爱踢球的，有些人本身爱踢球，有些人爱看踢球。宋徽宗赵佶是个足球迷，他看了宫女踢足球后写诗道："韶光婉媚属清明，敞宴斯辰到穆清。近密被宣争蹴鞠，两朋庭际再输赢。"据载，"宋女弟子队153人，衣四色，绣罗宽衫，系锦带，踢绣球，球不离足，足不离球，华庭观赏，万人瞻仰"。上海博物馆藏有一幅《宋太祖蹴鞠图》，描绘的就是当时情景。二是宋代社会上已有了专门靠踢球技艺维持生活的足球艺人。据记载，北宋汴梁城和南宋临安城，在皇宫宴会上表演踢球的名手，有苏述、孟宣、张俊、李正等；在市井瓦子里的踢球艺人，有黄如意、范老儿、小孙、张明、蔡润等。

宋代的足球和唐代的踢法一样，有用球门的间接比赛和不用球门的"白打"，但史书上记载的大多都是白打踢法。所谓"脚头十万踢，解数百千般"，就是指踢球的花样动作和由几个花样组成的成套动作，指用头、肩、背、胸、膝、腿、脚等一套完整的踢技，使"球终日不坠"。由此看来，宋代的足球已由射门比准向灵巧和控制球技术方面发展。

宋代制球工艺比唐代又有提高，球壳从8片尖皮发展为"十二片香皮砌成"。原料是"熟硝黄革，实料轻裁"，工艺是"密砌缝成，不露线角"，做成的球重量要"正重十二两"，规格要"碎凑十分圆"，这样做成的球当然质量是很高了。

为了维护自身利益和发扬互助，至少在南宋时期，宋代的踢球艺人已组织了自己的团体，叫作"齐云社"，又称"圆社"。这是专门的蹴鞠组织，专门负责蹴鞠活动的比赛组织和宣传推广，这是我国最早的单项运动协会，也可以说是世界上最早的足球俱乐部。

（古代鞠球）

到了元代，足球却突然退化为以男女对

踢和妇女独踢为主的一种伎艺，仅供他人欣赏。萨都剌在散曲《妓女蹴鞠》中说："毕罢了歌舞花前宴，习学成齐云天下圆。"可见踢球和歌舞一样，都是宴会上的伎艺。"占场儿陪伴了英豪"的妇女，大都是"谢馆秦楼"、"鸣珂巷里"的"绝色婵娟"，踢球成了妓女娱客的手段。这说明，在元代，踢球的社会性已大大缩小，已变成和放荡行为相联系的娱乐行为了。

《明史》上记载，拥兵三吴、称兵割据的吴王张士诚的弟弟张士信，"每出师，不问军事，辄携樗蒲（一种赌具）、蹴鞠，拥妇女酣宴"。可见，明代踢球已和淫乐连在了一起。所以，朱元璋称帝之后，传下圣旨，严厉禁止军人踢球。朱元璋的圣旨只能禁止军人踢球，但并不能改变足球的娱乐性质。被称为明代社会百科大全的《金瓶梅》中，有一段描写西门庆在丽春院看妓女李桂姐踢球的事：西门庆吃了一回酒，出来外面院子里先踢，又教桂姐与两个圆社踢，"一个捎头，一个对障，拗踢拐打之间，无不假喝彩奉承"。上述描写，也形象地表明了明代踢球的娱乐性质。

在清代，满族人曾将蹴鞠与滑冰结合起来，出现了"冰上蹴鞠"的运动形式。清代中叶以后，随着西方现代足球的传入，中国传统的蹴鞠活动逐渐被现代足球所取代。到了清末，史籍上有关足球活动的记载就寥寥无几了。

4. 拔河——力拔山兮气盖世

"拔河"游戏来源甚古,相传来自距今 2400 年前春秋时期的楚国。楚将伐吴,由于楚国地处大江南北,水道纵横,除陆军外,还有一支强大的水军舟师,于是就发明一种称之为"钩拒"的兵器,专门用于水上作战。当敌人败退时,军士以钩拒将敌船钩住,使劲往后拉,使之逃脱不了。后来钩拒从军中流传至民间,演变为拔河比赛,人们把这种娱乐活动当作祈求丰年的一种美好祝愿。在六朝时期,它被称作"施钩",隋朝时则称之为"牵钩",到了唐代才改称为"拔河"。

拔河最兴盛的时期在唐代。唐代人封演在所著《封氏闻见记》中描写了当时拔河活动的情景。他说:当时的老百姓在拔河时,用一种长四五十丈的大绳,两头还拴着几百条小麻绳。人们把麻绳挂在胸前,分成两队相互拉牵。在大麻绳的中间,立一面大旗作为界限。每次拔河都有几百人参加,加上几千名观众,擂鼓呐喊助威,震惊远近,最后被牵动者为输家。那时的拔河形式与今天的拔河不太一样,今天拔河是单独一根绳子,而古代所用的绳子是在一条大绳的两头分系数百条小绳。所以,古代的拔河人数要比现代多得多,场面更大,更热闹。如今在甘肃藏族自治州的临潭县和日本的某些地区还保留着这种古老的拔河形式。

拔河在唐代不仅盛行于民间,而且在宫廷中也很流行。《封氏闻见记》记载:"中宗时曾以清明日御梨园球场,命侍臣为拔河之戏。"唐中宗李显爱看拔河,常让宫女进行拔河比赛。景龙三年(709年),唐中宗让几百名宫女在玄武门外拔河。之后,又准她们去游宫市,结果几十名宫女乘机跑掉了。第二年的清明节，唐中宗又下令中书、门下供奉官五品以上，文武官三品以上，加上诸学士等，都到梨园球场拔河。当时韦皇后指定：中书、门下省的三位大臣和五位将军为一队，尚书省七位大臣和两位驸马为一队。中书令萧元忠见自己这一队不但少一人，而且老头子居多，便跪下启奏道："小臣这一队，力量太差了！"站在唐中宗身旁的安乐公主，因自己的丈夫也参加拔河，自然护着附马一边，便插嘴说："你们这边有五个将军，都练过武，力气更大哩！"唐中宗连忙点头说："人虽少一个，力量并不弱。"萧元忠无奈，只好遵旨与驸马一队比试。太监们早摆好了绳子、旗鼓，宫女和太监分成两队呐喊助威。一声鼓响，两边齐用力，绳子拉得很紧，双方坚持了一会儿，怎奈附马一队年轻力壮，一下子把绳子拉了过去。仆射韦巨源、少师唐休璟都是60多岁的人，手脚很不灵活，随着绳子向前一下子扑倒在地，很久都没爬起来，引得唐中宗和周围的人大笑不止。

5. 放风筝——戚高纸鸢望天流

古人放风筝，有"戚高纸鸢望天流，滞运流晒好运到，长命富贵步步高"的民谣和传说。提起中国风筝的历史，可以追溯到2000多年前的春秋战国时期。当时古人们发明了以鸟为形，以木为料，用阔叶植物叶子扎制而成，可在空中飞行的"木鸢"，这就是现代风筝的雏形。随着我国造纸术的发明和丝织品的发展，后来流行于中国大部分地区的风筝多是以竹为骨架，再糊以纸或绢制成。

有趣的是，风筝在历史上还曾用于战争之中。当时人们将它用于军事上的勘测、侦察、通讯和宣传等。南朝梁武帝萧衍被叛臣侯

景围困于台城，兵疲粮绝，几次突围未成。后来太子萧纲和大臣羊侃提出用风筝系上告急书，向城外求援。但他们的风筝放得低，被侯景的士兵用箭射落了。唐德宗时，田悦叛唐，围攻临洺（今河北永年县），守城将领张伍用风筝系上信件向城外告急。马燧收到信件后，便立即派兵前往，一举打败了田悦。

到了唐宋时期，风筝的用途有了新的变化，工艺也日臻完美，寓意也愈加丰富，开始成为一种饶有情趣的民间娱乐项目，给人们的生活增添了新的内涵和色彩。

1）风筝普及

风筝是中国古代的一种发明，古人用木头做成"木鸢"，像大鸟的形状，飞在空中三天不落，这就是风筝的源头。西汉时，木鸢改用竹子和丝绸来制作，后又改用纸张，于是又改名为"纸鸢"。南北朝时，风筝这一新名称就出现了。宋代以后，民间游戏风筝更加盛行，已有了专门经营风筝生意的商人。

风筝的魅力在于，其形色彩缤纷，其声悦耳动听，其趣老少皆宜。风筝入诗，诗意的春天便鲜活起来，有了风筝的起舞，春天更加亮丽动人。清朝高鼎的《村居》诗就描写了这样的场面："草长莺飞二月天，拂堤杨柳醉春烟。儿童散学归来早，忙趁东风放纸鸢。"春风起，风筝成了孩子们的最爱。孔尚任的《风筝》写得很有意思："结伴儿童裤褶红，手提线索骂天公。人人夸你春来早，欠我风筝五丈风。"兴致勃勃的儿童准备好放风筝，却等不到足够的春风，"骂"是心急，也"骂"出了对风筝的钟爱。

除了儿童，古代的年轻女子对风筝也非常喜欢。清人郑板桥有诗曰："纸花如雪满天飞，娇女秋千打四围。五色罗裙风摆动，好将蝴蝶斗春归。"诗中生动地描写了清明时节放风筝的情景，满天飞翔的风筝下，娇女摆动罗裙，在周围欢呼助兴，风筝给了她们春天的心境和展示美丽的机会。

2）制作造型

中国风筝的造型极其考究，它不只是注重自然形似，而且力求以形传神和形神兼备，讲究图案美、装饰美、色彩美和立体感强的效果。具体而言，造型可分为硬翅、软翅、桶子、串式等。硬翅是由两根竹条相互交错做成翅膀骨架，再按一定比例绑扎在一起，糊上纸或绢，形成三角风兜。这样吃风大，临空飞高。表现主题多为戏曲人物、民间故事等。软翅是在硬翅的扎制基础上，去掉翅膀下部骨架，放飞空中，轻巧玲珑、形神兼备，表现主题多为飞燕、蝴蝶、蜻蜓等。桶形一般采用的是可以折叠的骨架，装饰简单独特的宫灯，一般灯体用红绸，帷幔用翠绿绸，一红一绿，色彩对比强烈、鲜明。串式是把形式相同的风筝几个甚至几十个串联起来，具有生动逼真、活灵活现的艺术特色。

中国风筝的色彩注重大色块浓抹，给人以简练概括、热烈明快

的艺术感觉，主要采用色彩艳丽夺目的民间传统绘画。这些民间画大红大绿的特色，可以构成强烈的色彩对比和鲜明的构图布局，放飞于空中，形象格外逼真，在蓝天白云的映衬下，具有特殊的空间观赏效果。有的风筝彩绘中选用内涵丰富的吉祥文锦，表达作者独特的审美意识。色彩淡雅的文人画风格，是近代形成的一个风筝绘画流派，它在绘制上独具特点，体现了时代的憧憬与幻想、创造与追求。

中国风筝的扎制，首先是要尽量选取竹节较直的材料，便于煨烤成形。其次要选秋季砍伐下的竹子，再放一定时期阴干，将水分去掉。无论绑扎哪一类型风筝的骨架，绑扎时所用的材料一般都是麻、纸捻、胶和浆糊。讲究的骨架，每根竹条不但要削平竹节，还要用砂纸打光，甚至还用涂有浆糊的纸条将竹条按一定间隔缠绕起来，以使后来糊上的纸或绢更加牢固，使骨架变得更为工致、美观。

由于风筝是自身没有动力而又重于空气的原始航空器，因此，风力的强弱决定着所放风筝的类别的大小。放风筝时，随着风筝高低起伏，人们可以锻炼腿力、眼力。的好方式，因此千百年来，经久不衰，深受人们的喜爱。

春季是放风筝最好的季节，人们往往三五成群到郊外去春游，放风筝便成了最为理想的休闲放松和娱乐方式。清明时节，大家在追念先祖的仪式完毕后，也各自放起了风筝。娱乐尽兴之后，主人们便一一将线收尽，或将线剪断，任风筝随风飘飞远去。人们认为，这样既表示了对死者的追念，又由风筝带去了一家人的灾祸病痛，而留下的则是吉祥康福。

有时候，在宁静的夜晚，风筝高飞，竹笛之声响彻天穹，恰似一支美妙的曲子。唐朝高骈在《风筝》诗中写道："夜静弦声响碧空，宫商信任往来风。依稀似曲才堪听，又被风吹别调中。"风筝发出的声音有音乐的美，像一串串流动音符响在耳边，一阵风吹来，风筝又吹出另一种曲调，细细品味，犹如丝竹之音萦回于耳，让人感悟到风筝音乐的无穷曼妙。

在古诗里，风筝也有更多的喻义。风筝遥遥一线牵，有收放有度的人生哲理，有放飞成功后的喜悦与兴奋，也有盘旋坠地后的思考与沉思。宋朝寇准的《纸鸢》曰："碧落秋方静，腾空力尚微。清风如可托，终共白云飞。"诗中并不见纸鸢的形象，却给人们带来了遐想，风筝只有凭借风力方可傍云而飞，人事腾达不也是这样的吗？古人的风筝是充满诗意的，古诗里风筝美丽的姿态，既牵动着我们的视线，也系着我们对生活的向往和憧憬。

第四章 节庆游乐

1. 烟火——火树银花不夜天

每当重大节日,总会有欣赏不完的美丽风景和一份欢欣雀跃的美丽心情。节日里燃放烟火并不是现代人独有的习惯,古人的节日情怀远远比我们要隆重得多也细腻得多。

1)花炮始末

花炮是烟花、鞭爆的统称。要讲花炮的源流,就得先从鞭爆谈起,而鞭爆又是从爆竹(又称"爆仗"、"爆竿")演变过来的。这一演变大致可分为烧竹期、硝磺期和焰花期三个过程。

所谓烧竹期,就是用火烧竹子,发出响声,叫"爆竹"。我国"爆竹"起源很早,春秋末年,政治家范蠡在《陶朱公书》中就有"除夜烧盆爆竹与照田蚕看火色,同是夜取安静为吉"的记载。其后三百年左右的西汉时期,文学家东方朔在他所著的《神异经·西荒经》中记述了一个爆竹驱山魈的故事:西方深山中有一种山魈,他们身长尺余,经常裸着身子捕猎虾蟹。这些山魈不畏惧人类,见到有人在山中留宿,他们就会在傍晚的时候,用留宿人生好的火来烤白天捕来的虾蟹。趁人不在的时候,还偷人的盐去用。在深山里经常能听到他们可怕的叫声。于是,人们就试着把竹子放入火中,竹子爆炸的声音极大,山魈都很惧怕,纷纷逃走了。

南北朝梁时，宗懔在《荆楚岁时记》中也有"正月一日……鸡鸣而起，先于庭前爆竹以辟山燥恶鬼"的记载。宋代李畋在他著的《该闻录》中也记有一个爆竹驱鬼的故事："李岐邻叟家，为山魈所祟，岐令除夕聚竹数十根于庭，焚之使爆裂有声，至晓乃寂然。"可见，我国古时在元旦或除夕用"爆竹"驱邪的习俗已有2000多年历史。

关于爆竹，唐代诗人颇多咏述，如唐刘禹锡《畲田行》一诗中就有"照潭出老蛟，爆竹惊山鬼"之句；薛逢写有名为《元日楼前观仗》的诗；来鹄《早春》诗中有"新历才将半纸开，小庭犹聚爆竿灰"之语。到了宋代，诗人咏及爆竹的就更多了，如王安石有"爆竹声中一岁除，春风送暖入屠苏"的名句；苏东坡有"爆竹惊邻鬼，驱傩逐小儿"之语；杨万里有"夜半梅花添一岁，梦中爆竹报残更"等。

根据《武林旧事》的记载，我国的爆竹到南宋已由烧竹经过竹筒充硝，已进入纸卷裹硝的硝磺期了。随着火药的发明，烟火（就是我们现在俗称的礼花）也随之问世，使爆竹进入了烟火期。

烟火具体发明于何时，一下子很难说清楚，但起码在宋朝就已经有了。据《西湖志余》记载，宋孝宗淳熙十二年(1185年)的元宵节，皇宫里共燃放了百余架烟火，孝宗乘小轿亲自到宣德门观看。元代大学者赵孟頫在一首赠给烟火艺人的诗中写道："人间巧艺夺天工，

炼药燃灯清昼同。柳絮飞残铺地白,桃花落尽满阶红。"描绘了燃放烟火时,亮如白昼,爆花满地,万紫千红的逼真情景。

明清两代,燃放烟火的风气更加盛行,烟火的花色品种更为繁多,其技艺也日益精巧。明朝皇宫里从年前腊月二十四起,至新年正月十七止,每天晚上都要在乾清宫前燃放烟火,供皇帝和后妃们观赏。明代的烟火种类很多。当时的烟火,"有声者,曰响炮;高起者,曰起火;起火中带炮连声者,曰三级浪;不响不起,旋绕地上者,曰地老鼠。筑打有虚实,分量有多寡,因而有花草人物等形者,曰花儿。名几百种。其别以泥函者,曰砂锅儿;以纸函者,曰花筒;以筐函者,曰花盆。总之曰烟火云"(明·沈榜《苑署杂记》)。明代的烟火大都制成盒子状,所以又称放烟火为"放盒子"。有的盒子多至五层,能旋放出绶带鸟、葡萄架、珍珠帘、长明塔等美丽的图案。明朝瞿佑《烟火戏》诗中有"天花无数月中开,五采祥云绕绛台"之句,说的是无数烟花从天而降,好似从月亮中来的一样,五色的烟雾像云朵一样降落在台阶上。

清代,每逢元宵节,皇宫和圆明园等处都举行豪华的观赏烟火的活动。《檐曝杂记》等书记述了圆明园的烟火盛况。圆明园的山高水长楼前,数顷草坪宽阔平坦,几十架烟火按一定的设计布置。当下午申时,皇帝入座后,先施放瓶花。顷刻间,火树银花,插入云霄。然后由宫女表演灯舞。歌舞完毕后,开始施放烟火,一时万炮齐鸣,声震如雷,光如闪电,五彩缤纷,金蛇狂舞。施放的烟火能够呈现出宫殿、亭台、宝塔、楼阁等各种形状。

民间的烟火虽然比不上宫廷的烟火,但也相当精致,各种花样的烟火皆全。清人潘荣陛在《帝京岁时纪胜》中记载,清代北京的烟火有一盒内装有几个故事花样的,不管是人物,还是翎毛花草,都非常逼真。勋戚富贵之家,在元宵节之夜都少不了放烟火取乐。《金瓶梅》第二十四回写道:"天上元宵,人间灯夕……敬济与来兴儿,左右一边一个,随路放慢吐莲、金丝菊、一丈兰、赛月明。"《红楼梦》在第五十四回描写了荣、宁二府在正月十五燃放烟火的情形,所放烟火有满天星、九龙入云、飞来十响等各色花炮。一般平民百姓过节玩弄的主要是"地老鼠"、"竹节花"、"霸王鞭"之类。当时街上有车推担挑卖烟花的小贩,边走边唱:"当面放,大梨花,千丈菊。""滴滴金,梨花香,买到家中哄姑娘。"其中的"大梨花"、"千丈菊"、"滴滴金"就是几种价廉的烟花。

2)烟火戏

焰火远在宋代的史料中就有记载了,不过当时还不叫"焰火",而是叫"烟火戏",规模一般都不大,而且多用于迷信活动。北宋洪迈在所著的《夷坚志》补卷第二十《神霄宫醮》中就记载了北宋"甚危险骇人"的"吐烟火"等表演,它是将焰硝即硝石与硫黄(还有木炭)均匀混合,装置于器具,点火施放,遂形成"对面不相见"和伴有"一大声如净鞭鸣跸"的声响效果,是一种引人注目的烟火戏。

烟火戏完全用于民间娱乐的也不少,如北宋在东京上元灯节时,大宗娱乐节目是"添许多烟火",商店也都歇业,纵人去看"烟火"。北宋大型园林"艮岳"告成之际,特举行烟火戏祝贺。其燃放场面就是:"烟火起于岩窦,火炬焕于半空。"这种"烟火"明显不同于技艺表演中的"就地放烟火之类",它能升入"艮岳"、"腰径百尺"那样的高度,乃至在天空中爆炸燃烧,已具有当代礼花弹的雏形了。

值得特别注意的是,自北宋起,已能燃放色烟、声响兼具、有人物形象的"烟火"了。其燃放过程可以从宋话本《灯花婆婆》窥见大概:"吹得那灯花左旋右旋,如一粒火珠相似。养娘笑道:'夫人,好耍了,烟花儿活了!'话犹未了,只见那灯花三四旋,旋得像碗儿般大的一个火球,滚下地来的一响,如爆竹声,那灯花爆升,散作火星满地,登时不见了,只见三尺来长一个老婆婆。"这"灯花婆婆"可以视为是宋代初期"人物烟火"的一个样式。

南宋时,此类"烟火"则更进一步,"火戏儿"已开始与烧烟火、放爆仗、药法傀儡相并列。其样式为"钟馗捕鬼之类,内藏药线"的大型"屏风烟火",一次点放,能达到"百余不绝"的地步。这种含有多种人物场景的"烟火",提高了市民的欣赏趣味。此外,在异彩纷呈的艺林,药发傀儡颇有市场。在东京四月八日"浴佛节"上,曾展示过生动的药发傀儡,"迎拥一佛子,外饰以金,一手指天,一手指地,其中不知何物为之。唯高二尺许,置于金盘中,众僧举扬佛事,其声振地。士女瞻敬,以祈恩福。或见佛子于金盘中,周行七步,观者愕然。今之药傀儡者盖得其遗意"。烟云声响俱全,形象妙趣横生。在南宋,这种药发傀儡在临安七十余种的"大小全棚傀儡"中仍占有一席之地,这表明它是很受市民热爱的。至于其他"烟火"样式,"起轮、走线、流星、水爆"等,已达到了"不可指数"的程度,而且,南宋已出现受雇于人"呈艺"的专职烟火师。南宋詹无咎生动地描写了烟火艺人高超的水平:"龟儿吐火,鹤儿衔火。药线上,轮儿走火。十胜一斗七星球,一架上,有许多包裹。梨花数朵,杏花数朵。又开放,牡丹数朵。便当场好手路歧人,也须教,点头咽唾。"

南宋临安州府每年春季检阅军伍活动中,"试炮放烟"是例行的一项。每逢八月十八日观潮时,都统司都要在潮来之前布置部队,乘战舰于水面往来,施放五色烟火炮,"一时黄烟四起,人物不能相见"。以上可知,用炮放大型"烟火",在两宋期间已属常见。

这种出神入化的"烟火"技艺，在元代继续发展，在西方的史料中可以寻觅到更多的元代"烟火"的影子。因为火药就是由西征的元军传入西方的。1285年（元至元二十二年），伊利汗国叙利亚人哈桑用阿拉伯文写的《马术和战争策略大全》中，就记录了种类繁多的"烟火"，如"茉莉花"、"月光"、"日光"、"黄舌"、"起轮"、"流星"、"白睡莲"，黄、绿、白、红、蓝等五色烟，"中国花"、"中国起轮"。这实际证明了元代中国的"烟火"种类是相当丰富的，而且大量传入庞大的元帝国所辖的阿拉伯地区及欧亚地区。

在明代，硝石大量用于制造焰火，供群众性娱乐或节日时燃放。甚至一旦年节临近，人们就要"撮弄开个火药铺子"。正像一阿拉伯人所见的明代中国湖南那样："烟火十分普遍，老少都会制火药，人人皆知造烟火。"这是因为制造"烟火"所需的硝石、硫黄、炭的数量，在典籍中交代得一清二楚，制作步骤介绍得也很明确。

供大众观赏的药发傀儡在明清有了长足的进展。所谓"口里喷出火来，鼻子里浓烟迸出，闸闸眼，火焰齐生"，只不过是"小把戏"一桩。清代已将这一"烟火"样式的制作发挥到了极致，简直活灵活现：先是两串百子响鞭，随后一阵乱落如雨的金星，忽有大光明从"烟火盒子"放出，照得针芥毕现。这时，手牵耕牛的牛郎木偶、斜倚织机的织女木偶才缓缓下垂。不知从何处放出花子，满身环绕，跂扈飞扬……俨然有搅海翻江之势。待牛郎、织女木偶表演时，更是惊人，只见：就于掌心飞起一个流星，缘着引线，冲入箱内，钟鱼铙钹之属，呲剥叮当，八音并作……这花子更是不同，朵朵皆作兰花竹叶，望四面飞溅开去。

从宋代"火爆"脱胎而来的"水上烟火"，在明清也有了划时代的突破。在明代，北京中元之夜时，各寺庙均缚"烟火作鬼、雁、龟、鱼"等，放入莲花中点燃，水火同时激射。

由于这种"水上烟火"具有很强的抗浸泡潮湿的性能，明代皇家就将它用于"籍田"祭祀大典中。因为这一大典要表演出雨水倾盆、云烟密布的效果来，于是由教坊优人装扮为雷、电、风、雨、云、龙、土、谷诸神，藏在棚内虚处，下面放置异香、诸烟药、巨鼓、火线，以准备临时施放，待主持官员报一声"雨生"，于是，"虚处烟雾四塞，鼓声彭彭震，起火线勃发，先掣数丈，霹雳之声交加，上藏水匮，倒倾如沫，凡棚内逾里无不沾润"。好久，雨止了，烟也渐渐熄灭了。

"烟火戏"的最高层次，是将几种不同的"烟火戏"装入同一"烟火筒"中发射至空，先后燃放。它们有的"初为八仙飘海，继为跑马扒城；最后见宝塔一座，凡七层，玲珑透辟，门户分明，旋又见长幡约丈余，四周有飘带"。有的先喷高三丈，堕地如金钱的"花爆"；有的"忽烟焰喷薄，盘矫而下，现五彩花篮。顷之，又现一楼船，玲珑荡漾。又久之，现葡桃一架，光青碧可爱"。

这样几种形态各异但又同时燃放的"烟火戏"，其制作是相当复杂的。它不是仅有单一图像的"烟火戏"的凑合，而是集用途不一的火药、控制燃烧速度的药线、优良的纸衣、多样的器具、间隔的"底托"等等于一身。只有具备了这些条件，才能完美地组成各式"烟火戏"的汇演。而所有"烟火戏"中，规模最巨、耗费最多、时间最久、场面最精的，非皇家莫属。因为它可以召集最好的烟火匠，动用大量材料、纸张，精心特制"烟火戏"。在这方面，清代皇家燃放的"烟火戏"可为代表作：康熙二十四年（1685年）元夕，在南海子就呈现出了"若珠帘焰塔，葡萄蜂蝶，雷车电鞭，川奔轴袭，不一而足。又既则九石之灯，藏小灯万，一声迸散，万灯齐明，流苏葩，纷纶四重"的"烟火戏"盛景。

这种一出接一出的"烟火戏",就是用所谓的"底托法",又名"隔火法"制成。是把多出"烟火戏"一同装入筒中、箱中或盒中,每戏必须隔火间之,使一戏之后再现一戏。既有先后,又不至于一起燃烧,就要根据每戏的大小,或方或圆,中为井宇,或外糊矾纸做成底板即"底托"。药线与过渡的药线须总打一药辫,绕缚在"底托"的线十字上盘数转,以便火到则十字缚口自焚,底线自落,"烟火戏"就自然坠现了,不须人力挑拨。后一出"烟火戏"顶线在前一出"烟火戏""底托"外的药辫上,再用过渡药线作引,便可以了。但是,若想使"烟火戏"多姿多彩,光有"底托"还不够,还需要配制多种"杂药"。清代的烟火巧匠们对火药中掺入何种"杂药"已掌握得非常透彻,虽然与现代烟花无法相比,只属于"小儿科",但它对今天的"架子烟花"、"造型烟花"、"动漫烟花"的配制,仍是有益的、可贵的借鉴。

2. 庙会——人如潮涌似海山

1)庙会来由

庙会是汉族民间宗教及岁时风俗,也是我国集市贸易形式之一,其形成与发展和诗庙的宗教活动有关。在寺庙的节日或规定的日期举行,多设在庙内及其附近,故得名。

庙会起源于远古时期的宗庙社郊制度——祭祀。在远古时期,祭祀是人们生活中一件经常而又具有重大意义的事情,所以《左传·成公十三年》中说,"国之大事,在祀与戎",意思是说祭祀和战争一样,都是国家生活中的头等大事。早期的祭祀主要是祭祀祖先神和自然神。在祭祀祖先神和自然神的过程中,人们聚集在一起,集体开展

（文昌阁庙会图）

一些活动，如进献供品、演奏音乐、举行仪式等，这种为祭祀神灵而产生的集会可以看作是后世民间庙会的雏形。实际上，从"庙会"两个汉字本身也可以看出这点，"庙"最初就是指供奉神灵尤其是祖先神灵的建筑。

东汉时期，佛教开始传入中国；同时在这一时期道教也逐渐形成。它们互相之间展开了激烈的生存竞争，在南北朝时都各自站稳了脚跟。而在唐宋时，则又都达到了自己的全盛时期，出现了名目繁多的宗教活动。如圣诞庆典、坛醮斋戒、水陆道场等等。佛道二教竞争的焦点，一是寺庙、道观的修建。二是争取信徒，招徕群众。为此在其宗教仪式上均增加了媚众的娱乐内容，如舞蹈、戏剧、出巡等等。这样，不仅善男信女们趋之若鹜，乐此不疲，而且许多凡夫俗子亦多愿意随喜添趣。

为了争取群众，佛道二教常常用走出庙观的方式扩大影响。北魏时佛教盛行的行像活动就是如此。所谓"行像"，是把神佛塑像装上彩车，在城乡巡行的一种宗教仪式，所以又称"行城"、"巡城"等。北魏孝文帝在太和九年（485年）迁都洛阳后，大兴佛事，每年释迦牟尼诞日都要举行佛像出行大会。佛像出行前一日，洛阳城各寺都将佛像送至景明寺，多时佛像有千余尊。出行时的队伍中以避邪的狮子为前导，宝盖幡幢等随后，音乐百戏，诸般杂耍，热闹非凡。唐宋以后庙会的迎神、出巡大都是这一时期行像活动的沿袭和发展。元、明以后，行像之风才衰落，很少见于记载。

佛道二教除了"行像"，还在寺观中举办道场，定期进行一些法事或佛事活动，坐等信徒俗众前往斋戒听讲，顶礼膜拜。小商小贩们看到烧香拜佛者多，便在庙外摆起各式小摊赚钱，久而久之，"庙会"演变成了如今人们节日期间，特别是春节期间的祈福娱乐购物活动。

2）庙会习俗

（1）拴娃娃

崇拜娘娘庙神以及生育巫术，是在历代宗庙祭祀中形成的一种特殊的庙会风俗。

拴娃娃是古代一种求子巫术。一般是婚后多年不育的妇女到庙内讨泥娃娃，或在泥娃娃身上拴上线，象征得到了儿子。这一活动一般多在赶庙会时在庙中进行。当然也有平日到庙中拴娃娃的。最早的拴娃娃叫"弄化生"。唐人王建有"七月七日长生殿，水拍银盘看化生"的诗句，说的就是用蜡塑小人放入水盘中，借以求子的事。

在山东临清地方，每当四月初八，妇女多到奶奶庙会上为送生娘娘念经，用红线拴住一个相中的娃娃，口中念道："有福的小子跟娘来，没福的小子坐庙台；姑家姥家都不去，跟着亲娘回家来。"然后用红包袱把娃娃带回家。如果日后生了孩子，为表示感谢，则要给庙主丰厚的布施。南方称拴娃娃为"拴泥儿子"。杭州等地的庙会上准备有许多泥娃娃，置于神案上。新婚或不育妇女由婆婆、嫂子带领到庙会，烧香拜神后，拿出一根叫作"百岁百寿线"的红绳，拴在泥娃娃脖子上，带回家供在祖先牌位旁边。据说不久就会生儿子了。

在每年三月十五庙会上，北京东岳庙会准备许多泥人，不育者除烧香磕头外，必偷一两个泥人；道士则专门为泥人提供小衣服，俗称"讨娃娃"。拴娃娃，在清代的天津也很风行，至迟到清道光年间，天津就出现了专为娘娘宫做泥娃娃的民间艺人。

（2）放生

在佛教传说中，农历四月初八是佛的诞生日。因为这是一个大吉大利的日子，从唐代起各地便形成了纪念佛诞的庙会，称"浴佛会"或"菩萨圣会"。据雍正时的《敦煌杂钞》记载："千佛洞在城南四十里……四月八日户民为浴佛之会，香火称盛。"道光时的《敦煌县志》也说："夏四月八日，千佛洞菩萨盛会，士女前三日进香，至日尤盛。"而在菩萨圣会上，有一种独特的庙会风俗，那就是"放生"。

据南宋周密《武林旧事》所记，四月八日"西湖作放生会，舟楫甚盛，略如春时小舟，竞买龟鱼螺蚌放生"。清人顾禄《清嘉录》

卷四说："（四月）八日，居人持斋礼忏，结众为放生会，或小舟买龟鱼螺蚌，口诵《往生咒》放之，竟日不绝。"北京南城悯忠庙会放生是相当热闹的，庙会这天，聚集了无数的豪商女眷、显官妻妾，她们都精心装扮，穿上最鲜艳的衣裙，令人眼花缭乱。还有轻薄的少年也结伴出游，就是为了到庙会上看一看年轻漂亮的女子。赶庙会的人们车击毂，人摩肩，争先恐后。而在放生现场，也是相当的壮观，从妇女们"遗珠落翠，粉荡脂流"的狼狈相中，亦足见其拥挤和火爆。那么，古人为什么对逛庙会乐此不疲呢？这是因为庙会不仅满足了他们进香"拜佛"的宗教心理；同时，还让他们有机会出城进行一次春夏之交的户外旅游。也就是说，他们注重的是参与其过程，至于结果，则并不重要。这正是某些庙会风俗长久不衰的重要原因之一。

3. 灯会——月色灯光满帝城

传说在很久以前，凶禽猛兽很多，四处伤害人和牲畜，人们就组织起来去打它们。有一只神鸟因为迷路而降落人间，却意外地被不知情的猎人射死了。天帝知道后十分震怒，立即传旨，下令让天兵于正月十五日到人间放火，把人间的人畜财产通通烧死。天帝的女儿心地善良，不忍心看百姓无辜受难，就冒着生命危险，偷偷驾着祥云来到人间,把这个消息告诉了人们。众人听说了这个消息,有如头上响了一个焦雷,吓得不知如何是好。过了好久,才有个老人家想出个法子,他说:"在正月十四、十五、十六日这三天,每户人家都在家里张灯结彩、点响爆竹、燃放烟火。这样一来,天帝就会以为人们都被烧死了。"大家听了都点头称是,便分头准备去了。到了正月十四这天晚上,天帝往下一看,发觉人间一片红光,响声震天,连续三个夜晚都是如此,以为是大火燃烧的火焰,心中大快。人们就这样保住了自己的生命及财产。为了纪念这次成功逃生,从此每到正月十五,家家户户都悬挂灯笼,放烟火来纪念这个日子。这就是中国人在元宵节放灯习俗的由来。

1)灯市

元宵节放灯的习俗,是在唐代发展成为盛况空前的灯市的。当时的京城长安已是拥有百万人口的世界最大都市,社会富庶。在皇帝的亲自倡导下,元宵灯节办得越来越豪华。中唐以后,已发展成为全民性的狂欢节。唐玄宗(685—762年)时,长安的灯市规模很大,燃灯五万盏,花灯花样繁多。皇帝命人做巨型的灯楼,广达20间,高150尺,金光璀璨,极为壮观。唐代诗人苏味道的《正月十五夜》诗云:"火树银花合,星桥铁锁开。暗尘随马去,明月逐人来。"描绘了灯月交辉、游人如织的热闹场景。唐代诗人张悦也曾用"花萼楼前雨露新,长安城里太平人。龙衔火树千重焰,鸡踏莲花万岁春"的诗句把元宵节赏灯的情景描述得淋漓尽致。李商隐则用"月色灯光满帝城,香车宝辇溢通衢"的诗句,描绘了当时观灯规模之宏大。而描写放灯的诗,则应首推唐代诗人崔液的《上元夜》:"玉漏铜壶且莫催,铁关金锁彻明开;谁家见月能闲坐,何处闻灯不看来。"

宋代,元宵灯会在规模和灯饰的奇幻精美上都胜过唐代。唐代的灯会是"上元前后各一日",宋代又在十六之后加了两日。宋代的苏东坡有诗云:"灯火家家有,笙歌处处楼。"范成大也有诗写道:"吴台今古繁华地,偏爱元宵影灯戏。"诗中的"影灯"即是"走马灯"。大词人辛弃疾曾有一阙千古传诵的颂元宵盛况之词:"东风夜放花千树,更吹落,星如雨。宝马雕车香满路。凤箫声动,玉壶光转,一夜鱼龙舞。"

明代的元宵灯会更加铺张,由初八到十八,将元宵放灯从三夜改为十夜。唐伯虎曾赋诗盛赞元宵节:"有灯无月不误人,有月无灯不算春。春到人间人似玉,灯烧月下月似银。满街珠翠游春女,沸地笙歌赛社神。不展芳樽开口笑,如何消得此良辰。"

到了清代,满族入主中原,宫廷不再办灯会,民间的灯会却仍然壮观。日期缩短为五天,一直延续到今天。清代元宵灯会上除展示各种花灯外,还有舞火把、火球、火雨等表演。阮元有《羊城灯市》诗云:"海鳌云凤巧玲珑,归德门明列彩屏。市火蛮宾余物力,长年羊德复仙灵。月能彻夜春光满,人似探花马未停。是说瀛洲双客到,书窗更有万灯青。"姚元之有《咏元宵节》诗云:"花间蜂蝶趁喜狂,宝马香车夜正长。十二楼前灯似火,四平街外月如霜。"

元宵节也是一个浪漫的节日,元宵灯会也给未婚男女相识提供了一个机会。在封建传统社会中,年轻女孩是不允许出外自由活动的,但是过节却可以结伴出来游玩。元宵节赏花灯正好是一个交谊的机会,未婚男女借着赏花灯,为自己物色对象或与情人相会。欧阳修《生查子》云:"去年元夜时,花市灯如昼;月上柳梢头,人约黄昏后。"辛弃疾《青玉案》云:"众里寻它千百度,蓦然回首,那人却在灯火阑珊处。"描述的都是元宵夜男女青年相会,相识的情景。而传统戏曲中,《荔镜记》中的陈三和五娘是在元宵节赏花灯相遇后一见钟情的,《春灯谜》中的宇文彦和影娘也是在元宵节定情的。所以,将元宵节称为中国古代的"情人节"也就顺理成章了。

2)猜灯谜

灯谜最早是由谜语发展而来的,起源于春秋战国时期。它是一种集讥谏、规戒、诙谐、笑谑为一身的文艺游戏。谜语悬之于灯,供人猜射,开始于南宋。南宋周密在追忆南宋都城临安城市风貌的著作《武林旧事》中曾记载:"以绢灯剪写诗词,时寓讥笑,及画人物,藏头隐语,及旧京诨语,戏弄行人。""元宵佳节,帝城不夜,春宵赏灯之会,百姓杂陈,诗谜书于灯,映于烛,列于通衢,任人猜度。"猜谜变成灯谜,还有个有趣的故事。相传很久以前,有个财主,人称笑面虎。他见了衣着体面的人,就拼命巴结;见了粗衣烂衫的穷人,就吹胡子瞪眼。有个叫王少的青年,曾因衣服穿得破烂,一次去他家借粮时,被他赶出了大门。王少回去后越想越气。便于元宵之夜,扎了一顶大花灯,来到笑面虎家门前。这大花灯上题着一首诗。笑面虎上前观看,只见上面写着:

> 头尖身细白如银,
> 论称没有半毫分。
> 眼睛长在屁股上,
> 光认衣裳不认人。

笑面虎看罢,气得面红耳赤,暴跳如雷,嚷道:"好小子,胆敢来骂老爷。"便命家丁去抢花灯,王少忙挑起花灯,笑嘻嘻地说:"哎,老爷莫犯猜疑,我这四句诗是个谜,谜底就是'针',你想想是不是。这'针'怎么是对你的呢?莫非是'针'对你说的,不然你又怎么知道说的是你呢?"笑面虎一想,可不是,只好气得干瞪眼，灰溜溜地走了，周围的人都乐得哈哈大笑。第二年元宵节，人们纷纷仿效王少，将谜语写在花灯上，供人猜射取乐，取名"灯谜"。以后相沿成习，猜灯谜、打灯虎成了元宵佳节的重要活动内容，一直传至今天。

春灯谜语，虽属艺文小道，然上自天文，下至地理，经史辞赋，现代知识，包罗无遗，非有一定文化素养，不易猜射；而其奥妙诙奇，足以抒怀遣兴，锻炼思维，启发性灵，是一种很好的益智娱乐活动。

4. 踏青——游子寻春半出城

唐朝时，河北举子崔护到京城应试落第，在京城逗留。清明节那天，他独自一人出城踏青赏春。至一片庄园，见里面花繁叶茂，清幽寂静，便叩门求水。过了好长时间，才见到一位姑娘从门缝里悄悄向外察看。崔护说明来意后，那女子捧水让坐，然后便一个人独自倚在桃枝旁边。姑娘长得很美，崔护和她说话，她虽不答话，但怯懦娇羞之间，情意甚是亲切。崔护喝完茶告辞，女子送到门口，神态之间，恋恋不舍，崔护也满怀眷恋而去。

此后，崔护再也没去过那个庄园。等到第二年清明节又去那里，虽然景物同于去年，但柴扉沉沉，并没有见到去年那个女子。崔护怅然若失，遂题一绝于柴门之上，诗曰：

> 去年今日此门中，
> 人面桃花相映红。
> 人面不知何处去，
> 桃花依旧笑春风。

过了几日，崔护又到那里，却听到屋内有啼哭之声，急忙敲门询问，却出来一位老人，老人问道："你可是崔护？"崔护说是。老人说："我的女儿知书识礼，虽已长成却未许人，自去年以来便似乎有什么心事。前几日我带她出门归来，见门上有你题的诗，就一直精神恍惚，刚刚死去。都是你害死了我女儿。"崔护听说忙进入灵堂，果然看见那女子还是去年模样，就像熟睡了一般。想到去年的情景，崔护五内俱伤，抱住女子的尸体放声悲哭。说也奇怪，听见哭声，那女子突然睁开眼睛活转过来，一见崔护正搂着自己，不禁也嘤嘤而泣。此后，两人便结为夫妻了。

这是一则有关踏青的动人的爱情故事。春游踏青是中国民众普遍喜爱的时令游戏活动，有着悠久的历史和丰富的文化内涵。《诗经·郑风·溱洧》就描绘了一幅郑国青年男女到溱洧两河岸边游春的画面。每到阳春三月桃花开放之时，溱洧两岸绿草如茵，鲜花遍地，青年男女都纷纷来到这里，在河边游戏玩耍。他们互相戏谑，并互相赠送芍药花，表达对对方的爱慕之情。这种春游的结果是男女间的自由结合。到秦汉时期，春游踏青后男女自由结合就十分少见了。这一时期，人们到草绿花红的野外，主要是为了欣赏明媚的春光和开展一些游乐嬉戏活动。

唐朝时，踏青游春进入鼎盛时期。杜甫《丽人行》写道："三月三日天气新，长安水边多丽人。"这时，男女在踏青时萌发爱慕之情又成为常有之事，上面叙述的崔护就是典型的一例。唐韩偓在《踏青》诗中，传神地描摹了当时一对青年男女踏青时相识相恋、依依不舍的心情和神态："踏青会散欲归时，金车久立频催上。收裙整髻故迟迟，两点深心各惆怅。"

宋代以后，踏青游春更是盛行。各地气候不齐，踏青日期也不一样，但簪花插柳、驰马野外却是相同的。宋人吴唯信《苏堤清明即事》云："梨花风起正清明,游子寻春半出城。日暮笙歌收拾去,万株杨柳属流莺。"周密也在《武林旧事》中记述了南宋游春踏青之盛:"都人士女,两堤骈集,几于无置足地。水面画楫,栉比如鱼鳞,亦无行舟之路。歌欢箫鼓之声,振动远近,其盛可以想见。"——踏青游春时,人多得连苏堤和白堤都无立足之地,西湖上水船画舫多如鱼鳞,连行船的路都没有,足可见当时游春的盛况了。

第五章　民间竞艺

1. 舞龙灯——繁华一夜鱼龙舞

1）龙灯溯源

耍龙灯也称舞龙灯或龙舞，它的起源可以追溯到上古时代。传说，早在黄帝时期，在一种叫作"清角"的大型歌舞中，就出现过由人扮演的龙头鸟身的形象，其后又编排了6条蛟龙互相穿插的舞蹈场面。龙舞见于文字记载，是在汉代张衡的《西京赋》中，作者在百戏的铺叙中对龙舞作了生动的描绘。而据《隋书·音乐志》记载，隋炀帝时类似百戏中龙舞表演的《黄龙变》也非常精彩。

中华民族崇尚龙，把龙作为吉祥的象征。李时珍《本草纲目》说："龙，其形有九：头似虬，角似鹿，眼似兔，耳似牛，项似蛇，腹似蜃，鳞似鲤，爪似鹰，掌似虎是也。"在古人的心目中，龙具有呼风唤雨、消灾除疫的功能。我国自古即以农业立国，风调雨顺对于生产生活具有极为重要的意义，所以古人极力希冀得到龙的庇佑。这是龙舞流行于我国很多地方的主要原因。

关于舞龙的来历，民间有这样一个传说：有一天，龙王腰痛难忍，用尽龙宫中所有的药也不见效，于是只好变成老头来到凡间求医。大夫摸脉后甚觉奇异，问道："你不是人吧？"龙王看瞒不过去，只好说出实情。于是大夫让他变回原形，从其腰间的鳞甲中捉出一条蜈蚣。经过吸毒、敷药，龙王完全康复了。为了答谢治疗之恩，龙王向大夫说："只要照样子扎龙舞耍，就能风调雨顺，五谷丰登。"此后，每当旱灾时人们便舞龙求雨，并有春舞青龙、夏舞赤龙、秋舞白龙、冬舞黑龙的规矩，由此形成了在祭祀时舞龙和在元宵节舞龙灯的习俗，后来发展成有重大节庆都会有舞龙灯的活动。

一般来说，人们所舞的龙是用草、竹、木纸、布等扎制而成的，龙的节数以单数为吉利，节节相连，外面覆罩画有龙鳞的巨幅红布，多见九节龙、十一节龙、十三节龙，多者可达29节。舞龙时每隔五六尺有一人撑竿，龙前由一人持竿领前，竿顶竖一巨球，作为引导。舞龙时，巨球前后左右四周摇摆，龙首作抢球状，引起龙身游走飞动。一条蜿蜒曲折的彩龙，在舞龙者手中快速翻动，在锣鼓声中昂首摆尾，蜿蜒游走，场面甚是壮观。还有一种"火龙"，是用竹蔑编成圆筒，形成笼子，糊上透明、漂亮的龙衣，内燃蜡烛或油灯，夜间表演十

分壮观。龙灯的耍法有多种，九节以内的龙侧重于花样技巧，较常见的动作有蛟龙漫游、龙头钻档子、头尾齐钻、龙摆尾和蛇蜕皮等。十一节、十三节的龙侧重于动作表演，金龙追逐宝珠，飞腾跳跃，时而飞冲云端，时而入海破浪，非常好看。

（火龙）

布龙也称"彩龙"，主要在白天表演，节中不燃蜡烛，所以表演时腾飞欢跃，好似江海波翻浪涌，气势非凡雄伟，别有一功。舞龙时循势连贯表现巨龙盘旋欢腾，动作非常复杂。有的地方闹元宵，各路龙灯汇集竟达百余条，队伍长达二三华里。每条龙灯还伴有十番锣鼓，声闻十里，甚为壮观。在海外，至今仍有许多华人社团保留着耍龙灯的古老传统，常为当地节日赛会演出。

宋代吴自牧《梦粱录》记载：元宵之夜，"以草缚成龙，用青幕遮草上，密置灯烛万盏，望之蜿蜒，如双龙飞走之状"。清人有《龙灯斗》一诗记述元宵夜舞龙灯盛况："屈曲随人匹练斜，春灯影里动金蛇。烛龙神物传山海，浪说红云露爪牙。"广东阳江的"鲤鱼化龙"灵活奇巧，善于变幻，舞龙手身着可开可合的鲤鱼皮，观众起先看到的是一条条戏水之鱼，可随着明快的乐曲突然一变成龙，然后一条口中喷火的鲤鱼跃过龙身，象征"鲤鱼跳龙门"之意。所以后来人们也把舞龙称之为"鱼龙"，宋代词人辛弃疾便有"一夜鱼龙舞"的说法。

清代，每年农历五月至六月间，佛山镇沙洛等更练馆(清代民间自卫团体)主办"舞龙会",所舞的龙身,是用一条酸枝木分开三段雕刻而成,头段是龙头、中段是龙身、尾段是龙尾。舞龙人只有3名,各人手握一段,由于舞龙的更练素习武技,且经训练,故舞时高低腾跃,前后左右回旋,多姿多彩,栩栩如生,称为"飞龙"。又因舞时不在水上,而在陆地举行,人们习俗称之为"旱龙",故有"舞旱龙"之名。

在舞旱龙之前,由当地更练馆向铺内店户以自由乐助募款筹办。舞龙之日中午时间,则煮有白豆、大头菜粒的"龙船饭",在当地神庙内派送给人,当时老幼男女络绎不绝前来用碗领取"龙船饭"。是日入夜后,舞龙游行队伍齐集庙前,3段木龙(旱龙)则放在庙内神前台上,由主事人(更练头)亲炷香烛,祭祀参神后,在龙头插花挂红,鸣放串炮,由3名壮汉舞龙出庙而行,环游铺内街道。游行队伍先由一对大灯笼、吹打鼓乐、女扮武装、飞报马匹前行,随后一队小童手举用竹纸扎成"沙洛铺"、"飞龙"的头牌;"三军司令"、"飞龙在天"、"风调雨顺"、"国泰民安"的长牌和"日灯"、"月灯"旗帜等;最后便是打击舞龙节奏的锣鼓。当时,飞龙所到之处,有的住宅为取吉祥和驱邪镇宅,则请龙入舞,舞毕给红封包(利是)谢劳。舞龙直到夜深才结束。

2)龙灯分类

(1)灯笼龙

灯笼龙又叫"灯龙",此种龙大都盛行在土家族聚居的集镇。一般在农历正月初三出灯,十五结束。"灯龙"由9节组成(意为"老龙被斩为9节"),龙头用竹条扎成架子,糊上白色清明纸,涂上各种颜色,形态逼真,有角、有嘴、有眼、有胡须。龙身各节用细篾扎成圆筒形,外糊清明纸。龙尾亦扎成鱼尾形,用红布带将龙头、龙身、龙尾连接起来，并在龙头、龙身、龙尾各节内点一蜡烛灯，似为灯笼。舞灯龙时非常热闹，前有2-4对排灯开道，标明此灯龙是哪个村寨或街道的巨龙，排灯后还有鱼、虾、蚌壳等形状的灯笼，在锣鼓、号角声中晃头摆尾，畅游各街头巷尾。舞灯龙者，都是眼快手快舞技高强的能手，大多赤膊绑腿与巨龙翻腾融为一体。灯不熄，龙不停，鞭炮不断。玩灯龙的动作有黄龙下海、金龙抱柱、二龙抢宝、老龙翻身、金龙过海等。灯龙所到之处鞭炮不断，烟花弥漫，围观者水泄不通。有的人家为了迎接灯龙进屋，门前排列大花筒炮36对，鞭炮数万响。灯龙进入院内，门外的花筒炮、鞭炮腾空爆炸，焰花四起。此时除灯龙各节有灯光外，其他灯光全熄。灯龙在鞭炮与焰火余光中飞舞，十分壮观。一旦灯龙口中喷水，主人便拉着龙须挂朋披红，用上等佳肴款待舞龙队伍。

灯龙一般玩到农历正月十五日结束，从正月十三至十五是烧龙日。烧龙在溪河边或有水的沟边进行，烧龙时，把龙放在地上，众人把事先准备的花筒炮、烟花和鞭炮等火花直对龙身喷去，待龙燃烧完后，众人"啊"声连天，尽兴跳跃一阵，将灯龙残骸送入水中，浇水冲去，意为送龙归海。

（2）草把龙

草把龙因此龙用稻草扎成得名。用一大把稻草扎成有嘴、有角、有眼睛、有胡须的龙头，用一捆稻草索扎成与龙头颈一般粗的7节龙身，再用一把稻草扎成鱼尾形的龙尾，一共9节，用稻草间隔地串联起来，每节插一根竹木杆为把。舞草把龙，主要在土家农村山寨举行，每年农历五月至七月，为舞草把龙时间，舞龙的目的是为了在娱乐中驱瘟、防火。

驱瘟：农历五六月间，是田间稻苗猛长期，天气炎热，病虫多发,其中毁灭性的病虫害为"稻瘟病"。在科技落后无法防治的时代,土家农民以舞草把龙来驱逐稻瘟病,久之成习,聚众娱乐。舞草把龙驱瘟时,从村寨出发到田野,在每片稻田区、每丘田坎上都要依次顺路舞到,舞的动作与灯龙相同。舞龙同时,要吹牛角号、放三眼炮、敲锣打鼓、燃放鞭炮。舞完各自村寨的所有田地后,将草把龙抬到溪沟边烧掉,谓之送龙归海。

迁火焰:舞龙迁火焰的意思是:请龙把火焰神迁出村寨,以免火灾保平安。农历的五月端午节前后或七月间稻谷即将成熟期在村寨举行。舞龙这天,全寨各家的堂屋中间放一盆水和一筛子五谷杂粮,等候舞龙队伍到来。舞龙队伍中除了舞九节草把龙外,还将一丈长的竹子从中破成船形,在中间装一盆炭火的火焰,由2人抬着。另有射水、射箭和土老司3人及随后自由观众若干。舞龙队在土老司带领下,从村头第一家开始由上而下顺次进各家的堂屋,龙头向堂屋神龛做三点头行礼,接着绕堂屋一圈,再舞各种花样。此时,射水人用射水筒吸盆中水向东南西北中五方射水(意为灭火),土老司抓筛中五谷向东南西北中五方各撒一把。之后,舞龙队出门舞到另一家堂屋。全寨各家都舞到以后,把草把龙和火焰抬到溪沟边烧掉,浇水回海。

(3)板凳龙

传说很久以前的元宵节,众人观龙灯会,有3个土家族青年越看越起劲,手舞足蹈,跃跃欲试,情急生智,举起他们坐着的长板凳,模仿龙灯舞耍起来,十分快活。以后逐步形成"板凳龙"这一传统体育形式,平时娱乐健身,节日期间表演比赛,深受土家人的喜欢。板凳龙有两种式样:一种是用普遍长条高凳,由3人抬举,2人在前一人居后的简易式板凳龙;另一种用细篾扎成,有龙头、龙尾、龙角、龙眼、龙嘴，再糊上各种颜色的鳞片，把扎成的龙放在板凳上，4只木脚以示龙爪，非常形象美观。

板凳龙有独凳龙和多凳龙2种。独凳龙由3人舞，一人出右手一人出左手各抓前头2只脚，第三人双手抓住后头的2只脚。舞时要求头尾相顾，配合协调。当头高时尾要随低，头向左，尾则随向右摆；头往上引，要尾者松手换位。舞龙尾者必须由步法灵、速度快、眼力好的人担任。舞龙头的2人要求身高基本一致。多凳龙由九条长凳组成，第一节为龙头，第九为龙尾，其余为龙身。龙头在要宝人的带领下，时起时落，穿来拐去，活像出水蛟龙，整条龙要求配合默契，节节相随。板凳龙的动作有二龙抢宝、黄龙穿花、金龙戏水、金蝉脱壳、黄龙盘身等。

（板凳龙）

2. 狮子舞——金镀眼睛银帖齿

狮舞，是我国优秀的民间艺术，每逢元宵佳节或集会庆典，民间都以狮舞前来助兴。这一习俗起源于三国时期，南北朝时开始流行，至今已有1000多年的历史。据传说，狮舞最早是随着佛教从西域传入中国的。狮子是汉武帝派张骞出使西域后，和孔雀等一同被张骞带回的贡品。而狮舞的技艺却是引自西凉的"假面戏"，也有人认为狮舞是公元5世纪时产生于军队，后来传入民间的。两种说法都各有依据，今天已很难判断其是非。

有关狮子舞的记载，最早见于《汉书·礼乐志》，其中提到"象人"，按三国时魏国人孟康的解释，"象人"就是扮演鱼、虾、狮子的艺人。由此可见，至迟三国时已有狮子舞了。南北朝时，民间开始流行狮子舞。到了唐朝，狮子舞已发展为上百人集体表演的大型歌舞，还作为燕乐舞蹈在宫廷表演，称为"太平乐"，又叫"五方狮子舞"。当时的狮子舞，还流传到了日本，日本有一幅《信西古乐图》，其中就画有古代日本狮子舞的场面。唐代以后，狮子舞在民间广为流传。诗人白居易在《西凉伎》诗中对当时舞狮的情景有生动的描绘："西凉伎，假面胡人假狮子。刻木为头丝作尾，金镀眼睛银帖齿。奋迅毛衣摆双耳，如从流沙来万里。"宋代的《东京梦华录》记载说，有的佛寺在节日开狮子会，僧人坐在狮子上做法事、讲经，以招来游人。明人张岱在《陶庵梦忆》中，介绍了浙江灯节时，大街小巷，锣鼓声声，处处有人围簇观看狮子舞的盛况。

1）北狮

在一千多年的发展过程中，狮舞形成了南北两种表演风格。北派狮舞以表演"武狮"为主，即魏武帝钦定的北魏瑞狮。相传魏武帝远征甘肃河西，俘虏胡人10万之多。魏武帝把他们囚困于边荒三年。一日，魏武帝巡视禁区，边将设宴款待，并令胡人献舞娱乐。胡人以武士30余人，披兽衣，持两大五小木雕兽头，起舞于御前。舞者或做欢腾喜悦状，或做低首相怜状，舞技之美妙，令武帝叹为观止。武帝传胡人，询其所舞，胡人答曰："北魏朝圣，四方匡伏，西凉乐伎，同沾皇恩。"武帝听罢龙心大悦，赐名北魏瑞狮，恩准俘虏回国。自此，狮子舞便在北方流传开来，遂有北狮之称。

北狮造型与真狮酷肖，不若南狮庞大，头部亦没有南狮五彩缤纷装饰，纯粹是兽毛颜色，唯其顶部加一独角以示不同平凡的兽类。全身以缨毛作狮被，甚至表演者所着之裤子与鞋都和真狮子腿部毛色一样，因而舞动起来就是一头惟妙惟肖的活动狮子。北狮有大小狮之分。小狮一人舞，大狮由双人舞，一人站立舞狮头，一人弯腰舞狮身和狮尾。

　　在北方狮子舞中，狮子不再是凶残暴戾之山野猛兽，而是一头亲切可爱很驯服的家畜，有时表现得像一个沉着持重的老者，有时表现得像一个天真顽皮的小孩。北狮舞姿的主要特点是翻滚跳跃，首尾相引，步法整齐，表演灵巧。引狮人以古代武士装扮，手握旋转绣球，配以京锣、鼓钹，逗引瑞狮。狮子在引狮人的引导下，表演腾翻、扑跌、跳跃、登高、朝拜等技巧，并有走梅花桩、窜桌子、踩滚球等高难度动作。北狮的眼睛、嘴巴、耳朵会开动，基本动作有扑、跌、翻、滚、跳跃、擦痒等，步法柔顺、活泼、灵巧、轻盈。舞狮头者除跟随引狮人的各种动作演出各种舞姿外，还必须同舞狮尾者默契配合，而舞狮尾者亦必须留意狮头动向，头动则尾亦动，头定则尾亦定，跳跃翻滚，紧密跟随，头尾舞姿协调，融成一体，方为上乘舞技。

（北狮）　　（南狮）

2）南狮

南派狮舞以表演"文狮"为主，表演时讲究表情，有搔痒、抖毛、舔毛等动作，惟妙惟肖，逗人喜爱，也有难度较大的吐球等技巧。南狮外形与北狮外形在造型上有严格区别，北狮以写实为基础，它的造型、结构、色彩、装饰和表演以模仿狮子为主；而南狮则以神似为基础，狮子形象的塑造以夸张、浪漫为主。广东的舞狮亦有各地方的不同特点：如广州、佛山的大头狮俗称"笑狮"，它的外形取唐代石雕狮子的精华，特点是额高、眉精、眼大、口宽带笑；中山、鹤山的狮头稍长，俗称"鹤庄、画形、禽形或豹仔"，特点是眼企、吊眉，嘴形有鸭嘴和青蛙嘴，另外还有潮汕的龙头狮，清远、英德的公鸡狮，雷州的鹦雄狮等。南狮狮头有大号、二号和三号之分，外貌是以色彩来表现其性格，如白须狮的舞法幅度不宽、花色品种不多，但沉着刚健，威严有力，民间称为"刘备狮"；黑须红面狮则称为"关公狮"，雄壮威武，舞姿勇猛刚劲，气概非凡；灰白胡须狮，俗称"张飞狮"，以青鼻铁角牙刷须的张飞面和粗犷好战的动作表现张飞豪放、粗犷的性格特征。

关于南狮的起源和演变过程，正式的记载很少，民间却有很多传说。最流行的就是"年"兽食青。相传中国南方广东一带在远古年代经常发生瘟疫，死人无数，但幸而每次瘟疫发生不久，便有一只神兽出现。这只神兽叫作"年"，行动如雷鸣电闪，它一出现，瘟疫便很快消失了。由于"年"对人有很大的帮助，人们便在农闲时节，用竹篾和彩布扎成"年"的样子，配合雄壮的鼓乐，到各家门前舞动，以镇妖驱邪，讨个吉利。因"年"喜食蔬菜，于是家家户户均在门前放置蔬菜一盘，以备"年"采食。日久年长，人们发现扎制的"年"的形状很像狮子，便把它称为"醒狮"，而采食蔬菜称之为"采青"。从此，舞狮避邪慢慢在广东特别是珠江三角洲一带形成了风俗，"年"兽采青演变成了舞狮子的一个表演情节。有些人家为避免狮队看不见"青"而遗漏不采，还将青菜用竹竿高挂门前，并附红包一封，以酬谢狮队舞狮辛苦。时至今日，南海大沥镇在每年的农历正月十四，还原封不动地保留着这一风俗。

另一个传说是舞狮拜年。明代初年，广东佛山地区出现了一头怪兽，每逢年终岁末时出现，到处糟蹋庄稼，残害人畜，乡农不堪其苦。后来，人们想了个办法，用竹篾扎成许多狮子，并涂上各种斑驳颜色，事前一一布置妥当。当怪兽出现时，锣鼓齐鸣，群狮奋舞，怪兽见了惊恐万状，掉头就跑。从此，当地乡民认为狮子有镇妖除邪之功和吉祥之兆，都希望狮子能到自己家门前舞动一番，以消除灾害，预报吉祥。于是每年春节，挨家挨户舞狮拜年，渐渐形成风气，为了迎接醒狮来临，家家户户都要在门上挂上生菜、红包。狮子舞动，举首衔去红包吃掉生菜，这一过程就叫采青。

南狮虽也是双人舞，但舞狮人下穿灯笼裤，上面仅仅披着一块彩色的狮被而舞。和北狮不同的是，引狮人逗引狮子时，头戴大头佛面具，身穿长袍，腰束彩带，手握葵扇，舞出各种优美的招式，动作滑稽风趣。

狮子为百兽之尊，形象雄伟俊武，给人以威严、勇猛之感。古人将它作为勇敢和力量的象征，认为它能驱邪镇妖、保佑人畜平安。所以人们逐渐形成了在元宵节时及其他重大活动里舞狮子的习俗，以祈望生活吉祥如意，事事平安。

1. 龙舟——红旗斜插剪波来

1）龙舟溯源

古代关于龙舟竞渡的起源有着各种各样美妙的传说。实际上，龙舟竞渡同其他游艺活动一样，也起源于人们的日常生活。在古代，中国南方水网密布，人们以舟代步。节日里人们划船走乡串寨，碰到一起常常要比试一下划船，看谁划得快。这种活动年年相袭，并流传下来，形成最初的竞渡习俗。后来又由于宗教的盛行，人们受"龙神"观念的影响，将舟船做成龙形，在龙舟竞渡中注入图腾、祭神等宗教性内容，但龙舟竞渡从根本上说仍然是一种传统的娱乐活动。

（1）躲避水怪

龙舟最早出现可追溯到周穆王乘"鸟舟"的传统习惯。《穆天子传》中记载周穆王乘坐鸟舟在河面上漂浮的情景。后来到了春秋晋景公时期，乘坐龙舟的人开始多了起来。那么，人们为什么要将龙舟的船头刻成鸟形和龙形呢？这实际上与古代水神"河伯"有关系。传说河伯又叫冯夷，因渡河淹死了，被天帝封为水神，他曾化为白龙在水中游戏，却不料被后羿射瞎了左眼，从此对人存有报复之心，但河伯却对游于水上的水鸟和龙不伤害。古人出于这种迷信心理，在下河游泳时，都将自己假扮成龙的样子，以避水怪。而乘鸟舟龙舟也出自同样的心理。

（2）纪念介子推

介子推是春秋时期的名臣，他跟着晋文公重耳出逃，曾经割掉自己身上的肉给重耳充饥，可以说是和重耳患难与共。重耳做了晋文公后，论功行赏的时候却偏偏遗漏了这位忠臣。等晋文公想起来去找他的时候，他却躲入深山，避而不见。晋文公这位流亡国外数十年的君主行事方式也与众不同，当即就下令烧山，要逼介子推出来。而介子推则更固执，他抱着一棵树，宁愿被烧死在那里，也不肯出来接受这迟来之赏。晋文公见把介子推烧死了也没有达到目的，只好下令以后每年在介子推被烧死的这一天，全国上下不得生火做饭，算作是给介子推赔罪。后人赞介子推为"士甘烧死不公侯"，并在这一天用赛龙舟来为介子推求雨熄火，免受焚烧之苦。

（3）伍子胥传说

伍子胥本是楚国重臣之子，父亲因为直言进谏而得罪楚平王，父兄惨遭杀害。他一个人逃到吴国，帮吴王阖闾登上王位，并率领吴军打进楚国。此时，楚平王已死，伍子胥将之掘墓鞭尸，以报家仇。阖闾死后他的儿子夫差即位，伍子胥以两朝重臣的身份，辅佐夫差成就了东南霸业。而夫差后来却听信了越王勾践设计的谗言，要赐死他。伍子胥临死前愤恨地说："在我的坟上种上梓木，好给某些人做棺材；把我的眼睛悬在吴国的东门之上，好让我看到吴国被越国灭亡。"气得夫差叫人将他的尸体装到袋子里，直接扔到江里去了。后来传说伍子胥做了江神，被称为"波神"，因而衍生出了用龙舟竞渡来迎波神——江神伍子胥的习俗。当时参赛的船是一种狭长的木船，速度飞快，稍失平衡船即倾翻。邑人认为船倾于水，是龙在兴风作浪，为制止水中的"龙"捣乱，决定以龙制"龙"，制造出"龙舟"式的船参赛，认为"龙舟"下水，水中的龙不会不卖"交情"的，从而不会再来捣乱。

（4）孝女曹娥

曹娥是东汉会稽人，在她的家乡当时已经有了迎波神——江神伍子胥的习俗。曹娥的父亲在一次迎波神的仪式中不慎掉入江中，尸体怎么也打捞不到。曹娥为了寻找父亲也跳入江中，后来人们发现曹娥和她父亲的尸体一并漂浮在江面上。人们感念曹娥的孝心，在曹娥投江这天即五月五日用划龙舟来纪念她，并在所划龙舟的舟头上树立曹娥像，以表示对曹娥的怀念。

（5）爱国屈原

楚国伟大的爱国诗人屈原因遭谗被楚怀王不用并发往吴越地区。他虽遭流放，但仍眷顾楚国，心系怀王。后被令尹子兰在楚襄王跟前再次诬陷，终至绝境。屈原来到汨罗江边，被发行吟泽畔，颜色憔悴。有一渔父见到他，说："你不是三闾大夫屈原吗？怎么到了这个地方？"屈原说："举世浑浊而我独清，众人皆醉而我独醒，所以我被流放到这个地方来了。"渔夫道："所以有才能的人，就是要不被外物左右，而要与世推移。举世浑浊，何不随其流而扬其波？众人皆醉，何不与他们一块儿大醉呢？为什么非要保持自己的高洁而遭此劫难呢？"屈原道："我听说进新洒扫过的屋里必先把帽子上的灰尘弹去，新洗澡就必定要换衣服。谁又能以一己之身而适应万物的变化呢？我宁愿跳江自尽，葬身鱼腹，也不愿让自己的高洁染上尘世的污垢。"说完之后，作了一篇《怀沙》之赋，便抱着石头自沉汨罗江而死了。相传屈原投江这一天正是五月初五，所以人们便在每年五月初五这天举行龙舟竞渡以纪念他。而将赛龙舟同纪念屈原联系在一起，还要从唐代的大诗人刘禹锡说起。

刘禹锡是唐朝著名的文学家和哲学家，曾经做过监察御史。805年，他参加王叔文集团的政治革新运动，反对宦官和藩镇割据势力，失败后被贬到朗州（现在的湖南常德）任司马。司马是一个品级虽高但无具体事务的闲官，因为无事可做，他便在沅湘之间四处悠游玩耍。有一年端午节，他游览到沅陵，歇脚于辰阳水驿，观看了一场沅陵的龙船竞渡赛，并在这里写下了一篇千古流传的《竞渡曲》："曲终人散空愁暮，招屈亭前水东注。"描述的正是热闹喧嚣的龙舟竞渡过后，诗人望着招屈亭前滚滚东去的江水，凭吊忠魂、感伤自身的情景。

当时的沅陵龙船竞渡赛观众很多，这些观众为船上的人着急，不断地攥拳跺脚，"嗬哉、嗬哉"地为船上的人使劲。刘禹锡是河南洛阳人，他听不懂沅陵人喊"嗬哉"的意思，认为是"何在"的谐音，因而由自己的命运联想到屈原。二人都是因为忠诚遭贬谪，同样也被放逐沅湘，感情是相通的，所以就自然而然地认为沅陵人赛船齐呼"嗬哉"是为屈原寻找亡魂，于是他特意在《竞渡曲》前加了一段小序："竞渡始于武陵，及今举楫而相和之，其音咸呼云'何在'，斯招屈之意。"

此诗一出，影响千古，于是在五月端午划龙船是为了纪念屈原的说法就大行天下，延续至今。此种说法为龙船赛注入了新的思想因素，将它提升到对爱国忠臣缅怀追忆的高度，屈原才得以那么鲜活地永存世人心中。

2）龙舟风采

传统的龙舟选材皆用杉木，取其质轻。船长的达11丈，由80桡划行；短的也有7丈多，坐桡手(划船者)40余人。龙舟涂以红、黄、青、白诸色，桡手的服装均与之相合，十分齐整。船头龙首高耸，船尾饰有龙尾，舟中还设有锣鼓，既壮军威，又可使划手们随着鼓点节奏奋力划桨。为增强节日气氛，船上还插上五色彩旗。竞渡以首先得标者为胜。这里的"标"一般用"活标"，较为容易的是将钱、果等物装入充气的猪尿泡中，让其漂浮在水面做标；繁难些的是将游动的鸭、鹅作标；更有将铁杆沉入江底的，谓之"铁标"。因此，龙舟上除了配备强健的划手外，还得有一位熟谙水性的水手，专司夺标之职。

赛龙舟之前要进行各种祭祀、纪念之仪式，比如点香烛，烧纸钱，供以鸡、米、肉、水果、粽子等。人们祭祀时多祈求农业丰收、风调雨顺、去邪祟、攘灾异、事事如意，也保佑划船平安。在正式竞渡开始时，气氛十分热烈。唐代诗人张建封在《竞渡歌》中淋漓尽致地写出了龙舟竞渡的壮景："两岸罗衣破景香，银钗照日如霜刃。鼓声三下红旗开，两龙跃出浮水来。棹影斡波飞万剑，鼓声劈浪鸣千雷。鼓声渐急标将近，两龙望标且如瞬。坡上人呼霹雳惊，竿头彩挂虹蜺晕。前船抢水已得标，后船失势空挥桡。"

北宋开封的龙舟竞赛分为龙舟竞渡(以夺标为主)和龙舟花样表演二项。龙舟花样表演主要有"旋罗"、"海眼"、"交头"等花样。花样表演时由水棚上站立的军校(裁判员)统一指挥。当军校以红旗招之，龙船各鸣锣鼓出阵，划棹旋转，其为圆阵，谓之"旋罗"；至水殿(观摩席)前又以旗招之，其船分而为二，各为圆阵，谓之"海眼"；又以旗招之，两队船相交互错，谓之"交头"。参加花样表演的龙船有小龙船、虎头船、飞鱼船。它们排成两阵，忽而成圆阵排列，忽而交叉驰过，看得观众眼花缭乱，引起观众阵阵喝彩声。当龙舟花样表演结束后，龙舟竞渡才正式开始。由军校挥小旗把所有船只招回，"则诸船皆列五殿之东西，对水殿排成行列……观旗招之，则两行舟鸣鼓并进，捷者得标"，"捷者"是指比赛中先到终点，夺得"标竿"的龙舟。北宋开封的龙舟比赛规定每只船各有三次争标机会，奖品是被挂在终点处"标竿"之上的锦彩、银碗、官楮等。

不同民族、不同地区，划龙舟的传说有所不同。贵州苗族人民在农历五月二十五至二十八举行"龙船节"，以庆祝插秧胜利和预祝五谷丰登。云南傣族同胞则在泼水节赛龙舟，纪念古代英雄岩红窝。直到今天，在南方的不少临江河湖海地区，每年端午节都要举行富有自己特色的龙舟竞赛活动。